人間の疎外と教育

教育学体系論への前哨

The human alienation and education

黒沢惟昭［著］

社会評論社

プロローグ

かつて村上一郎『振りさけ見れば』、水田洋『ある精神の軌跡』を読んだ。前者は文芸評論家、後者は社会思想研究者の違いはあるが両者とも大学、しかも、ゼミナールの先輩である。ともに有名人であるが、「自分史」的に書かれているので、読みやすく、登場人物、場所などに私と共通する面が多く、興味深く読んだ。いつか自分もこのようなスタイルで著書を書いて見たいと思っていた。

東京学芸大学時代に、担当科目の入門書を出すことを同僚から奨められた。よくある「ノウハウ」の寄せ集めではなく、自分の経験を選んで、学問的にも質の高い書に、しかも、若い世代に分かりやすい読み物にするためには「自分史」的叙述がよいと判断した。『増補　市民社会と生涯学習　自分史のなかに「教育」を読む』（明石書店、二〇〇二年）はその結実である。『週刊読書人』に書評が載ったのも励みになったが、水田洋さん、徳永功さん（後出）から「面白く読んだ」と言われたことも嬉しかった。この拙著をテキストに「講義」をくりかえした。東大、京大をはじめ新潟大、山形大、信州大の集中講義でもテキストに用いた。講義の度に新しい「自分史」を発見して採り込んだ。増補版が出たのはそのためである。

読者層が広がったことは喜ばしいことであったが、「経験」の検証、編成に手抜かりがあったのではないかという反省が生じた。経験を語ることは楽しく「読みやすさ」の助けになったと思うが、「質を高める」工夫はどうだったか。両立は困難であることを痛感した。今回は学術書を目指しているので、その点を考えないわけにはいかなかった。しかし、本書は筆者にとって「遺言」とも言うべき著作である。一人でも多くの、とりわけ若い世代に著者の思考過程その結実を興味をもって読んでもらいたいと念じ、思案の末あえてこのスタイルに踏み切った次第。成否は読者に委ねるほかない。

最近、瀬尾健『原発事故——その時あなたは！』（風媒社、一〇一一年）を読んだ。著者の文字通りの「遺作」である。氏は筆者と同世代、原子核の専門家として、「反原発」を貫き徹した「熊取六人組」の一人として知られる。ガンのため九四年に亡くなった（享年五三歳）。先立たれた瀬尾夫人は、次のように書いている。

「病名を知った彼は、愚痴や不満も口にせず、自分の仕事の仕上げにとりかかりました。つらい病状にありながらも静かな時が流れました。……告知のその日、自宅の居間に寝転んで、『僕は言いたいことを言い、やりたいことをやってきた。信念を曲げることもなかった。人はいずれ死ぬのだから……』。淡々と心情を語りました。彼は自分の良心に照らし、自分の信念に基づいて誠実に生きることを願っていました。科学に携わる者の一人として、原子力を真正面に直視し、自分が抱いた疑念を前に、自分がどうあるべきか、何をなすべきか模索し続けました。それが彼の科学に対する姿勢であり、自分の存在基盤であったと思います。」（「本書の刊行によせて」）
専門が異なるので、理解は困難な面が多いが、学問に賭ける姿勢に感動した。菲才の身として
おこがましいが、意気込みだけは同じでありたいと念じ一端を引用した次第である。ここに書式
のスタイルと執筆の覚悟を予め述べて、「プロローグ」とする。

黒沢惟昭

二〇一三年春

人間の疎外と教育——教育学体系論への前哨＊目次

序章

一 修士論文の回顧――問題意識と方法

私の「修士論文」（以下、「修論」）のタイトルは「人間の疎外と教育」であった。この論文は、半世紀まえに東京大学大学院に提出して受理された。当初の意図は、「この世で人間は疎外され、苦悩《ライデンド》する存在である。」「この世とは、現代日本の資本主義社会である。」「しかし、人間はその疎外を克服しようとする情熱的《ライデンシァフトリッヒ》な存在でもある。」「その克服の営為は広い意味の教育である。」この要旨を体系的にまとめることを意図した。疎外論は、当時、流行の思想であった。『資本論』の「科学的社会主義」とは一味《ひとあじ》異なる、人間的な「変革への意志」が若きマルクスの思想には息づいている。その核心が疎外論である。多くの人々はこう考えた。流行の背景には、ソ連を中心とする社会主義、そこにおける「独裁体制」、「官僚主義」に対する、「反感」「嫌悪」の情が次第に顕在化し、広まりつつあった。折しも、「経済学・哲学草稿」（以下、「草稿」）が文庫本で翻訳された。これが多くの人々に初期マルクスへの関心を広めることになった。その中心思想が疎外論である。「草稿」で青年マルクスが説く疎外論は、哲学的で、未熟の感は否めなかったが、後期マルクスの「経済学」の冷徹な論理に比して、ヒューマニズムの文言は、若者の心に響くものがあった。私もその一人で、「疎外」を「修論」の主軸に据えることに決めた所以である。

一方、「教育」については、三池の労働者との交流があつた。学園祭（一橋祭）に講師として来学した向坂逸郎氏は三池闘争を語り、「向坂教室」に触れた。資本主義的「疎外」（経済学では「窮乏化」という。以下、同義とする）の直中《ただなか》で三池の労働者は、『資本論』を読み、資本主義の疎外＝窮乏化（馘首《くびきり》、低賃金、組合攻撃など）に対して闘っている。当時「反合理化闘争」といわれた。向坂氏の話は感動的だった。氏の奨めで三池を訪れ、それが事実であることを知った。驚きは大きかった。組合の学習会で疎外の本質を学び、力を合わせ、「疎外」を生み出す資本主義的関係を変革しようと闘っている。その現状を目のあたりにして感動は増した。叙上のテーマを選び、「教育」を重視した背景には三池の労働者との出会いがある。その後、三池へ繰り返し、足を運び、組合の倉庫に山積された未整理の資料を見ることができた。組合員とのインタビューを行い、「向坂教室」の全貌（成立、発展、現状）を「人間の疎外と教育」のテーマでまとめようと念じた。意気は旺んだったが、それを一年あまりで、「修論」に仕上げる時間、費用は当時の私には負担が大きかった。その上、労働問題の知識が不足していた。肝心の「疎外論」についても蓄積が浅かった。テーマが大き過ぎたのである。そのため、「回り道」を余儀なくされた。結果的には、この「回り道」が「修論」を生みだしたのである。

まず、「疎外論」を「初期マルクス」の思想において「検証」する作業が必要になった。「初期マルクス」も当時の流行だった。そこで、「人間の疎外と教育」の研究を念頭に置きつつ、その前提として「疎外」の思想を「初期マルクス」において考察することから始めることにした。「社会主義」についても、完成されたものと見なすのではなくその形成過程を自分で検証することによって、現存（当時）の社会主義が本当にマルクスの求めた社会なのか。確かめることもできる。窮乏化（疎外）に対する三池の労働者の学習・闘い（「反合理化闘争」）に関心を寄せながら、その「意味」をより深く、正確に理解するためには「疎外論」＝「初期マルクス」の研究は不可欠である。こう考えたのである。問題は、そのテーマが「教育学」の論文として認められるか、であった。指導教官は「労働者教育」（労働者教育については『新教育社会学事典』の拙稿を参照）として有名な宮原誠一氏であった。労働者教育は、労働問題とも深く関連するものであった。いずれ三池を主題として調査・研究をする。しかし、三池の予備調査によって、膨大な資料を「修論」にまとめる時間的余裕がないことがわかった。だから、前提として「修論」は疎外論＝初期マルクス研究に限定したい。この私の希望は認められた。若し承認されなかったら、「教育の本質を疎外の回復に見据える」という私の〝野心的〟な、その後の研究はなかったであろう。何故なら、三池の学習をまとめ、「労働者教育」の専門家になろうとは思っていなかった。真意は、「疎外論」をベースにして、その回復の契機の中に、「教育」の「原理」「本質」を剔抉しようと考えていたからである。三池の労働者との出会い（邂逅）はそれほど鮮烈であったのだ。〝野心的〟研究と前述したのはそういう意味である。

私にとって、教育学研究とは社会の教育事象の表層を取り出して「小奇麗」にまとめることではなかった。それによって一端《いっぱし》の教育学者を目指す心算《つもり》はさらさらなかった。そうではなく、現代社会の根元的問題を「疎外」に見定め、そこからの人間の解放の営為のなかに「教育」が潜在しているのだ。それを抉り出して、構成、体系化するのが教育学研究だ。こう考えたのである。

そのような野心《アンビション》を抱いたのは、一橋大学時代に鈴木秀勇教授から学んだコメニュウスの教育思想に遠因がある。コメニュウスは「自然」による「教育」を提唱したことで知られる。しかし、それは、「都会の喧騒から離れ、静かな自然環境の中で子供を育てましょう」という単純なものではない。そうではなく、コメニュウスは「自然」の生命の産出・形成の「メカニズム」に括目し、その「導出過程」を再構成して人間の「教育＝形成」に適用しようとしたのである。コメニュウスの「自然による教育」とはこのような意味であることを鈴木教授から伝授され、「教育学」とはこのような学問なのかと深い感動を禁じえなかったのである。しかし、三池の労働者の印象は強烈で、疎外論への思い入れはいかに深くても、それだけでコメニュウスの「類比の方法」に学んで、新しい「教育学」を創造することは当時の私には到底無理だった。

二　『疎外と教育』の出版――修士論文の成果

　そこで、課題を秘めつつも、宮原誠一氏の承認のもとに、「回り道」を辿ることを覚悟して修士論文に取り組んだのであった。このような経緯で、「修論」＝「人間の疎外と教育」を書き上げ、審査をパスした。その後、この論文は『疎外と教育』のタイトルで新評論社から出版された（一九八〇年）。私の最初の著作であった。「朝日ジャーナル」「日本読書新聞」「東大生協誌（書評欄）」などで取り上げられ一定の評価を得た。望外の幸いであった。しかも、当時、「物象化論」でデビューした廣松渉氏の目に止まり、長文の書翰で励ましをうけた。その時、氏の主宰する「社会思想史研究会」に誘われ、喜んで加わった。毎月の研究会で多くのことを学んだ。その上、一年間駒場の「廣松ゼミ」に参加し、以後廣松氏との私的交友を続けることが出来た。氏の紹介で「情況」「知の考古学」などに寄稿して「初期マルクス」研究を深めた。「修論」では『資本論』までのマルクスの思想の追思惟《ナハデンケン》を意図したのであったが、力不足で、「草稿」の直前までで終わった。

　しかし、マルクスの「ギムナジウム」時代の三作文、「学位論文」から「ライン新聞」、「独仏年誌」に至るマルクスの論考を逐一原典によって追思惟《ナハデンケン》・検証したことはその後の私の研究にとって実に有益であった。とりわけ、「時事評論」として「初期マルクス」研究では軽視されがちだった「ライン新聞」時代のマルクスの思想の解読は予想以上の収穫があった。プロレタリアートの萌芽をマルクスはライン州の「貧民」に見出していたことが明らかになったからである。「学位論文」でヘーゲルから継承した概念「具体的・普遍」の形而下の存在をマルクスはライン州の「貧民」に見出だしたのであった。つまり、「プロレタリアート」を「具体的・普遍」の地上の現存体として捉えかえす契機を「貧民」に見出したのである。マルクスの消去出来ない「功績」を私はここに見た。

つまり、革命の主体、プロレタリアートは、具体的＝現実的で、かつ理性的＝普遍的な存在であるとマルクスは捉えていたのである。ブルジョアの激しい「権力」「私的所有」の欲求に対抗するためには現実的な、強力なエネルギーが要求される。「枯れ枝拾い」という慣習的権利（日本でいえば、「入会権」である）に対する「貧民」の生活を懸けた欲求は現実的、具体的であった。書斎で「革命」を説くインテリ＝知識人はこの意味で「無力」である。マルクスはこう考えた。しかし、一方で広汎な大衆の共感を獲得するためにはその欲求はエゴイズムを超えた「普遍」性をもっていなければならない。その両面を「貧民」は即自的に持っていることをマルクスは、「ゲルマンの所有形態」の援用によって「発見」し、それをプロレタリアート概念に練り上げたのであった。「ライン新聞」辞任後に書かれた、「ヘーゲル国法論」批判の帰結（ヘーゲルの「理性的国家」に対する期待の断念・幻滅）でもあった。ここにマルクスの社会主義思想の核心が芽生えた。これが私の「修論」の成果であった。しかし、プロレタリアート（心臓）が対自的存在に高まるためには「哲学」(頭脳)との結合が必要である。つまり、知識人の支援による自己「教育」(両者の交流による「共同主観化」)が必要になる。三池の「向坂教室」は、その具体的実践例であった。「回り道」(「修論」)によってこの「教育」の意味が理解できたのである。つまり、「疎外と教育」の研究のための方法仮説は準備されたのだ。以上、「修士論文」の当初の意図、そのための「回り道」について述べた。それでは、この方法仮説に従って、修論で意図した当初のテーマ「人間の疎外と教育」に向かって直ちに進んだろうか。そうは行かなかった。何故か。その点の説明に移ろう。

(1) グラムシ研究の開始と展開

第一は、グラムシへの関心である。最初の就職先、本州大学(現、長野大学)で、イタリア現代史の第一人者重岡保郎氏に出会い(後年から想えば「邂逅」であった)、グラムシの魅力を教えられ、イタリア語の手ほどきまでも受けたのである。とりわけ、「知識人論」は示唆に富む。知識人論は、端的に「教育」論でもある。それぞれの生きた時代、国際的状況の違いもあって、マルクスよりも、グラムシは文化・教育を重視したのは当然であった。そこに魅かれ、重岡氏の導きによってグラムシ研究を進めることになった。その後グラムシ没後50周年を記念する「国際シンポジウム」が東京で開かれた(一九八七年一一月)。実行委員として、報告者として参加した。その機会に、石堂清倫氏をはじめ国内外の著名なグラムシ研究者の知遇を得た。さらに、六〇周年、七〇周年シンポも同じ東京九段のイタリア文化会館で開催された。いずれにも積極的に参加した。グラムシへの関心・研究は急速に深められた。そうした経緯でグラムシに関する論集、単著、共訳書も出版することが出来た。イタリア留学の機会も得た。サルデーニャ島も訪れ、カーサ・デル・グラムシ、「グラムシの家」も見学した。マルクスと併行してグラムシ研究が進み、一応の総括によって、「学位」(社会学、一橋大学)を得たことは幸いであった。しかしポスト社会主義の現在、私のグラムシ研究はなお多くの課題を残している。とはいえ、後論のように、本書成立のために多くの教えをグラムシからうけた。重岡氏の学恩に感謝したい。

(2) 三池の労働者教育・再考

第二に、三池の調査・研究も続けた。近年、三池炭鉱の閉鎖、三池労組の解散。三池の歴史を画する大きな事件が相次いだ。一方、それらと関連して、筑豊炭鉱への関心も広がった。炭鉱の記録作家、故上野英信の子息上野朱氏の知遇を得るという幸運に恵まれ、朱氏から英信の著作集を恵送され、英信の思想、生き方に感銘を受けた。

これまで視野になかった、筑豊の零細・中小炭鉱の歴史も学んだ。新たに、三池を再考する視点が生じた。最近、筑豊炭鉱の山本作兵衛の作品(炭鉱画)が「ユネスコの記憶遺産」に登録されたことも特筆されるべきである。さらに、ドキュメンタリー映画監督、熊谷博子氏の三池の記録映画、「三池　終わらない炭鉱《やま》の物語」を鑑賞、近著『むかし原発　いま炭鉱　炭都「三池」

から日本を掘る』も精読した。彼女の主眼は、「女性の立場」から三池を再考する点にある。さらに、「水俣」闘争との接点も見えるようになった。私には見えなかった新しい側面を知ることが出来た。これらの諸点を勘案すると、私がまとめた「三池像」の再審が必要になった。集約点を、端的にいえば、三池「第一組合」の〝神格化〟を「相対化」することである。これまで、学会報告をはじめ、数多くの論文、単著を公刊して、三池研究の専門家を自負してきた。だが課題が多く残されていることを思い知らされた。三池は私にとって、いまなお、未完の研究対象である。このことを自己批判せざるを得ない。（本書、補論を参照）

以上、修士論文の当初の意図、構想と論文執筆の経緯、要点、その後の「回り道」について概述した。「グラムシ」についても、「三池」についても研究すべき問題は多く残されている。あらためてそれぞれを進め深めたいという気持ちも抑えがたい。しかし、いまや私は七四歳、今年一〇月には「後期高齢者」になる。残された人生の余白も少なくなった。特に、定年後、年金生活の日々で、つくづく思い巡らすことは、「一体自分は何を研究してきたのか」「若い人々に何を遺こしたいのか」「伝えるべきものがあるのか」という自責の念である。言い換えれば、紆余曲折のわが研究遍歴の焦点をどこに定めるか。辿りついた結論は「原点」に戻る。これである。「修士論文」の際に、非力のために以後の課題として残した、「人間の疎外と教育」に改めて挑戦することである。これ以外にない！　こう思い至った。

これこそが私の本来の研究テーマであった。わが人生の終焉をまえに、何としてもこれだけは仕上げなくてはならない。ここまで自分は研究を成し遂げたのだ。遺作の心算《つもり》でまとめてからこの世を去りたい。幸い機会あるごとに、書きためた拙稿はほぼこの点、「人間の疎外と教育」を巡っている。本書においてそれを一本化した。文字通りの集大成である。アカデミックな体裁をとりながら視野が狭く、〝業界〟以外のいったい誰が読むのだろう。そんな本にだけにはしたくない。そう念じて書き上げたが、判断は読者に託すしかない。

三　本書の構成と概要

本書は三つの章からなっている。簡単に内容を記してみよう。

第一章、「疎外論」。かつて『新教育社会学事典』『教育思想事典』に「疎外」という項目を執筆した。修士論文を基に「疎外」の思想を簡潔にまとめた稿である。それを中心にして、その後の疎外論研究を視野に入れて、書き下ろした論考である。疎外論のほぼ全領域に目を配り、初期―中期―後期マルクスの思想を総覧して疎外の思想を総括している。最近の疎外論研究の成果も可能な限り組み入れた。元稿は一部に残るがほぼ新稿に変じている。

第二章、この章は疎外の回復・人間の解放について論じた。

(1)、まず、マルクスの方法である。これについては諸説があるが、私は、旧・社会主義国家が何故崩壊したのか。この視界から考察を試みた。「具体的・普遍」のプロレタリアート概念への展開こそマルクスの消去出来ない功績であると考えた。この点は前述したところである。しかし、社会主義の崩壊はこの私の考えを完全に裏切る結果になった。つまり、「普遍」は社会主義の〝発展〟の過程で「歴史的必然」と改釈され、批判を許さぬ「教条」「党是」と化した。疎外解放の理論があろうことか、抑圧の手段・疎外態になりはてた。全てがマルクスの責任というわけではないと思いたいが、思想的には「具体的・普遍」に淵源があると私は考える。

（2）、これに対して、グラムシは「必然」とは「歴史的主観」つまり、人間の実践が介在するもの以外ではありえないと捉えた。しかも、社会変革は「ロシア革命」のように、一挙的に遂行される「機動戦」であるよりも、日常の「知的・道徳的」改革による「陣地戦」と考えた。わかりやすく言い換えれば、教育による「民主主義」の実現である。その要石は「知識人」と「大衆」の止揚である。両者の「相互教育」（「共同主観化」）と言い換えてもよい。決して一方的「注入」ではない。グラムシはこれによって「具体的・普遍」が実現できると考えた。マルクスとのこの差異を明確にすることによって、社会主義の崩壊後の新しい社会形成の道を示そうとした。これが本章である。

第三章、この章は第二章の理論の具体的実践の考察である。民主主義の実現のためには教育が不可欠であることは言うまでもない。「民主主義」は「市民社会」と言い換えることが出来る。日本において「市民社会」をいかに実現するか。その主役は社会教育（社会人の教育）である。

これは本書で繰りかえしたライトモチーフである。

まず、「市民社会」について概説し、それに基づいて、国立市の公民館による社会教育について述べた。その後、人間の自発性によるボランティア活動についての考察を基に、それを新しい社会形成の視点から捉えかえした。国立の公民館による社会教育を乗り超える、市民と行政のコ・プロダクト（協働）の成果の実例として小金井市の生涯学習推進プラン作成の経緯を紹介した。次いで、山梨の「教育共和国」構想の理念と実現性について述べた。「大学コンソーシアム」（大学間連携）を中心として、小学校から大学まで一貫した教育制度（生涯学習）を山梨に実現しようとした。日本における初めての「教育共和国」の創造のプランである。壮大な構想と実現の可能性についても論及した。本章の考察は全て私が実際に関わった実例であることを記しておきたい。

最後に、二〇一一年三月一一日の東日本大震災後の新しい社会形成の在り方、未来像を先学の教えに学んで展望を試みた。これは私にとって、未知の分野であり、今後の研究課題である。このためには、従来依拠してきた西欧の市民社会のほかに、日本独自の「共同体」の発掘と再考が必要である。それについての若干の試論を提示するに止めて本章を閉じた。

以上、本書を構成する、三つの章の要約である。先述の「人間の疎外と教育」に即して要旨を述べよう。疎外の思想的把握（第一章）、その回復の方法（第二章）、回復の具体的「場」としての地域、市民社会、そこにおける「疎外」回復のための教育（第三章）ということになる。

繰りかえすが半世紀まえに修士論文で提起しながら、実現できなかった、テーマ「人間の疎外と教育」の集大成である。漸く半世紀に及ぶ「宿題」を余白少なくなった現在《いま》に至って果たすことが出来た。心底ほっとした思いである。「人間の疎外と教育」を教育の原理とする前人未踏の教育学の生成は学生時代からの私の夢であり、野心であったことは先に述べた。ここにその原形だけは明らかにすることができた。これに基づく「教育学」の「体系化」の生成は、なお未完の課題《テーマ》である。サブタイトルに「前哨」と付した所以である。今後も生ある限り、「教育学体系化」の完成を目指して山道を登っていく所存である。本書が多くの人々に読まれることを祈って「序章」を閉じる。

第一章　現代社会と疎外の思想

――人間の現存と再生の可能性――

はじめに

(1) パッペンハイム『近代人の疎外』――高島善哉の講義――

「疎外」という言葉を自覚的にうけとめたのは、一橋大学時代に受講した「社会科学概論」の講義の時であった。講義を担当された高島善哉教授が、邦訳まもなく出版されたパッペンハイムの『近代人の疎外』(粟田賢三訳、岩波新書、一九六〇年)を推薦図書に挙げ、その際に疎外について説明されたのである。本書は、当時の疎外論ブームもあって、わかりやすい解説書として評判になったことは憶えているが、半世紀も昔のこと。記憶は定かでない面が多い。幸い本書に論及された教授の論文「社会科学と人間疎外――とくにパッペンハイムの著作にふれつつ――」(一橋大学一橋学会編集『一橋論叢』日本評論新社、一九六一年七月号)が手許にある。これによって当時のレクチュアを想い出すことにしたい。

まず、教授は当時の「疎外論」ブームを戒める。それは、「現代的人間の危機の意識であり、人間危機の自覚の意識である」ことに留意を促す。さらに、「疎外の意識とはもともと批判の意識である」。つまり、「人間が人間でなくなっていることに対する反省の意識である」「自分が人間として否定されているという自己反省の意識――これが疎外の意識である」(後論のようにこれが「疎外」の原義である)。だから「疎外論というものは、あくまでも人間のもっとも根源的な自己批判の意識、もっとも根源的な自己反省の意識であるといわねばならない。」

疎外をこのように捉えたうえで、パッペンハイムの解釈を評価する。それは、パッペンハイムが「近代的人間の疎外の原因を何よりも近代的商品生産とゲゼルシャフトの発展の中にみて、そこから疎外克服の道を開こうとしている」ことである。いいかえれば、パッペンハイムが疎外の克服の道を、当時流行した「単に宗教的な、単に思弁的な克服の道を斥けている」。つまり、この著書の魅力は、「文明批評と歴史観と人間把握と社会科学的分析の渾然たる統一体」を感ぜさせることにあるのだ。（教授がもっとも強調したかった点はここである）。さらに教授は、アメリカの社会学者であるパッペンハイムが、「疎外の問題を初期マルクス研究、とくにマルクスの『経済学・哲学手稿』（一八四四年）の研究と結びつけている」ことに留目する。しかし、「初期マルクスと後期マルクスを統一的に摑もうとする努力の必要を十分に強調していない」ことに不満を表明する。たしかに、初期マルクスによって疎外の「主体――客体」関係の論理は把かんでいるが、疎外によって、「人間が自我を実現していく創造の過程」、つまり疎外は「生産の過程」でもあるが、この「積極的な意味」は理解していない。言い換えれば、「否定」のなかに「肯定」の契機を見出すという「弁証法」論理の欠如である。これは「マルクスの初期と後期を統一的に摑むことの意義を知らない」ためである。教授はこう断定する。パッペンハイムは社会学者として、社会主義が疎外の問題の最後の結論と主張している点で、アメリカの他の社会学者とは大いに異なる。その点を認めても、教授はパッペンハイムの論理の不徹底の感じを次のように指摘して論考を結ぶ。
「彼は初期のマルクスと後期のマルクスを統一的に理解する代りに、マルクスとテンニェスの商品構造分析の類似点を指摘するに止ったのである。これでは疎外の論理の十分の展開とはなりえないであろう。」

以上、高島教授のパッペンハイム『近代人の疎外』の評注を通して「疎外」についての考え方を検討した。疎外を単なる流行としてムード的に解するのではなく、危機の意識として捉えなければならない。そのためには近代的商品生産、つまり資本主義社会のなかにその克服の道を探らなければならない。要するに、それは初期マルクス（『経哲草稿』）と後期マルクス（『資本論』）の統一によって克服の道が見出されるのだ。（この点は後述するが疎外論の要石である）なお、疎外の克服について社会主義にも言及しているが、教授が次のように述べていることはポスト社会主義の現時点ではとりわけ示唆的である。「疎外」という現象が未来の社会にも原則として起こりうること、すなわち「社会主義や共産主義の体制下においても人間疎外の可能性がある」ことをパッペンハイムがはっきりと認めていることである。それを当時の時点で評価する教授の慧眼にあらためて敬意を表したい。この洞察には「疎外」の問題を「社会科学」として捉えなくてはならないという教授の主張が込められている。

想えば、以上のような教授の疎外論のレクチュアに啓発されて私は疎外への強い関心を抱いた。以来今日に至るまで、人間の疎外とその回復（教育）にこだわってきたのである。その後、三井三池の労働者と出会い、そこの学習活動（とりわけ「向坂教室」）を知るに及んで、疎外の回復の契機を学習・教育に見据えたのであった。研究テーマは「疎外と教育」に決めて調査・研究を続けてきたのである。その具体的成果としては拙論「人間の疎外と教育」（東京大学修士論文、一九六七年提出）がある。因みに、この論文をもとに、『疎外と教育』（新評論、一九八〇年）を書き上げ公刊したのは一三年後であった。いまにして想えば、疎外の肯定的契機に括目したからこそ、それを実現する教育、その具体例として三池の労働者の学習活動の意義を発見することが出来たのである。しかも、狭い意味の教育論ではなく「社会科学」としての疎外論、その回復の要素として「教育」を追究したのは教授の教えである。疎外という否定のなかに、肯定的契機に着目し、それを疎外の解放に向ける教育とは一言で、弁証法的教育学といえる。

　ところで、前述したが高島教授が指摘する初期マルクスと後期マルクスの統一的把握というテーマは、疎外論においても主要な論点であることは後論で考察する。その前に、高島教授と同じ視点から疎外を捉えた内田義彦の見解を名著『資本論の世界』（岩波新書、一九六六年）によって考察しよう。

(2) 内田義彦『資本論の世界』――疎外論の要石――

　今村仁司は、一九六〇年代の新しいマルクス研究の出発点をこの内田の著書に見定めて高く評価する。「内田はこの小著のなかで、六〇年代のマルクスを導くところの諸々の視点・論点ならびに方法的立場をふくむ先導理念を提出している」。内田は本書のなかで「諸々の豊かな観点を濃密に凝縮させており、個々の論点を個別に展開するなら優に数巻の書物ができ上がるであろう」（今村仁司『現代思想の基礎理論』講談社学術文庫、一九九二年、三六〇〜三六一頁、本書に多くの教示をうけた。）だから、本書は「体裁は小著だが内容は大著である」（三六一頁）と強調する。しかもその中心論点は「疎外論」であり、「初期マルクスのいささか閉鎖的・静態的な疎外論を『資本論』の分析とつなげて動体化すること」（同）これが内田のオリジナルな功績である。この今村の教示を参考にして、内田の「疎外論」の核心をみよう。

高島と同じく、内田も、疎外論ブームの一面性を「思想をわすれた経済学研究にかわって、経済的事実に目を閉じた思想論が現れたという感じ」（一八頁）と批判する。つまり、「思想論というか、人間論の方から追究されていた疎外論のマルクスと、経済学の方で追究されていた『資本論』のマルクスをどう統一するか」（同）これが問題なのである。しかも、「資本主義という独自な私有財産制度の下での……搾取の独自な様相をどうつかむか」（一九頁）が重要である。より的をしぼれば次のようになる。「初期マルクスの思考の凝縮点である労働過程論が、『資本論』の中でどういう位置づけをあたえられているか……。労働過程論をぬきにしては『資本論』を通じてえがこうとした歴史家マルクスの世界はきえる。しかし、労働過程論を、経済学の体系である『資本論』の論理的なコンテクストの中から抜き出して、そこだけを取出すと、初期マルクスというか、哲学者マルクスに逆転してしまう。『資本論』という、経済の論理に徹したきわめて体系的な本を通じて（始めて）示されるようなマルクスの世界は、これまた消えるわけです」（八四頁）。内田は、労働過程を「歴史貫通的」（八一頁）なものとして捉える。しかし、「どの歴史段階にも共通だということは、裏からいえば人間に独自だということで……人類の歴史に貫通するものを取出すことによって、ほかならない人間の物質代謝過程――つまり自然に働きかけて生きてゆく生き方――というものを、他の生物のそれから区別するという形で明らかにする。特殊人間的な物質代謝過程の本質」（八六頁）をえがいている。その本質とは、「目的定立を、実際の生産に先行する一つの行為として行なう」（八七頁）ことである。次の指摘も重要である。「労働によって現在および将来の生活に必要な一切のものを作り上げるということと、そこから他ならぬ人間が作り上げられてゆくということ、この二つの意味をこめて、マルクスは労働過程が人間の生活に基底的だといっている」（一〇一頁）のである。

このあとで内田は、資本主義的疎外があい関連する次の二つの点にあることを指摘する。1「労働過程の指揮統制が、（生産手段の所有者たる）資本家のものになること。」2「労働の生産物が資本家のものになること」（一〇二頁）。

「生産したものは他人のものになり、従って他人＝財産の所有者が目的をたて、他人の立てた目的のために他人の意志に従属して労働する」（一〇九〜一一〇頁）。そのため「労働自体は、人間にとって本来人間として生きる営みと切り離せない場所であるのに、……私有財産制度のもとでは多かれ少なかれ――そうではなくなっている」（一一〇頁）。疎外の状況をこう説明する。これは後論のように『経哲草稿』の説明と重なるが、内田は次の『賃労働と資本』の一文を引用している。

「労働は、労働者自身の生命活動であり、かれ自身の生命の発現である。そしてこの生命活動を、かれは必要な生活資料を手に入れるために他人に売るのである。かれの生命活動は、かれにとっては存在するための手段にすぎない。かれは生きるために働く。かれは労働をかれの生活の中にふくめることさえしない。労働はむしろかれの生活を犠牲にすることである。それは、かれが他の人間にせり売りした一つの商品である。したがって、かれの活動生産物も、かれの活動目的ではない」（同）。以上にみるように、疎外の問題が初期マルクスの哲学・思想的なものから、後期の『資本論』の商品分析に結びつけ説明されるのである。こうして高島が批判した前述のパッペンハイムの一面性は克服される。

さらに、内田が大工業制度について次のように述べている点も傾聴に値する。

「近代的工業は、機械・科学的処置・その他の方法によって、生産の技術的基礎とともに、労働者の機能および労働過程の社会的結合をたえず変革する。かくしてそれはまた、社会的分業をたえず変革し、一生産部門から他の生産部門へ、多量の資本および労働者をたえまなく移動させる。したがって大工業の本性は、労働の転変・機能の流出・労働者の全面的可動性・を条件づける」（一五六頁）。このように、大工業が「労働者の全面的可動性」、教育学的にいえば、人間の全面的発達の可能性をうみだしているのである。（「社会主義」崩壊までは日本の教育界で盛行を極めた「マルクス主義」教育論の重要な論点であった。）いいかえれば、疎外のなかに、それを超えていく可能性が見られるという指摘は前出の高島の主張と同様で示唆に富む。内田はこの点を次のように敷衍する。

「初期マルクスでは、私有財産制度を変革する主体としてのプロレタリアートが検出されたに過ぎないが、『資本論』ではそうではない。ここでは、変革の主体とともに客観的条件が――それも変革の過程における主体的客観的条件であるとともに、変革の時期をこえて（まさに変革という断絶をへて）未来社会での、人間と自然との科学的・合理的な物質代謝過程を可能ならしめるべき主体的客観的条件として――この二重の意味を含めての変革の主体的客観的条件が、剰余価値生産の法則それ自体によってつくりだされることが示されて」いる（一五九頁）。いいかえれば、「新社会の形成的諸要素と旧社会の変革的諸契機」が、価値法則それ自体によって自然的に成熟してくる」（同）ということである。（因みに、疎外論と教育の結合はここにある。）

さらに内田の、資本主義社会の教育についての説明は興味深い。

「人間は人間として教育されるのではなく、追加的な労働力商品そのものとして、また、労働力商品の所有者として教育される。総過程を経済学的にみれば、このことはどうしても否定でき」（一九五頁）ない。しかし、同時に、「こういったことを否定しようとする人間の願望や行動の働く場を同じ経済法則が作り出している」（同）のである。つまり、「経済的範疇の人格化として人間の行動を摑むということは、経済的範疇や法則に含まれる矛盾を自覚し、止揚するのも、また、

人間である」（同）ということである。（後論の「窮乏化論」参照。「疎外と教育」という視点からも示唆に富む）

(3) 内田疎外論の射程――今村仁司の解釈

以上、内田の考察を疎外論の視点から概述したが、今村は内田の分析を次のように総括する。

第一は、「労働過程論である。内田は労働過程論に初期のマルクスの思想の頂点を見出す。それは社会的物質的代謝過程（対自然活動）として『資本論』全体の基礎をなすと判断される。誤解されがちなマルクスの自然史過程をこのような形でまっとうな歴史理論として仕上げる可能性を内田は開拓した。さらに内田は、マルクスの社会＝歴史理論の基礎に不可欠の場面として対自然活動を強調することによって、平板な人間主義を克服した。内田が力説した自然史的過程としての労働過程論は、その後しばしば忘失されがちだが、最も重要な着眼点のひとつである。」（前掲今村書、二六八頁）

第二は、歴史を解析する手段である。一般のやり方とちがって、内田は、とくに「蓄積＝再生産過程に見出した。生きた活動と死んだ活動のおりなす累積過程、ここにこそ歴史性の生誕の場所がある。単なる過去・現在・未来のグラマティカルな発想と手を切り、生きた活動（労働）を中軸にした活動の日常的累積から歴史を解析すること、これはマルクスの根本的な科学論的前提であり、内田は鋭くこの点に着目した。」（同）つまり、内田は「疎外論的人間＝社会観」と「累積論的歴史観」(同)との二極からマルクスの思想を体系的に捉えることを提示したのである。この点を今村は高く評価する。

なお、この視点は六〇年代マルクス研究の「先導理念」であるという今村の評価については先述した。疎外派の平田清明は『経済学と歴史認識』(岩波書店、一九七一年)を著したが、内田の継承の成果である。これは、『グルントリッセ』を経済学視点よりも歴史理論的に解明した点で画期的業績であった。注目すべきは、その手法を内田がひらいた「累積的歴史論」を継承した点である。さらに平田は、「世界史の三段階」を提唱し、マルクスのもう一つの歴史像——共同体—市民社会—社会主義——を提唱し、「市民社会」概念を歴史認識の方法論的概念に鍛え上げた。(今村書、三七〇頁参照、因みに、平田は高島の高弟である。したがって、今村は論及しないが、平田市民社会論は高島市民社会論の継承でもあることは了解できる)。さらに内田、平田の学説を「分業」「市民社会論」の面から継承・展開したのは望月清司である(『マルクス歴史理論の研究』岩波書店、一九七三年、この点については後出の韓立新論文を参照)。

今村によって、要点を述べよう。望月のオリジナルな発想は、「疎外」(哲学)と「分業」(経済学)の観点から、平田の「共同体—市民社会—社会主義」史観を前進させて、「遠く未来社会の解放的共同性を構想することにある」。望月にいたって、内田義彦に始まった、疎外論と市民社会論とを統合したマルクス歴史理論はひとつの極点に達する。平田の主張した歴史認識の方法概念としての「市民社会」は望月によって「ゲマインシャフト＝ゲゼルシャフト」という独自の概念に仕上げられる。本源的市民社会は、本源的であるゆえにイデアルとして未来に向けて回復的に展望されることになる（自由人の連合、それは自由人のゲマインシャフト＝ゲゼルシャフトである）（今村前掲書、三七二頁）。さらに、後論で検討する花崎皋平のグルントリッセ研究も内田の『資本論の世界』を「巧みに読みなおし」（今村書、三八〇頁）たものである、と今村が指摘することに注目したい。以上、今村仁司の教示を参考にして、内田義彦の「疎外論」の射程の広大さを概説した。

一　疎外の思想

疎外の思想について予め、高島、内田の研究の要目を見たが、以下疎外の思想史を概略する。

(1) 疎外の語義

語源的には、外化（Entäusserung）という類語と同様に、ギリシャ語（allotriosiz）、ラテン語（alienatio）など、〈他者化、譲渡化〉を意味するドイツ語訳に淵源するものであり、すでに中世ドイツ語にも存在し、ルターの独訳聖書にも用例がみられる。この語は「他のものにする」ことが本義であるが、ここから転じて、主体的・能動的であるはずの人間が「自ら生み出したものと疎遠な関係になっている状態」をいう。さらに一般的に、あるものが「非本来的な在り方」になっている状態を総称して「疎外」という言葉で呼ばれている。（因みに、ここに見られる、「非本来的」という語の逆の「本来的」という概念は「物象化」された想念であるとして廣松渉が厳しく「疎外論」を批判した点である。これについては後論で触れる。）

(2) 思想的系譜

疎外の思想はフィヒテ（Fichte, J.G）、ヘーゲル（Hegel, G.W.F）らのドイツ古典哲学者から展開された。フィヒテは、先述のEntäusserungという語を用いて、神が自己を外化して人間のかたちとなったという聖書の立論を逆転させ、人間が自分の内なるものを外化して神を定立するのだと説き、後述のフォイエルバッハ（Feuerbach, L.A）の宗教批判の先鞭をつけた。さらに、フィヒテの疎外論は、意識の自己外化によって絶対精神に至るというヘーゲル哲学の先駆ともなっている。

(3) ヘーゲル

ヘーゲルにおいては、Entäusserung（外化）とEntfremdung（疎外）は述語としては区別して用いられている。ヘーゲルがEntäusserungという語をはじめて用いたのは『イエナ実在哲学』においてであり、それは労働論の文脈で論じられている。つまり彼は人間の労働を〈此岸的な自己物化（外化）〉と規定したが、労働の場における外化と回復の論理構制を彼岸的な精神の自己外化（疎外）と自己獲得という普遍的な論理展開に活用する。ヘーゲルによれば、唯一の実在は精神・理念とされるが、この精神は、それ自体としては自立することができない。そこで自己の外部に本質を外化するが、やがて精神はこの外化された対象＝自己表現のなかに自己を承認しなくなる。このとき、外化された精神は本来の精神とはよそよそしい（fremd）関係にあるとされている。このような精神の活動の構図がヘーゲルにおける「疎外」（「外化」）である。しかしヘーゲルにとっては「疎外」（「外化」）は精神の発展のために超えなければならない過程、すなわち、精神がやがて自己を意識として自立的な自己になりゆくための不可欠な体験の一齣なのである。こうして疎外を克服した精神はついに「絶対的精神」（absoluter Geist）に達し、主・客の統一、融合を体現することになる（『精神現象学』）。社会的レベルにおいても、愛の共同体である「家族」は人倫（Sittlichkeit）の疎外態としての「市民社会」を経過（疎外からの「回復」のプロセス）して、倫理の実現した「真の共同体」である「国家」に至ると説かれる。（『法の哲学』）

要するに、ヘーゲルの疎外論の要諦は意識が対象として見出す定在が意識自身の活動によって生成したもの、意識の疎外態にほかならないことを確認し、そのことにおいてその階梯での主＝客の対立を、疎外を媒介として揚棄することにかかっているといえよう。たしかに、この論理構制は壮大であり、普遍性をもっているが、一方で思弁に陥っているという批判も免れない。つまり、彼は個別から出発して普遍への展開を説こうと努めながら、アポリアに至ると、個別はもともと普遍を内包していたというトートロジーに陥るのである。この難点の打開のためには、主体概念の捉え返しを行いつつ、ヘーゲル疎外論の発展的な継承が必要になる。

⑷ ヘーゲル左派

この任務を引き受けたのはヘーゲル左派であった。その一番手シュトラウス（Strauß, D）は、ヘーゲル哲学を一層推し進め、万人は神の受肉体であること、この受肉した存在以外に神なるものはありえないと主張した。これを受けて、やがて主語と述語とを完全に逆転させて神とは人間の本質であることを見抜いたのはフォイエルバッハ（Feuerbach, L.A）であった。彼はヘーゲルの精神に感性的・自然的人間を対置する。この人間観のもとに、神とは人間自身の理念化したものであるのに、人間がその神を崇めて跪いていると説く（『キリスト教の本質』――「神学の秘密は人間学である」）。

これがフォイエルバッハの周知のテーゼであり、彼によれば、「神的本質とは人間的本質にほかならない」。「このテーゼを導くフォイエルバッハの論理の要諦は、……神の諸述語（例えば、全智、全能、愛）は実は人間の諸述語にほかならない、という指摘である。……主語に立つ「人間」は単なる個々人ではない。それは「類的本質＝類的存在」としての「人間」である。そして、術語を完全に共有する主語は結局同一者と見なされる以上、「神」と「人間の類的本質」とは一箇同一者であって別物ではないことになる。」「フォイエルバッハは、キリスト教が表現している人間的本質そのものは肯定的に追認しつつ、その「真理」が疎外された相で表象されていることを批判している次第なのである。」（後出の廣松「解説」参照）。「主」であるべき人間が自ら創り出したもの＝対象化したもの（神）が、逆に「主」となって人間が従属しているという構図、これが宗教における「人間の疎外」である。しかし、この場合、疎外が宗教（意識）の領域にとどまるかぎり、主体であるべき人間が疎外の構造（秘密）を自覚することによって疎外の回復は可能となる。しかし、ヘーゲル左派の思想的大枠をいえば、たんにフォイエルバッハ流の宗教批判だけでなく、この疎外の論理構制を政治・経済・社会の場面にも拡大していたのである。因みにヘス（Hess, M）はキリスト教において人間が神に外在化することから類推して、人間が貨幣に外在化すること自体を人間の疎外と捉えた。この点に関する限り、フォイエルバッハ、マルクス（「ミル評註」）に類似している。

ただし、彼は人間の疎外の克服、つまり、「共産主義への移行は、直接的には貨幣の廃止によって、根本的にはそれを可能にする「愛」による人間の「直接的で内的な結びつき」によって行われる」とした。だからヘスは、「生産力の発展を貨幣を生み出した人間関係の廃棄の条件としてとらえてはいるが、「内的必然性」と「外的必然性」とを直結してしまい、その廃棄は一足とびに人間の「愛による直接的な結びつき」によって行われるとみなしているのである。」（詳しくは、モーゼス・ヘス　山中隆次／畑孝一訳『初期社会主義論集』（未来社、一九七〇、所収、畑孝一「解説――ヘスとマルクス――」を参照）。なお、ヘーゲル左派の殿将ともいうべきシュティルナー（Stirner, M）に至ると、神・国家・社会のみならず、フォイエルバッハのいう、主体としての〈類的人間〉もまた、真正なる実在的個体の疎外態であると捉えられることになる。

重複するが、廣松の「解説」（後出）から引用しよう。「フォイエルバッハの徒は、人間こそ至高の存在であると宣言し、人間を原理に据えると唱しているが、その「人間」は実存的な現実的人間ではなく本質存在としての「人間なるもの」であり、「神＝人間」といみじくも明言されている通り、「人間」とは「神」の別名にすぎない。「神としての神」への拝跪は卻けられるに至ったにせよ、実存的個人たる生身の人間は依然として「人間なるもの」（〝神の真実体〟！）に拝跪する構制になっている。「これはまさしく新たな宗教」にほかならないではないか！」

(5) マルクス

宗教（意識）における人間の自己疎外の論理構制を政治・社会批判に移して、つまり旧来の社会体制に対する社会主義的批判を疎外論と結合させようと志向したのは、ヘーゲル左派の一員である初期のマルクス（Marx, K）であった。彼の社会観は、まずヘーゲルの市民社会・国家論を継承することから出発した。その後、フォイエルバッハの唯物論及び宗教批判の方法に学び、国家は人間の共同性の疎外態であることを喝破し、市民社会こそ人間が現実に生きる社会であることを洞察する。歴史は人間の対自然の協働関係＝労働によって生成されること、しかし市民社会においてはその労働が疎外され、人間の完全な喪失が一般化している事態を次のように論ずる。

マルクスによれば、人間はまずなによりも自然存在として捉えられる。すなわち、人間は一方で自然の秩序に属すると同時に、他の自然存在と異なり目的意識的に自然に働きかけ、自然を改変する（労働する）。その過程において人間は同時に自己の内なる自然をも変革し、諸能力を発展させていく。マルクスの人間観は、神の被創造物としての精神的存在でもなく、まさに「人間的自然存在」なのである。これがマルクスにおける人間、自然、労働の本来的な在り方である。

ところで、現実の社会における人間の在り様はどのようになっているのか。マルクスは「疎外された労働」（『経済学・哲学草稿』）において人間の現存を自らの疎外論を集約しつつ展開する。

①、労働生産物からの疎外　私的所有を前提とする社会では、労働者がつくった生産物は労働者に属さない。彼は労働生産物をつくればつくるほど、自らより安価な商品と化し、ますます窮乏化せざるをえない。

②、労働からの疎外　労働生産物が他人の所有物になると同時に労働者の生命発現としての活動も外的な強制的労働となり、彼はそこで不幸を感じる。すなわち労働者は自己を喪失する。

③、類的存在からの疎外　人間は個体的な存在でありながら普遍を意識する。すなわち人間は類的存在なのであるが、この類的存在としての人間活動が疎外されているために、類的活動は個人生活の手段とされる。

④、人間からの疎外　これは以上3つの疎外の帰結として説かれる。労働者の自己疎外の事実はこの社会のあらゆる関係を規定し、資本家でさえもこの関係から逃れることはできないのである。

（前引の内田義彦の解釈を参照）

⑤、後論で言及するが、「ミル評註」の意義　初期マルクスの疎外論といえば、専ら「経哲第一草稿」「疎外された労働」による疎外が強調されたが、商品、貨幣の疎外、つまり、交換（交通）

の疎外の重要性を指摘した「ミル評註」も含めて疎外を考察する必要がある。①～④は生産過程に限定された疎外論である。この点の考察は後述する。

(6) 物象化論

ところで、マルクスは『ドイツ・イデオロギー』（一八四五～四七年）以降、ヘーゲル左派の疎外論からの転換を図ったという注目すべき説がある（廣松渉、後論参照）。この理説によれば、疎外論はある本質（あるべき人間）を想定しそこからの逸脱を説くという構制であるが、そうした考え方は物象化された観念であって、現前に存在するものは個々の人間が分業という形態で互いに協働しあう関係の連関態でしかない。あるべき本質とはその人間の協働関係が反照され、物象化されたものにすぎないのだと説かれる。事実マルクスの中・後期の著作には「疎外」という語は少なくともキー概念・述語としては用いられていない。初期マルクスの実体概念としての「疎外」論から中・後期の関係概念としての「物象化」論への転換説が提唱される所以である。たしかに、後期のマルクスが貨幣や私有財産を〈疎外〉論的発想で論じたり、共産主義の理念の本質の奪回という論理で説いたりはしなくなったが、しかし、その事実ははたしてマルクスが疎外論的論理構制そのものを捨て去ったことを意味するのか否かについては、現在なお解釈が分かれるところである。物象化論については後論で論及したい。（因みに、「ヘーゲル左派の理解には廣松渉の長文の「解説」良知力・廣松渉編『ヘーゲル左派論叢第一巻　ドイツ・イデオロギー内部論争』御茶の水書

房、1980年、が参考になる。前掲の引用で「解説」と注記したのは、この廣松「解説」である）

（7）疎外論の推移

現代において疎外が脚光を浴びたのは一九二三年のルカーチ（Lukacs, G）の『歴史と階級意識』（Geschite und Klassenbewusstsein, Studien ü ber Marxistische Dialekik. Kleine revoltionüre Bibliothek Band 9. Berlin; Der Malik-Verlag,1923. 城塚登　古田光訳『歴史と階級意識』白水社、一九九一年　なお、本訳書に収められている、池上惇「解説＝テクストを読む　探究者の哲学」、城塚登「解題＝訳者あとがき」を参照のこと）が刊行されたとき、そして一九三二年に『経済学・哲学草稿』の公刊の際であった。後者の場合には、マルクーゼ（Marcuse, H）がマルクスの疎外論に着目してヘーゲルの労働論との関係に言及したことが注目される。（新装版『初期マルクス研究――「経済学・哲学手稿」における疎外論――』良知力・池田優三訳、未来社、一九六一年、参照。本訳書には、次の二論文が収められている。1. Neue Quellen zur Grundlegung des historischen Materialismus. Interpretation der neue veröffentlichen Manuskripte von Marx, in; Die Gesellschaft, 2. Bd.,1932. 2. Über die philosophischen Grundlagen des wirtshaftswissenshaftlichen Arbeitsbegriffs, in ;Archif für Sozialwissenschaft und Sozialpolitik, 69.Bd.1932.）その後、一方でスターリン時代が、他方でファシズム体制が続いたためもあって、疎外論研究は十分に進展したとはいえない。

大戦後に至っても、ソ連のマルクス研究や、その影響下のいわゆる「ロシア＝マルクス主義」

の潮流のなかにあっては、疎外論研究は低迷をきわめた。ただし、ルカーチ、コルシュ（Korch, K）、あるいはフランクフルト学派に属するホルクハイマー（Horkheimer, M）、アドルノ（Adorno, T.W）ら、「西欧マルクス主義」と称される研究者の間ではマルクスの疎外論を重視する動きがみられた。

ところが、一九五〇年代後半以降、スターリン批判を機縁として「ロシア・マルクス主義」の権威が低下して、疎外論研究は新しい段階を迎えるに至った。すなわち、疎外論の論理構制がマルクスの全思想においていかなる位置と意義を占めるのかという問題が中心に論じられるようになったのである。すでに一端を述べたように、疎外論は初期のマルクスの思想であって、後期の思想は一種の堕落であるという見解もあれば、疎外論は後期のマルクスにおいては乗り超えられた過渡的なものにすぎないという説に大別される。さらに、『ミル評註』の位置づけも疎外論に再考を促した（後述）。現在に至るも、様々なヴァリアントを伴いつつも依然として解釈は後をたたない。この二つの論点をめぐっては、現在も定説の確立をみていないというのが現状である。

（後論参照）

（8）疎外論の再興

ところで、一九八九年ベルリンの壁に続いてソ連邦も崩壊し（一九九一年）、マルクス主義の権威は一挙に瓦解したかのように思われる。しかし、グローバルな環境問題、南北格差、民族紛争など世界各地で非人間化現象が拡がっている。支配・被支配の構造も階級一元論で説明できるほど単純ではなくなっているため、広い意味での疎外の問題の検討とその解決がいまこそ迫られている。これに対応して、マルクス主義だけではなく、現代社会学においても、社会心理、社会病理、産業労働などの分野で疎外概念が重要な意味をもち、それなりの蓄積もみられる（総覧することは私の能力を超えるが、最近の状況については後出の岩佐編著を参照）。これらの蓄積がそれぞれの場面でどの程度に疎外からの回復に有効であるかは詳らかではないが、現代社会の諸分野までに拡散した疎外の準拠点は、すでにみたようにヘーゲル、とりわけマルクスの思想とその疎外概念であった。昨今においてはそのマルクス主義文献においても〈疎外〉概念が複雑・多岐になっている。概要はすでに考察したところである。したがって現代の疎外の概念を捉えるためには如上の複雑な状況を勘案しつつ、それぞれの思想的文脈に応じて含意を汲みとり概念化する知的営為が不可欠である。小論はそのための礎石である。（初出は「疎外」〈『教育思想事典』勁草書房、二〇〇〇年〉であるが、新しい所説に接するたびに、加筆・訂正を施した）。なお、この初出稿作成のために、廣松渉『現代マルクス＝レーニン主義事典』上巻、社会思想社、一九八〇年刊の項目「疎外」を参照した。「1語源と語義、ヘーゲル以前の用例」「2ヘーゲルにおける疎外論」「3ヘーゲル左派の疎外論」「4マルクスの疎外論」「5現代的解釈」の執筆「構成」は氏の論考に準じている。廣松の教示に対して、ここに誌して御礼申し上げる。因みに、廣松のこの論考は前掲事典一一六七～一一七一頁にわたる「小論文」ともいえるものである。参考までに次の氏の説明も引用しておく。「『疎外』という概念に関する哲学辞典類の記載は遺憾ながら極めて不十分であるように見受けられる。管見に触れた範囲では、J. Ritter:Historishes Wörtbuch der Phirosophie, 1971-が古代・中世の用例などに関しては詳しいが、ヘーゲルおよびヘーゲル左派の語法に関しては甚だ粗略の感を免れない。（因みに、現在完結しているヘーゲル全集としては唯一のものであるグロックナー版全集のレキシコンには「疎外」の項が存在しない始末である！『物象化論の構図』岩波現代文庫、二〇〇一年、一一一頁）

（9）「疎外された交通」——最近の疎外論研究

岩佐茂は「新自由主義のイデオロギーと政策が闊歩するなかで、今日の資本主義が、マルクスが批判した資本主義とその本性において何ら変わっていないことが明るみに出された」として、「疎外論」を視軸に編著『マルクスの構想力・疎外論の射程』（社会評論社、二〇一〇年）を公刊した。現時点の「疎外論」の総括的研究として注目に値する。本書のキーワードは「疎外された交通」である。つまり、従来の疎外論がもっぱら『経済学・哲学草稿』の「疎外された労働」（生産過程の疎外）が主題に研究されてきたことの一面性に対して本書は『ミル評註』に注目し、「社会的交通の疎外された形態」をも含めて「疎外論」の再審を志向したこと。これが本書の特色である。詳しくは本書を参照されたいが、この視点からの従来の研究の批判の主要な点を述べてみよう。

マルクスの疎外論の特徴は——と岩佐は次のように述べる——「第一に、たんに社会においてさまざまな疎外現象があることを指摘し、告発したことにあるのではなく、さまざまな社会的な疎外現象が、「経済的疎外」……によって引き起こされることを析出し、後者から前者を説明したことにある。（この指摘は、前出の高島、内田の見解と同様である）第二に、疎外現象を批判することによって、疎外をひき起こす資本主義的現実にかわる新たな理念を提起したことである」（同書、一九頁）。岩佐の説明を続けよう。「最初期の疎外論を特徴づけているのは、本質的な疎外理解である」。それは「疎外されざる普遍的な人間本質を前提にして、疎外を論じる立場」である。ここでは、「疎外の事態にたいして、疎外されざる理念として普遍的な本質が疎外の対極に立てられることになる。普遍的な人間本質は、歴史をも超越した、変わらざるものとして受けとめられた」（同）。これに対して岩佐は、前出の内田と同様、次のように述べる。「疎外された否定的現実を止揚していくためには、疎外された現実を徹底的に批判するなかで、その否定的現実のうちに含まれている肯定的契機を積極的に対自化して、あるべき理念として定立し、それによって、疎外された現実を批判し、止揚していく必要がある」（二三頁）。ここから、岩佐は次のように指摘する。「マルクスの疎外論は、近代の資本主義的現実のなかで歪められている人間のあり方（本質）を価値的に容認できないものとして批判する視点に立脚しており、かれの思想の核心をなすものである。この疎外論的視点は、経済学研究のなかで破棄されるのではなく、保持され、貫徹される」（二三〜二四頁）。この視点は二つの方向で深められると岩佐は述べる。

①、「第三手稿」（「経哲草稿」、「手稿」と「草稿」は同じ意味の訳語である）では、疎外・外化が「第一手稿」のように否定的形態においてとらえられているだけでなく、そのうちに含まれている肯定的契機が積極的にとらえられている。②、『パリ手稿』における疎外された労働、疎外された交通の概念は、その後の経済学研究のなかで破棄されたわけではなく、保持され、具体化されている。……また、疎外された交通は物象化論として具体化されるが、両者は統一的に把握されていくことになる（二四～二五頁）。岩佐の趣旨は、「西欧マルクス主義」の、人間の本来的在り方（本質）を自存化して「疎外」を捉え、非人間的な「現実」に対置する、いわゆる「人間主義」疎外論ではない。また、初期マルクスの人間主義を、人間本質の「物象化」であると批判し、中・後期マルクスは、一方でそのような人間主義的疎外論を、他方で旧来の「ロシア・マルクス」主義的疎外論を近代「科学主義」的である、と批判している。両者の地平を超えるのは物象化論であるとしてマルクス主義のパラダイム・チェンジを提唱したのは廣松渉であった。岩佐は西欧マルクス主義的疎外論については廣松の批判を是認するが、物象化論は疎外論を超えるという廣松物象化論については、すでに見た「疎外された交通」の視点から批判する。つまり、『パリ手稿』では、「物象化の事態は疎外された交通として、疎外の一形態として把握されている」（一一六頁）。

ここから、「疎外と物象化とを明確に区別立てし、物象化論は唯物史観とも結びついたマルクスの基本的視座として評価する一方、疎外論はまだ主体――客体関係という二項対立的な近代思想の枠内にとどまっている若きマルクスの思想として切り捨てた」（二七頁）と主張する廣松の物象化論は一面的であると岩佐は論定する。以上の批判のもとに、岩佐はマルクスの疎外論を次のように要約する。

「疎外された否定的現実のうちに可能態として即自的に含まれている肯定的諸契機を対自化し、理念化することによって、定立された理念から疎外された現実を批判し、それを実践的に変革しようとするもの」（三五頁）である。これはまた、『パリ手稿』の考察を踏まえた岩佐の「疎外論」の総括でもある。なお、岩佐が以下の点を強調することも付け加えたい。「疎外された現実を止揚し、克服することは、たんに理論的営みであるのではない。それは、日々の生活活動の営みをとおして、「生活の論理」にもとづいておこなわれる。「生活の論理」とは、人間の物質的生活を基礎にしながら、「よく生きる」ことを求めて営まれる価値的態度のことである」「疎外された生活は、「資本の論理」によってひき起こされる。その意味では、「資本の論理」は「生活の論理」の疎外態ということができよう。『ドイツ・イデオロギー』では、「生活の論理」にもとづく人間の生活がそれとして考察されているが、『パリ手稿』では「資本の論理」によってひき起こされた疎外された生活が考察の対象となっている」（三八頁）。したがって、「資本の論理」の価値観を「生活の論理」にもとづいて止揚・克服することが求められているのである。（同）これが本書第一章（総論）の結論である。同時に、本書全体の要点と言ってもよいであろう。この点は教育の疎外研究にも示唆を与えてくれる。

二　疎外論と物象化論の検討

疎外概念のアウトラインについては、前節に記した通りである。旧来の疎外論克服のためには、岩佐の編著と重複する面もあるが、以下の二つの関連する課題の検討も必要である。（1）存在論的疎外論の再審、（2）物象化論との関連。

(1) 存在論的疎外論

存在論的疎外論とは、人間主体が外化し疎外されながら再び自己回復を遂げるという予定調和的な物語に帰結する疎外論である。今村仁司によれば、この物語はヘーゲルの『精神現象学』に始まり、サルトルの『弁証法的理性批判』で頂点に達するという[1]。

因みに、私の疎外論研究は、ヘーゲルからフォイエルバッハを経てマルクスへと至る思想史のなかに疎外の概念を検証し再構成したものである（拙著『疎外と教育』、新評論、一九八〇年、第一部、参照）。たしかに、社会の否定的な事実や人間の苦悩の所在を指差する点では批判的疎外論を内実としている。しかし、ヘーゲルの「具体的普遍」の現実態としての「プロレタリアート」革命（マルクス）によって、究極には疎外が回復されるのだと主張した限りでは「ハッピーエンド物語」であるという批判を免れない。とりわけ、社会主義国家の崩壊以降、この点の再検討を痛感している。本書もそのための考察を意図している。

存在論的疎外論の問題点を敷衍し、超克の道について述べてみたい。

ヘーゲルの「具体的普遍」のプロレタリアートへの転成については初期マルクスのゲルマン共同体への関心があった。しかし、その後マルクスはヘーゲルの歴史哲学構成に学び唯物史観を練り上げてゆく。つまり、自由の理念と展開というヘーゲル的解釈による歴史観をマルクスは階級闘争による社会主義社会、コミュニズムの実現こそが歴史の意味であると置き換えたのであった。要するに人間活動の目的はこのコミュニズムの実現であるという主張である。哲学はこの歴史の意味を明らかにし、かつ彫琢し、哲学を身につけた知識人が労働者大衆（プロレタリアート）に歴史的意味を教えるのだと説かれる。この教示によって、労働者大衆（プロレタリアート）は、この歴史的使命に目覚めてひたすらコミュニズムの道を辿ればよいのだとされたのである。単純化していえば、歴史の意味、目的は既に確定されていて、人間の実践はそれに向かって進むだけでよいのだ。それ自体では意味をもたない、目的のための手段に過ぎないと見做されたのである。その結果、その目的を自覚した少数〝知識人〟（エリート）が未だ無自覚な多数の大衆を啓発し目的を教化するという定式が一般化する。その〝知識人〟とはヘーゲルにおいては普遍的身分としての官僚であり、マルクスにおいては先進的プロレタリアート、レーニンにおいては党、つまり党官僚となった。そこに決定的に欠如しているのは、差異による個々人が相互に議論しつつ共同性を拡げ、そうした営為によって未来社会を創出しようとする大衆――普通の人々の自立性と主体

性である。これは一九八九年のベルリンの壁の瓦解、社会主義の崩壊で明らかにされた教訓である。（本書 第二章参照）

もちろん、以上の総括がスムーズになされたわけではないが学生時代以来の初期マルクスへの関心と研究蓄積が役立ったことは幸いであった（前掲、拙著『疎外と教育』参照）。ベルリンの壁の崩壊のショックはグラムシへの新たなる関心へとつながっていった。グラムシの思想については、拙著『現代に生きるグラムシ・市民的ヘゲモニーの思想と現実』（大月書店、二〇〇七年、以下『グラムシ』と略記）第Ⅲ部で考察したので参照を請いたい。ここではマルクスとの違い（と思われる位相）に限定して述べる。念のために断っておきたいが、マルクスが旧くなったから、これからはグラムシにしようなどという安易な気持ちでは決してない。マルクスの批判的継承・発展としてのグラムシである。

へゲモニー、市民社会をキーワードに新しい時代における疎外回復の方法を構想・提示したのはグラムシであった。彼もマルクス、レーニンを継承し、一時は、工場における労働者権力の確立――労働者の自治と主体性の回復――を目指した（「工場評議会運動」）。その挫折の経験から生産点だけでなく、生活圏をも含む広範な市民社会全域の「へゲモニー」による新しい社会形成を構想したのであった（『獄中ノート』）。前出の岩佐編著が主張する「疎外された交通」の概念が参考になる。

しかし、それはマルクスが「歴史的必然」とみなしたコミュニズム社会をプロレタリアートの独裁によって実現しようという構想ではなかった。そうではなくて、市民社会をベースにしてその存立要件の拡充・深化によって、市民相互の討議（知識人と大衆の相互交流によって、「全ての人が知識人になる」こと）によって、その過程で歴史の意味が明らかになり、それに基づいて歴史が創り出されるとグラムシは考えた。彼の「実践の哲学」の立場からいえば、少数の知的エリートによって未来社会が予めプラン化され大衆に提示されるとは考えられない。人間の実践・行動は目的遂行のための手段ではなく、それ自体が有意味とグラムシは考えた。（ここが要諦である。前掲『グラムシ』参照）

彼もまた、マルクスと同じく、人間の本質が国家に疎外されていると考える。つまり、新しい社会を構想し、それを創り出し、運営していく能力など、人間の本質部分が国家に奪われ（疎外され）ていることをヘーゲル、マルクスから学んだ。（グラムシの「国家の市民社会への再吸収」という章句に留意を促がしたい）しかしこの疎外の回復（再吸収）を、国家の官僚による救済（ヘーゲル）やプロレタリアートによる社会主義革命による解放（マルクス）に求めなかった。そうではなくて、市民・大衆による日常的ヘゲモニーの拡大・深化に求めた。彼は、これを「国家の市民社会への再吸収」と定式化する。これは前述のように、国家に疎外されている人間の本質を再び市民社会に奪いかえす不断の努力の意味である。支配・被支配のせめぎあいによって構成されている現存の可視・不可視の「秩序」を、自由に基づく「新しい秩序」（「オルディネ・ヌォーヴォ」）に組みかえる日常の「ヘゲモニー的」実践である。このためには（この過程のなかで）全ての人が知識人にならなければならない、とグラムシは説く。それは、より意識の高い人々（知識人）とそうではない人々（大衆）との絶えざる知的・感性的交流によって遂行されるとグラムシは主張する。「ヘゲモニーは全て教育的関係である」というグラムシの章句はこの辺《あたり》の事情をよく表している。

以上にみられるように、ヘーゲルの「具体的普遍」の現実体（具現体）としてのプロレタリアートの自己解放（社会主義革命）によって疎外が回復されるというマルクスの主張、それに基づく「至福千年を夢みる」存在論的疎外論の限界はグラムシの思想によって超克される道が開かれたのだ。予めこのことを確かめておきたい。

なお、疎外論研究については、先述の内田義彦の研究（とくに、同氏の『資本論の世界』〈岩波新書、一九六六年〉は注目される。「はじめに」、参照）を無視することはできない。氏の疎外論解釈の功績は人間の自己疎外という平板な主張をのりこえて、社会全体の動学過程のなかに疎外の現実とその克服の方法とを見出そうとしたことである。（この点については拙著『グラムシ』「序章」「動態的疎外論への前哨」も参照されたい）

(2) 疎外論と物象化論

本節では、物象化論について検討しよう。廣松渉がマルクスの再解（改）釈によって疎外論の根底的批判を志向したことはよく知られている。周知のようにその視軸が物象化論であった。氏の物象化論の要目の理解のためには、廣松渉『物象化論の構図』（岩波書店、二〇〇一年）が便利である。

廣松は『ドイツ・イデオロギー』の厳密な原典クリティークによる編集（廣松渉編『カール・マルクス／フリードリヒ・エンゲルス　ドイツ・イデオロギー第1巻第1篇　手稿復元・新編輯版』河出書房新社、一九七四年、マルクス／エンゲルス著廣松渉編訳小林昌人補訳　新編輯版『ドイツ・イデオロギー』、岩波文庫、二〇〇二年）およびマルクスの「フォイエルバッハ・テーゼ」に基づきマルクスの「関係の一次性」の立場を徹底化させ、物象化論によって近代超出の論理《パラダイム》を提唱した。留意すべきは、この新しいパラダイムが後期のマルクス、何より主著『資本論』にまで貫徹するのだと氏が説くことである。（「物象化論」がマルクスの根本思想だと説く所以である）その該当箇所は次の通りである。

「商品形態の秘密はただたんに次のうちにある。すなわち、人間にたいして、商品形態は、人間自身の労働の社会的性格を、労働生産物そのものの対象的性格として、これらの物の社会的属性として反映させ、したがって、総労働にたいする生産者たちの社会的関係をも、彼らの外にある諸対象の社会的関係として反映されるということのうちにある(2)」

廣松によれば価値成立に関わるこの物象化的錯視は、特殊経済的現象だけでなく、あらゆる文化的、社会的事情にも妥当するものだという。私がその教育面の事象を解明したいと念ずる所以である。後論のために氏による物象化の定義の一例を以下に引用しておく。

「人びとの間主体的関与活動の或る総体的な連関態が、当事者的日常意識には（そして、またシステム内在的な準位にとどまっているかぎりでの体制内的〝学知〟にとっても）、あたかも物どうしの関係ないしは物の性質ひいては物的対象性であるかのように映現するということ」「このフュア・ウンスな事態、それがマルクスの謂う『物象化』なのである」[3]

私なりに言えば、学知的には（für uns）には一定の関係内でしか生じる筈のないものが、その関係から離れても自立・自存的に存在しているかのように普通人には（für es）映現する事象、ということになろう。最近の廣松物象化論の批判については先に岩佐編著を検討したが、以下異なった視点からの従来の批判を紹介したい。

(3) 山之内靖の廣松批判

山之内は廣松物象化論についてフォイエルバッハ研究を主軸としてつとに批判を展開してきたことでよく知られる。同氏はかって、私信で、「二〇世紀後半は、物象化論が盛行したが、二一世紀は疎外論の時代である……とりわけ、マルクスの『経哲草稿』の精読を！」と述べたことがある。そうした提起を受けて氏の旧著の再読を試みた。その中から、重要と思われる章句を抽き出してみよう。

「疎外論とは、理性・悟性のレヴェルにおいてすでに内在していたところの、理性・悟性と自然的感性の両モメントの分裂が顕在化し、キリスト教という合理化された宗教体系（＝価値・規範的拘束性）において、前者のモメントが後者のモメントに対立する疎外態として現出する脈略を指していた」[4]。なお、この文脈で山之内はフォイエルバッハの主要概念、「『受苦』的存在」（後述）にこだわりつつ次のように解説する。「決して単純素朴な、生のままの自然感性を現すものではない。それは外的自然や他者としての社会集団を、工学的・技術的論理性に従って効率的かつ合理的に再編してゆこうとする道具主義的理性を拒否し、理性自体が、人間存在の部分性・制限性という場の中で作動すべきことを、自ら宣言する立場であった……それは、端的にいえば、物理的生産能力の発展の彼方に『自由の王国』が現れるとするたぐいの啓蒙主義的妄想（マルクス『三位一体範式』『資本論』第三巻）が現れるであろうことを予想し、これに対してあらかじめ警告を与えるものであった」[5]

以上に見られるような、フォイエルバッハの「疎外論」宣揚の立場から、山之内は廣松の物象化論を批判するのである。詳しくは後論を参照していただくことにして、ここでは結論部分の引用にとどめたい。

「氏（廣松——引用者）の変革論＝未来社会論は、フォイエルバッハの『受苦的存在』と比ぶべき精神的変革に言及することのないまま、いささか安易に『必然の王国』から『自由の王国』へという、いかがわしい論点と結びついてしまう」[6]

要するに、廣松の物象化論には現代の疎外をのり超える契機があるのか、という反論である（後論を参照されたいが、山之内の批判は物象化論自体の批判ではなく、廣松が初期マルクスと後期マルクスを切断したことである）。言い換えれば、フォイエルバッハの「受苦」（的存在）の概念を軽視したために、物象化論は存在論的疎外論（前出）に通底する論理に陥っているのだ。これがが山之内の廣松批判の眼目である。念のために後論も援用して山之内の廣松批判を要約しよう。廣松は後期マルクスを宣揚し、物理的生産力の発展によって「自由の王国」が出現し、それによって人間疎外が解消されると説く。しかし、生産力の発展は自然環境を破壊し、それに根ざす文化的アイデンティティを喪わせている。つまり、後期マルクスにはエコロジーについての配慮がない。それに気づかせ回復させるためには初期マルクスにみられたフォエイルバッハへの共感に基づく「受苦」のまなざしが必要なのだ。こうなる。

山之内の現代的疎外の論及については後論を是非参照していただきたいが、廣松の主張する「物象化」された世界の展開（パラダイムチェンジ＝物象化の克服）については如上の限り、（物象化論に内在する範囲内では）山之内の批判に妥当性があるように思える。だが周知のように廣松は、主著『存在と意味』を完結することなくこの世を去った。おそらく未完のプロジェクト『存在と意味』の第三巻において如上の論点を深めることを意図されていたのであろう。いまはそれを確かめる術《すべ》はない。生前多大な学恩を受けた者の一人としてその課題の解明を今後も引き継ぐべきと考えている。（本章もその一部を意図している。）

（4）花崎皋平の廣松物象化論批判

花崎の批判は山之内とは違い、論理的批判である。物象化論については概要を述べたがそれを前提にして廣松物象化論の特色を簡潔にみておこう。

六〇年代末から七〇年代にかけて「物象化論」によって日本のマルクス主義論壇を風靡したのは廣松渉であった。それは、ルカーチがいうような疎外＝物象化論とは根本的に異なる。疎外論の地平を超出するものとしての物象化論が廣松の特色である。さらにいえば、物象化論によって、近代的認識論の地平をのり超えようとする志向である。廣松の説を要約すれば、「主体」の二重性（二肢性）と「客体」の二重性（二肢性）、合わせて二重の二肢的連関構造が要石になっている。つまり、「私」はつねにすでに誰かとしての「私」であり、「ある物」は何かとしての「物」である。こうして、世界は四つの連関（四肢的構造）なのである。ところが、近代認識論はこの連関から一極のみをとり上げて図式化するために近代をのり超えることはできないのだ。この構想は、廣松の初期の論考「マルクス主義認識論のために」（『マルクス主義の地平』勁草書房、一九六九年）のなかで提起され、その後、『世界の共同主観的存在構造』『事的世界観への前哨』（いずれも、勁草書房、一九七三年）において体系化された。

ところで、廣松の如上のような意想は、もちろん氏の独創によるが、もともとマルクスの思想に基づいている。前述したがそれは、「フォイエルバッハテーゼ」『ドイツ・イデオロギー』を経て、『資本論』で完成されると廣松は説く。（この点は、山之内が批判するところであることもすでに考察した）

①社会性の「囚人」

この物象化論を山之内とは異なる視界から批判したのは花崎皋平である。花崎は、疎外派でも物象化派でもない立場からマルクスを論じた哲学者であるが、それを主著『マルクスにおける科学と哲学』（社会思想社、一九八七年とくに、第二章三「共同主観的協働と歴史的世界――廣松渉『マルクス主義の地平』――」。以下の引用後のカッコ内に本書のページを付す。）によって検討しよう。

認識論的には、花崎は廣松と同様に疎外論に批判的である。「広松氏は、力学主義的・機械論的唯物論を『科学主義の典型的な一形態』とし、ヘーゲル、ヘーゲル左派の立場を『人間主義』の一典型として、両者の対立と相互補完の地平がマルクス主義によってのりこえられたものとして、そののりこえの地点を、『ドイツ・イデオロギー』と『フォイエルバッハテーゼ』に求めている。そのこと自体には異論はない」（一八四頁）と花崎はいう。

しかし、花崎は廣松の「共同主観性」に異議を唱える。つまり、廣松は――と花崎は次のようにいう――「共同主観的協働を媒介としてフェノメナルにひらける世界を、主体―客体の二項関係においてではなく、役割と意味を加えた四項関係でとらえようという」（一八五頁）。これによって、「主体―客体の図式における実体性の関係が解体、止揚され、歴史性、社会性、共同主観性として関数的関係へとうつされる」（一八五頁）のだ。

廣松はこの共同主観を基軸にして世界の「存在構造」を捉える。そして、「マルクスが『すべての社会生活は本質的に実践的である』というときのポイエーシス＝プラクシスは、『本源的に共同主体的な協働……である』」（一八八頁）と廣松がいいきることに花崎は注目する。つまり、ここからすると諸個人は、この「共同主体的協働へ参加することにおいて、規定された役割をになう」「項」となる。

このような廣松の「社会性の囚人」(コシーク)のような「人格」の把握に対して花崎は次のように批判する。「人間的諸個人は、所与としての歴史的に特定的＝現実的な連関の『一定の機能のにない手』であると同時に、その連関に否定的に対処しうる潜勢力のにない手であるという具体的統一」(一八九頁、傍点引用者)である。すなわち、「否定性としての潜勢力を含まない、たんなる機能連関の関数的項であることは、『人格』の現実態ではなくて、その物象化の側面の固定化であり、人間的個体を非神秘化しつつ神秘化する。つまり、共同主観的『われわれ』を物神化しつつ、諸個人を匿名性へと埋没させるかたむきをもつ」(一八九頁)

以上が廣松の共同主観性から導き出される「個人」「人格」概念についての花崎の批判の要点である。

②生きた労働、対象化された労働

次に、花崎は、廣松の「実践」についても批判する。端的にいえば、「実践の弁証法が語られない」(一九〇頁)という批判である。つまり、「『要綱』などにおいて、生きた労働と対象化された労働という二項対立の追求をへて、労働力能、労働力の概念が次第に彫琢され、それをまって価値論の全構成がさだまってくるさいのマルクスの思索と発想」が視野から落されているからである(一九二頁)。いいかえれば、構成された構造を客観的に分析するのではなく、その構造の発生をえぐり出し、解体をめざすことが重要であると花崎は主張する。

以上に廣松物象化論の花崎による批判の要点をみたが、先にも触れたように、物象化論には、それをのり超える論理が欠如しているという私の批判を花崎は、「生きた労働」と「対象化された労働」の二項対立の追求を経る、「労働力能」に着目することによって解決が可能になる方向を示唆する。しかし、「書評」というスタイルのためもあって花崎の批判は体系的とはいえず「プログラム的」である。（以上の花崎による廣松批判には、前掲今村書を参照した。）

しかしながら、花崎の廣松物象化論に対する批判は山之内にはみられない物象化の論理に内在した批判であり、より説得力がある。

（5）韓立新の廣松批判

先に要約した岩佐の総論をより詳しく展開したのは、韓立新論文（岩佐編著、第2章「疎外された労働と疎外された交通」）である。詳しく文献の引用による考証は参考になる。ここでは、韓が力点を置く廣松物象化批判に留意して韓論文の要目を紹介、考察することにしたい。まず、韓論文によって『パリ手稿』（『ミル評註』）の意義を確かめよう。

ここでは、かつて、教示を受けた廣松物象化論（「疎外論解釈」といいかえてもよい）に対する真摯な批判であり、今後筆者の疎外論研究にも大きな示唆を与えられたことに御礼を申し述べる。その上で、以上の引用、叙述と重複するが筆者の私見を述べるに止めたい。

結論をいえば、「物象化は疎外の下位概念」である。それは『ミル評註』をどう位置付けるかによる。その前提として、韓が以下のように指摘することに留意したい。

1、『経哲手稿』を研究するさいに、『経済学ノート』、少なくとも『ミル評註』を『経哲手稿』の体系の中に入れて、統一的に考えなければならないこと。2、マルクスの最初の経済学研究である『ミル評註』などの『経済学ノート』とマルクスの哲学研究である『経哲手稿』の疎外論とを結びつけて研究すること。そのことはまた、同時に「疎外された労働」と「疎外された交通」を結びつけて研究することを意味する。(韓論文、四九頁)

すなわち、『ミル評註』と『経哲手稿』を切り離した研究は疎外論の歪曲に通じることになる。あえていえば、本章冒頭部分で紹介した、初期、後期マルクスを統一的に疎外の問題を捉えなければならないという、高島、内田の指摘に一脈は通じるのであり、後述のように本章の結論とも一致する。私はこれまで『ミル評註』の意義に気づかなかったことを自己批判しなければならない。この点のご教示を与えてくれた、岩佐、韓両氏に感謝したい。この点を前提にして次のことを付け加えたい。

確かに、廣松は『青年マルクス論』(平凡社、一九七一年)で詳しく初期マルクスの経済研究の跡を辿る(Ⅵ「初期経済学」)。そこでは、当然「パリ経済学ノート」も考察されている。詳細な引用による考察は他日を期さなくてはならないが、「国民経済学の描出する世界では、類的共同性が交換という疎外形態で、また、生命発現たる労働が営利労働という疎外形態で現れるということ、しかるに国民経済学は、この疎外された形態を以って正常な状態であるという錯覚に陥っているということの対自化である。」「国民経済学は、先の引用にもあったように、『社会的交通のこの疎外された形態を以って本源的な形態』であるものとして扱っている。」（同書、二四〇～二四一頁）などの叙述に見られるように、廣松も「交通の疎外」に言及している。その他、引用を省略するが、「第一手稿」と「経済学ノート」の叙述の順序についても、韓論文に符合する指摘をしている（二五六）。これらを勘案すると廣松も、交通、貨幣の疎外に関心を抱いていたことが分かる。しかし、ここから物象化論を展開しなかったのは、韓の批判の通りである。その理由は私にも不明である。ただし、韓も「周知のように、廣松の『物象化論』の根拠は、『資本論』の『商品』章の『価値形態論』である」（韓論文、六三頁）と述べている。さらに、韓は、「廣松は、実際に後の『価値形態論』を直接に『ドイツ・イデオロギー』に接合させて、これによって『初期マルクス』と『晩期マルクス』を区分したのである。このやり方は、彼が『ドイツ・イデオロギー』以前の著作に『価値形態論』の要素を探し出そうという動きに対して消極的に働いた。」（同）私は逆に、『ドイツ・イデオロギー』によって「物象化論」の契機を見出した廣松は、『資本論』の「価値形態論」によって「物象化論」を彫琢出来たのではないかと考える。※この順序については韓も根拠を示していない。私の考察も憶測に過ぎない。（前述した花崎の廣松物象化論批判の際に触れた、二重の二肢、「四肢的構造論」が私の憶測の一つの〝根拠〟である。）あえて言えば、廣松物象化論の「成立史」の検証の論議はあまり意味がないのではないかと私は考える。勿論、韓の論証に敬意を表することは先に述べた通りである。しかし、重要なことは、近代の超克の視座を物象化論によって廣松が定礎したことである。いま、私が言えることはこの点である。社会主義崩壊後の新しい社会形成も、「近代の超克」の視座に依拠しなくてはならないのである。この点は、第二章のグラムシの「知識人」で詳論したところである。

※この点を、廣松渉編『資本論を物象化論を視軸にして読む』（岩波書店、一九八六年）から適切な該当箇所を引用出来ないので、同『物象化論の構図』（岩波書店、二〇〇一年）から引用しよう。

「この間の事情（「二重の二肢構造」―黒沢）が最も直截に現れるのが一般的等価形態たる貨幣の成立している場面であり、マルクスが彼の有名な価値形態論において、使用価値が価値物として、具体的人格が抽象的人格として、二重の二肢性において関わり合うところの、相対的価値形態と等価価値形態との弁証法的な聯関構造、私どものいう四肢的構造聯関を具体的に描出し分析していることは周知の通りであります。」（二一六〜二一七頁）

①廣松は、「『疎外』の発想と概念とを哲学の衣をかぶった経済学的歴史認識とはみない」ため、彼の疎外論解釈は、資本主義的直接生産過程の角度から疎外を把握し、「労働者は働けば働くほど貧しくなる」という側面のみを一方的に強調するという、いわば「絶対的窮乏化論的疎外労働論」……とは異曲同工になっていることである。「かかる『経済学・哲学草稿』観は、『ミル評註』における『社会的交通』視座からの市民社会分析をも包括した、いわば疎外の経済学として両者を統一的に把握する試みをはじめから放棄したものである」……つまり、廣松は、マルクス

の疎外論を積極的に再構成するのを最初から放棄し、疎外論を消極的な意味でのみ見ていたことになる。

②廣松は、彼の『経哲手稿』解釈のなかで『ミル評註』の「疎外された交通」に然るべき位置を与えなかった。彼は、『青年マルクス論』の中で『ミル評註』に言及しなかったわけではないが、それについての内在的な研究を示してはいない。つまり、彼は、「第一手稿」のみを検討したあと、そこから『ミル評註』を飛び越えて、一気に『ドイツ・イデオロギー』への飛翔をとげるという方法をとったのである。これでは、「「マルクスの」思惟過程への内在を省略した」……と言われてもしかたがない。その結果、マルクスの疎外概念は、「第一手稿」の「労働過程疎外論」としてのみ把握されてしまい、その疎外論もヘーゲル左派の「自己意識」論理の枠内に閉じ込まれた「自己疎外」論にまで貶められてしまうことになり、「自己疎外」論の一面性を修正する「社会的交通疎外論」の意義も看過されてしまった。

③廣松の「疎外論の論理から物象化論の論理へ」というテーゼの核心は、唯物史観の誕生を『フォイエルバッハにかんするテーゼ』と『ドイツ・イデオロギー』のなかに見るという点にある。その結果、『ドイツ・イデオロギー』以降、マルクスがその疎外論を捨てることは、ある意味で必然的な結論として導かれる。このテーゼに対して、望月（清司）は三つの角度から廣松に批判を加えた。以下に引用する。

ⓐ『ドイツ・イデオロギー』以前。マルクスが『パリ手稿』で、疎外を「疎外された労働」と

「疎外された交通」の統一と見なしたがゆえに、彼の疎外論は、もはや『ドイツ・イデオロギー』のなかで「清算」される対象ではなく、逆にマルクスそのものに属する範疇となった。この理由で、望月は、「われわれがマルクス歴史理論生成のあとを、唯物史観史学において通例のように、『ドイツ・イデオロギー』から始めないで、『経済学・哲学草稿』と『経済学ノート』――ひとによっては一括して『パリ草稿』とよぶ――から、しかも『疎外』の論理への内在からはじめるのはまさにそのゆえになのである」……と主張した。

ⓑ『ドイツ・イデオロギー』時期。望月は、廣松によって引用された「哲学者たち」と「グリュン氏」の例を論駁して、このような僅かな例でマルクスが「疎外」概念に対して興味を失ったと断じたことは「教義体系」(旧ロシア・マルクス主義――引用者)と同じ次元に落ち込まざるをえないと主張した……。つまり、望月によれば、『ドイツ・イデオロギー』の中で、「マルクスが批判しているのは、……・全歴史をそうした抽象的な「人間なるもの」の発展と自己疎外の過程とみなす歴史像……であろう。疎外というカテゴリーそのものの批判ではないのである」

ⓒ『ドイツ・イデオロギー』以降。望月は、マルクスが『経済学批判要綱』と『資本論』のなかで疎外概念をしばしば肯定的な意味で使用したという事実に依拠して、成熟期のマルクスにおいては、「あきらかに『経哲草稿』および『ミル評註』いらいの疎外論的社会認識がよこたわっている……右の二つの初期の労作の問題意識がここ『要綱』資本章――あるいは広義『諸形態』――にまで脈々と生きつづけている」……。つまり、廣松が宣言したような、「マルクスが疎外

論を超克した」という事実は存在しないことになる。
要するに、廣松と望月の対立は、『ミル評註』およびその核心である「疎外された交通」への評価の相違に集約される。廣松では、『ミル評註』は実にどうでもよいことになり、望月では、むしろ「『ミル評註』は決定的な役割を果たした」ことになる。その結果、以下に見られるように、廣松は、マルクスの成熟期の「物象化論」を基準にして「疎外論」を否定し、望月は、「市民社会論」を基準にしてマルクスの「疎外論」を肯定することになるのである。これが初期マルクスにかんする廣松と望月の最大の争点であるだろう」（同書五九～六一頁）
従来のマルクス主義に衝撃を与え、一世を風靡した廣松物象化論は『ミル評註』を介在させることによってその一面性は批判される、という本書（岩佐編著）の主題は、前出の岩佐論文を敷衍した韓論文の引用によって理解できるであろう。ただし、その批判の妥当性についての詳しい検討は他日を期さなくてはならない。ここでは、疎外論の現代的解釈（廣松物象化批判）の一例としての紹介に止め、さらに、廣松の功績は物象化論による近代の超克にあることを強調したい。

三　疎外論の展開

(1)　受苦者のまなざし

山之内は大著『受苦者のまなざし　初期マルクス再興』（青土社、二〇〇四年）を公刊した。本書は一九七六年から七八年にかけて「初期マルクスの市民社会像」というテーマで『現代思想』に連載された論文（第一章から第三章）に、二〇余年の中断を経て書き下ろされた新稿（第四章および「結び」、序章）を加えて一書にしたものである。本文四七〇頁のうち三一二頁分、三分の二を占めるのは一九七〇年代のマルクス研究（以下、旧稿）であり、それを二〇〇四年の新稿を前後に挟み込んでいる。

旧稿は、一九六〇年代以降の研究蓄積を検討しながら『経済学・哲学草稿』を再読しようという試みであり、その時点で初期マルクス研究の総括を目指したものであった。この旧稿は当時としては最も包括的な草稿研究であり、多くの教示を与えられた。本書によって山之内の問題意識をみよう。（引用後のカッコ内に本書の頁を記す）。それによって現代的疎外論の検討を試みたい。

山之内は次のように告白する。「レーヴィットからマルクスの背後にある『疎外』というテーマ、ヴェーバーの背後にある『合理化』と『脱魔術化』というテーマを継承してきた私からすると、一九六〇年代以降のマルクス研究が示したなりゆきは、まったく意に沿わないものであり続けた。アルチュセールや廣松渉によって主導されたマルクス解釈は、私の心を動かすものを何ももってはいなかった」（一一頁）。山之内の「告白」を続けよう。「市民社会派系のマルクス主義についても、おおきな疑問を抱かずにはいられなかった。というのも、梅本克己（『唯物史観と現代』一九七四年、岩波新書）や平田清明（『自由の王国』と『必然の王国』」『思想』一九七二年七月号）らが『経済学・哲学草稿』第三稿にみられる「受苦」（Leiden）について、これをマルクスは克服、すべき課題として提示したのだ、と解釈していたからである……。これはまったくの誤読である。「受苦」の論点は当時のマルクスがフォイエルバッハから継承してきた感性論的唯物論の中心命題であり、決して克服すべきものではなかった。むしろ、資本主義的市場経済社会がもたらす疎外を脱却することができるとすれば、そうした未来社会における人間は対自然関係において、また、社会的相互関係において、この「受苦」を完成の本来あるべき次元として「回復」すべきなのだということ、これが『経済学・哲学草稿』第三草稿の論点であった。（一二頁、傍点引用者）

こうして、山之内は、市民社会派、アルチュセールとともに廣松渉の場合も「受苦」の論点の欠如のために、「初期マルクス」の放棄は誤りであったことを批判する。この点はすでに指摘したところである。山之内によれば、「労働者の解放」よりもラディカルな、「労働の廃絶」という意想は「後期マルクス」においても持続されたのであるという。本書（前掲山之内書）が全体を挙げて論証に努めたように、「初期マルクス」におけるフォイエルバッハ由来のこの主題（労働の廃絶）は、「後期マルクスではその経済還元主義によってすっかり変質してしまったのである。」（一四頁）

(2) 初期マルクスと後期マルクスの切断

六〇年代中葉以降、マルクスを出発点として社会科学や歴史学の潮流におおきな変動が生じたが、その中心はアルチュセールであった、と山之内は述べる。その中心点は、後期マルクスの初期マルクスからの切り離しと純化である。同じ時期に日本では、廣松渉が登場し、マルクスの「フォイエルバッハに関するテーゼ」（一八四五年）にみえる「社会的諸関係の総体」の発言をとらえて「後期マルクス」への移行を提唱した。さらに廣松は、『ドイツ・イデオロギー』（一八四六年）以前とそれ以降のマルクスを切断し、『経済学・哲学草稿』はマルクスにとっては習作以上のものではないと断じた。（以上、一九〜二〇頁参照）。アルチュセールや廣松の「初期マルクス」の切り捨ては、論理性の体系の高度化というプラスの反面、歴史的現実からの乖離というマイナス面を伴ったことを山之内は批判する。いいかえれば、「近代において成立した科学の概念を歴史的に相対化する」（二五頁）ことの必要性の提言である。その歴史的課題とはなにか。山之内によれば、それは次のようである。

　グローバリーゼーションの時代における「自然環境に根ざした社会関係、自然環境に根ざした文化的アイデンティティ」（四三頁）の喪失である。その一例として、山之内は不登校児やその親たちの「反管理の場」に注目する。つまり、山之内はそこに「受苦者の連帯」の一環をみてとろうとする。この新たな空間は、意図せずして「管理社会を支える専門家の論理と役割への疑義」を生じさせ、ここから「地域コミュニティの新たな役割と可能性を模索する運動が展開してゆく」（四七頁）と山之内は指摘する。

『経済学・哲学草稿』第三草稿には「受苦的存在者」の「まなざし」がみられたのであるが、「後期マルクス」においては排除されてしまった。したがって、如上のような現代の課題にこたえるためには、初期マルクスへ還り、「受苦者のまなざし」の意義をそこにみてとり、「再興」しなければならない。これが本書における山之内のライトモティーフである。たしかに、山之内が、不登校児やその親たちの「反管理の場」に「受苦者の連帯」の一端をみてとろうとするのは鋭く、教育と疎外、その回復という私の立場からは共感を覚える。しかし植村が指摘するように、「受苦者のまなざし」を特権化する山之内が提起するのは世界像の転換であり、「近代科学を超える第二次科学革命」（山之内書、二八頁）であって、「現実の生活諸関係」の具体的なあり方の問題ではない。（後掲植村論文）。生活諸関係のあり方を初期マルクスにのみ依拠して論ずる限り、「ともに悩み苦しむ存在だから一緒に連帯しましょうか。分かりあえるはずでしょう…」（植村論文）の域を超えることはできないのではないか。植村の批判は納得できる。

(3) フォイエルバッハ再考

本書で山之内が頻用する「受苦（Leiden）」ないし「受苦的（leidend）」とはどのようなものか。山之内は次のフォイエルバッハの文章を引用して説明する。

「困窮に悩む（notleidend）存在だけが、必然的な（notwendig）生存である。欲求のない生存（bedurfnislose Existenz）は無意味な存在（überf lüssige Exitenz）である。欲求一般のないものにはまた生存の欲求もない。……困窮のない存在は根拠のない存在である。悩むことのできるものだけが（Nur Was leiden Kann）存在に値する。……悩みのない存在（Ein Wesen ohne Leiden）は存在のない存在である。悩みのない存在は、感性のない・物質のない存在（Wesen ohne Sinnlichkeit, ohne Materie）にほかならない」（「哲学改革のための暫定的命題」岩波文庫、『将来の哲学の根本命題』所収、一一〇頁、Vorläufige Tesen zur Reformation der Philosophie, 1842, Ludwig Feuerbach, Gesammerte Werke, Bd.9, 1970 Berlin, S.253）。この文章のなかに、フォイエルバッハの人間観の本質がもっともよく示されていると山之内は述べる。

だが、フォイエルバッハ批判時点のマルクスにすれば、叙上の人間観はいかにも抽象的であるように思えた。マルクスの研究者の多くはこの点（フォイエルバッハの人間観の抽象性）を批判したのは周知のところである。こうした見解にたいして山之内は次のように反論する。「フォイエルバッハによって捉えられた人間の完全さとそれへの賛美は（「抽象的」の別表現と捉えてもよい――黒沢）、あくまでも人間を人類全体の立場において『類』として捉えた場合に限定されているのであって、このことは十分に銘記されるべき事実なのである」「有限で受苦的な個人としての人間が、個としての立場においてそのまま類と同一化することはあり得ないし、また絶対にできはしないという事実を、積極的かつ肯定的に受苦する立場、それがフォイエルバッハの基本的な立脚点だということなのである」（一八〇～一八一頁）。さらに山之内のフォイエルバッハ論を続けよう。「フォイエルバッハの出発点はあくまでも感性的存在として現存している個々の経験的諸個人である。……このような感性的存在だけが現実的（wirklich）である。……フォイエルバッハが理解する現実性は、感性的な経験的存在としての諸個人や自然を特殊性あるいは現象として捉え、普遍的で理念的な本質（＝絶対精神）のうちに包摂され、これと一体化されたもののみを現実性（Wirklichkeit）と呼ぶヘーゲルの場合とは、まったく対立的であった」（一八二頁）。したがって、フォイエルバッハにあっては、「人間的本質としての『類』が先にあって個がその一部として理解されるのではない……有限なものに出発しながら、それが有限な、限界をもった存在であるが故に結び合わなければならない社会的関係を通して、初めて全体的なものが理解されるということ」（一八三頁）。これがフォイエルバッハの原理的立場なのだと山之内は強調する。

このように考えれば、『経哲草稿』の「ヘーゲル弁証法と哲学一般との批判」は、フォイエルバッハを念頭において、「対象的な感性的存在としての人間は、一つの受苦的（leidend）な存在であり、自分の苦悩（leiden）を感受する存在である」とのべ、人間もまた「動物や植物がそうであるように、一つの受苦している（leidend）、制約をうけ制約されている本質である」（『経済学・哲学草稿』岩波文庫、二〇六、二〇八頁）と指摘したのは重要である。ここから山之内は、マルクスの立場を次のように解説する。

(4)「進化主義」への転換

「マルクスはここでフォイエルバッハの唯物論が内包する経験論的で自然主義的な側面をはっきり受け入れていたのである。しかし、この経験論と自然主義が必然的に内包する受動的で非実践的な側面に気づいていたマルクスは、人間のもつ主体的で能動的な側面を方法的に基礎づける必要にも迫られることとなったのであり、ここにヘーゲル『精神現象学』の再吟味が開始されることとなる。フォイエルバッハという対極的な存在にいったん深く内在することを通して初めて、ヘーゲルが内包する主体的能動性を真に評価しうるようになるという、初期マルクスにおける逆説的な思考」（一八三頁）に山之内は留意を促す。ここで結論をいえば、『経哲草稿』時代のマルクスは、フォイエルバッハの「受苦的」人間観への共感を示しながら、ついには、「進化主義的信念」「近代産業のもたらす産業技術の行方になみなみならぬ可能性」（四一六頁）への信仰のために、フォイエルバッハの「受苦」の思想を第三草稿を転機として次第に捨てるのである。この進化主義的信念を支えたものは、ヘーゲルの『歴史哲学講義』であり、方法として援用されたものはヘーゲル弁証法であった。（三一六、四一六頁）

以上のマルクスの思想の変遷を、多くのマルクス解釈者たちは、初期から後期へのマルクスの「発展」とみる。つまり、「フォイエルバッハに関するテーゼ」、またこれを出発点として書き上げられた『ドイツ・イデオロギー』（一八四六年）によってマルクスは本来のマルクスになったのだと主張したのである。ヨーロッパにおけるアルチュセール、日本における廣松渉はその代表的論客である。（四五四頁）

すでに指摘したように、山之内の廣松批判は、その物象化論の論理的批判ではなく、その基盤になっている思想——生産力主義、進化主義に対する批判である。（「初期マルクスと後期マルクスの切断」に対する批判といいかえてもよい）私なりにいえば、廣松が構想する物象化論では新しい現代の疎外――「経済資源のみならず文化（あるいはアイデンティティ）や美学、教育、メディア、さらには学問研究にまでおよぶあらゆる社会的諸資源を国家目的達成のために動員する総動員体制」（四五〇頁）――に対しては全く無力であるという批判である。私が汲みとった山之内の廣松批判は以上のように要約できる。しかし、ここで確認したいのは、先述したように、山之内の批判は現代の疎外（総動員体制）に対する思想の批判である。それに基づいて現実の生活の諸関係の変革は「生産力の発展」に依拠せざるを得ないのである。この点について次の章句を引用しておこう。「問題は人間中心主義（山之内の批判する廣松論――黒沢）対生態系中心主義（山之内の論理――黒沢）という対立ではない。実際こうした二元論は、生物圏の内部における人間存在の現実的な常に変化しつつある物質的諸条件を理解する上で、全く役に立たない。問題は共進化なのである。（ジョン・バラミー・フォスター。渡辺景子訳『マルクスのエコロジー』こぶし書房、二〇〇四年、三〇頁）首肯できる批判である。

なお、植村の教示によって山之内の問題意識の変更を記しておこう。「マルクスの思想形成におけるヘスとエンゲルスの先行的役割を評価する廣松渉の議論を批判し、他方に、人間を『有限な受苦的存在』としてとらえるフォイエルバッハの『自然主義』のマルクスへの影響を強調することにあったが、第一草稿の『疎外された労働』論を検討し終えたところで、連載は突然中断された。」（植村邦彦「〈研究動向〉唯物論と自然主義をめぐって[二〇〇四年のマルクス]」、「社会思想史研究会」No.29、二〇〇五。中断の主要な理由は、研究の重点をウェーバー研究に移したことであると山之内は述

べる。山之内前掲書、一二三頁）

四　疎外論における初期マルクスと後期マルクスの統合

――「受苦的」「情熱的」人間の再審を視軸にして――

「人間はこの世において、疎外され「受苦的」な存在である。だが同時にこの疎外を意識化し、それを超えようとする「情熱的」な存在でもある。私はマルクスから学んで、人間観、疎外論をこのように捉えてきた。この視点から以上に試みた「疎外論の再審」を参考にして本章の総括を行いたい。

私は、たしかに「疎外されること」と「受苦的」とを同じ内容として捉え、この「受苦」「疎外」からの回復のエネルギーを「情熱的」と捉えた[7]。こうした私の理解には『資本論』の「窮乏化」理論（疎外の経済学的研究）が前提されている。周知のように、資本主義的蓄積は一方で必然的に労働者に「窮乏」（疎外）をもたらすのであるが、それ（受苦）に労働者は受動的に甘んじているわけではない。それに対して反抗しそれを超えようとする、意欲をもつ存在、つまりその意味で「情熱的」でもあるのだ。向坂逸郎が理論的指導者として情熱をもってとり組んだ三井三池の大闘争は以上のマルクスの人間観の実証である（『人間の疎外と市民社会のヘゲモニー――生涯学習原理論の研究』大月書店、二〇〇五年、五一～六〇頁参照）。ただし、これは『資本論』のつまり、後期マルクスの人間、疎外観である。

しかし、初期マルクス、とくに『経哲草稿』ではどうか。「受苦的」「情熱的」という言葉が対句のようにでてくるのは『経哲草稿』である。そこにはこうある。「対象的な感性的な存在としての人間は、一つの受苦的［leidend］な存在である、自分の苦悩［Leiden］を感受する存在であるから、一つの情熱的［leidenschaftlich］な存在である」（岩波文庫、二〇八頁）。ここで、「受苦」とは、「感性的」であることであり、「自分の外部に感性的な諸対象をもつこと、自分の感性の諸対象をもつこと」（同）と同義である。そして、「情熱的」とはこの「対象に向かうエネルギッシュに努力をかたむける」（同）ことである。いいかえれば、「人間は――とマルクスは以下のように述べる――直接的には自然存在である。自然存在として、しかも生きている自然存在として人間は一方では自然的な諸力を、生命諸力をそなえており、一つの活動的な自然存在である。これらの力は、人間のなかに諸々の素質、能力として、衝動として実在している。他方では、人間は自然的な肉体的な感性的な対象的な本質として、動物や植物がそうであるように、一つの受苦している［leidend］、制約をうけ制限されている本質である。すなわち、人間の衝動の諸対象は、彼の外部に、彼から独立している諸対象として実在している。にもかかわらず、これらの対象は、人間の欲求の対象であって、彼の本質諸力が活動し自己を確証するためには欠くことのできない本質的な諸対象である」（二〇六頁）。要約すれば人間は自己充足的存在ではない。つまり「受苦的存在」であるから、外部の対象（自然）に向い、それを獲得し享受しなければ生存することができない。

ところで、この対象を獲得し享受する行為は労働である。マルクスは、ヘーゲルの「外化」を援用して労働を、「人間の本質として、自己を確証しつつある人間の本質」（二〇〇頁）として捉える。すなわち、「人間が外化の内部で、つまり外化された人間として、対自的になること［für-sichwenden］である」（同）。しかし、「疎外された労働」については本章の一節で概述したが、ここにおいては、労働の実現は、「労働者の現実性剝奪」（八七頁）として現われる。彼の労働は、「ある欲求の満足ではなく、労働以外のところで諸欲求を満足させるための手段であるにすぎない」（九二頁）。ここで留意を促したいのは「受苦」は対象に向うことではなく、対象化すること自体に変移していることである。ここでは「受苦」という意味が変わるのだ。フォイエルバッハが述べた意味のうえに「疎外された労働」がもたらす苦しみが新たに加わるのだ。しかし、フォイエルバッハ的意味の「受苦」がここでは決して解消したわけではなく、それが保存されながら新しい内容（の受苦）が加わるのだ。前述した山之内の、初期マルクスを切り捨て後期マルクスを宣揚するマルクス主義研究者に対する批判は、この（受苦の）「保存」の面を軽視、無視した点にある。また「情熱的」も、対象に向い、欲求を充たし、享受することだけでなく、「受苦」を排除すること、つまり「疎外された労働」の回復へ向う意味も加わるのである。ただし、この面の考察は後期マルクスの『資本論』の労働過程論をまたねばならない。つまり、人間の自己疎外という初期マルクスの平板な主張は、社会体の動学過程のなかに疎外の構造が明らかにされる後期マルクスをまたねばならない。この分析をベースに労働者の反抗の意味を動体的に解明しようとしたのが前出の「窮乏化」理論である。ここでは、「受苦」「情熱」の意味が敷衍される。しかし、繰りかえすがフォイエルバッハ的「受苦」の意味が解消されたのではない。保存されながら、一層展開したのである。いいかえれば、初期マルクスと後期マルクスの統一的把握（止揚）である。私の「受苦的」「情熱的」という人間、疎外観はこのような意味において、初期・後期マルクスが統一されているのである。したがって、疎外からの回復も統一された人間の実践によらねばならないのである。これが疎外論についての本章の総括である。これは、本章の「はじめに」で検討した、高島善哉、内田義彦の疎外論と軌を一にする。この総括を基にして教育の視点からどのような疎外が見えてくるかを述べて本章を結ぶことにしたい。

（1）「労働が資本家の指揮下にある」

この労働における疎外（『経済学・哲学草稿』）を教育においてみれば、「子ども、教師が国家・資本の支配の下に置かれる」ということである。戦前の天皇制国家の教育は根本的に改正されて、国体イデオロギーの一方的注入を基本とするのではなく、憲法・教育基本法によって教育の自由は法的に保障されることから戦後教育は出発した。しかも、教員組合をはじめ、民主的市民組織、革新政党などは憲法・教育基本法に集約された戦後教育の理念の実現を目指した。戦後しばらくの間は占領軍の指導もあり、文部省も戦後教育の理念の実施に努めた。しかし、一九五〇年に勃発した朝鮮戦争の頃から国際的には冷戦構造が顕在化し、その影響を受けて国内の教育は反共を掲げる保守政権＝文部省vs革新政党＝日教組の対立構造が激化した。五五年に保守党は自由民主党に、革新政党は日本社会党として合同した。革新には共産党も協力してここに「五五年」体制が確立し、八九年の社会主義の崩壊まで続いた。その間、長期政権の自民党によって、反共の国家・資本の教育政策が進められ、憲法・教育基本法の理念は大きく変更（改悪）されてきた。これに対して社会党・共産党を中心とする革新勢力は戦後教育の理念に固執し、その護持・実現のために抵抗したが、憲法は「改正」されないものの、「解釈改憲」が進み、教育基本法は第一次安倍内閣の時に強行採決によって「改訂」され、支配層による「愛国心」の強調は法制化された。こうして教育は基本的には国家・資本の支配下にあるという事態は一層進んだ。なお、八〇年代半ばの臨時教育審議会（臨教審）以降「ネオ・リベラリズム」の教育への導入によって、教育の市場化は急速に進展した。しかし、この政策は当初謳われた「教育の自由」化ではなく、「市場の自由化」が実相であり、それを具体化する国家の介入であった。この意味で新しい国家主義でもあったことに留意を促したい。教育の疎外は基本的にはこの国家・市場主義による資本の支配構造に起因する。概略であるが「労働が資本の指揮下にある」という疎外の根本要因（『経済学・哲学草稿』）を教育においてみれば以上のようになる。

(2)「国家の市民社会への再吸収」

これはもともとマルクスの言葉であるが、グラムシが援用する重要なテーゼである（『獄中ノート』)。「国家」に集中している人間の基本的権利（共同で政治を行うなど）を「市民社会」に奪回して国家に対抗する自由な共同体を身近な地域（「市民社会」）に創りださなければならないという提言である。教育においてみれば、具体的には明治以来の中央主権の教育体制（天皇制教育）を打破して憲法（九二条）が明記する地方自治を教育において実現しなければならないということである。「地方は中央の出店」という有名な言葉に象徴されるような、国家主義の教育体制の根本的改革を意図した。この教育理念のもとに、戦後しばらくは、教育委員の公選制など一定の教育における地方自治が実現された。しかし、五〇年代後半から進展した経済の復興――高度経済成長とともに中央集権は次第に復活した。高度経済成長期には「霞が関にランプが点けば地方に灯がともる。」と言われたほどに中央官僚による支配が復活・進展した。教育においても、国家・資本の意を体した文部省・教育委員会（任命制）が教育の国家意思の浸透に努めた。教育に限らないが、地方交付金による間接的支配も周知のところである。教育機会の均等、個性の尊重など憲法・教育基本法の理念は国際競争に打ち勝ち、生き残るための人材育成、そのためのエリート優先の教育によって子どもたちは早期に選別され最近は（小泉内閣時代の「構造改革」以降）極度に教育の格差が進んでいる。競争に負けた多くのノン・エリートは早くから希望を失い、かくして、格差社会は「希望格差社会」という深刻な状況を生み出している。教育の疎外はここに極まれり、である。前出のグラムシのテーゼ（「国家の市民社会への再吸収」）にしたがって、教育の地方自治を、教育を市民社会の共同事業に転換することが求められる所以である。（この点の具体的考察については、第三章を参照されたい。）

（3）知識人と大衆。この論点は、本書第二章Ⅱで詳しく述べる。したがって、本節ではグラムシの『獄中ノート』の引用箇所は逐一示さない（第二章の該当箇所を参照されたい）。前掲（2）の問題と重複するが、具体的には知識人と大衆の問題はグラムシ『獄中ノート』の重要なテーマである。両者の関係について、グラムシの考えを紹介しよう。「全ての人は知識人である。しかし、全ての人が社会において知識人の機能を果たせるわけではない。」これは『獄中ノート』の有名なテーゼである。「あらゆる知的なものの参加を拒みうるような人間活動というものはないし、homo faber と homo sapiens とを切り離すことはできない」しかも、人間は、「その職業の外においてもなんらかの知的活動を展開する」すなわち、「だれもが『哲学者』であり、美術家であり、趣味人であり、一つの世界観に参与しており、道徳的行為についての自覚的方針をもっている。したがって、一つの世界観の維持または変更に、いいかえれば新しい思考様式を生み出すのに貢献する」。ここに見るように、すべての人間が知識人であり、哲学者であるという確認、専門家と素人の差は―職業の場だけでなく生活の場も勘案すれば―質的なものではなく量的なものであることが一層よくわかる。グラムシのこの提言は旧来の知識人論の一大転換であった。これが「すべての人間は知識人である」という前引の前半の説明である。

続いて「すべての人間が社会において知識人の機能を果たすわけではない」グラムシはこの点をどう説明するか。その原因は「政治的要因」である。この点についてグラムシは詳しくは説明していない。しかし、知識人と大衆の量的差異を質的差異に転化するのは端的に「国民教育制度」である。国家・資本の要請の下に、国民はこの制度によってエリートとノン・エリートに早期に選別され、「国家・資本の要求する」職種に配分される。これについては説明の必要はあるまい。平等な人間が「学歴」によって差別されるのだ。これは「教育における疎外」の根元である。たしかに受験競争の問題についての非難・批判は繰り返し主張されてきた。私もその一人だ。しかし、グラムシの知識人論は教育の疎外のより深い批判を示唆している。この点を考えてみよう。

(3)知識人と大衆の「統合」の意味

これは誰もが社会の要求する仕事（機能）を担えるということではない。そんなことは所詮不可能である。個々人が望む職業に就ける教育を生涯にわたって保障する教育制度を前提した上で、それぞれの個性（持ち味）に応じた社会の役割（仕事、職業）を分担しなければ社会は成り立たない。このためには「政治的要因」が排除されて知識人と大衆の「現存」の差別＝疎外を克服することが不可欠である。ただし、これはある日一気になされるとグラムシは考えなかった。そうではなく、日常的な「知的・道徳的」改革によって可能になるとグラムシは主張する。具体的には、知識人と大衆の絶えざる交流・接触によって両者の差別を「止揚」することである。やや詳しく述べてみよう。知識人と大衆についてグラムシは以下のようにいう。

「大衆的分子は『感ずる』けれども、いつでも理解し、あるいは知るというわけではない。知的分子は『知る』けれども、いつでも理解するとはかぎらないし、とりわけ『感ずる』とはかぎらない」。ここにグラムシは知識人と大衆の特色を見ているわけだ。いいかえてみよう。

大衆が「現実」を「感覚」で感じ取り、それを表現する。これが全ての出発点である。ただし、大衆の表現はつねに首尾一貫した「哲学」として表現されるわけではない。「フォルクローレ」あるいは、「民謡」といった、下位文化として表現される。それは「政治的要因」つまり大衆の「知的な屈服と従属」による知の分裂＝知的疎外に因るのである。したがって、行動様式も「盲目的情熱およびセクト主義」に陥る場合が多い。しかし、グラムシは同時に、知識人の感性の欠如を厳しく批判する。グラムシにとって「知」とは、大衆の「表現する」「現実」を練り上げることを意味する。(「世界観」は「すぐれた精神によって練り上げられずにはいられない」とグラムシはこの点を表現する)。しかし、それは「大衆」によって「表現された」「現実」を「感ずる」ことなしには不可能である。こうグラムシは考える。ところが、知識人は「感じ」もしないで「知る」ことができると錯覚している。繰り返す。大衆は現存の疎外を感覚で感じ取り即自的に表現する。ここが原点である。これを練り上げて理論化するのは知識人の役割である。しかし、知識人がその役割を果たそうとする意欲は大衆の疎外状況に対する共感・同情なしには不可能なのだ。グラムシのこの考えは納得できる。絶えざる接触・交流はそのための必要条件である。次の語源的説明も参考にされたい。

「理解する」はイタリア語で comprendere である。com＝「共に」prendere＝「掴み取る」という意味である。大衆は「感覚」(sentire) によって「現実」を掴み取り (prendere)、大衆の言葉で表現する。一方、知識人は大衆との接触によって「現実」を「知る」(sapere) のである。この場合の「知る」(sapere) とは、大衆との「接触」によって、大衆の感情が知識人に共感をよびおこし・感情移入され、知識人が大衆の言葉によって表現された「現実」を練り上げようとする意欲をもつ段階である。この過程を経て、知識人は大衆と「共に」「現実」を掴み取ろうとする。こで、「知る」(sapere) は「理解する」(comprendere) に進展するのだ。同時に、大衆も知識人の変容の過程に参加 (接触) することによって、即自的感覚が練り上げられ、大衆の知＝常識は、現実を掴み取ろうとする (対自化された) 意識に高められる。この知識人の「知」(アンチ・テーゼ) によって、大衆の「感ずる」(sentire) は「理解する」(comprendere) 方向 (ジン・テーゼ) に高められるのだ。こうして両者は相互・媒介を通して、共に・理解する (comprendere) ことに上昇する。知識人と大衆の「接触」の内実はこのように理解される。この両者の com・prendere によって知識人と大衆の意識の質的差異は解消される。これが実現すれば、前述の「政治的要因」(教育の疎外) も消失するであろう。その結果、「すべての人は知識人になる」ことが実現するのである。しかし、重ねて強調するが、それはすべての人が同質・均質の画一的人間になるという意味ではない。そんなことは所詮不可能である。社会的・政治的差別・疎外 (質的差別) がそれぞれの「個性」(個人の持ち味) による差異 (量的差別——差異) に変わることなのだ。その差異を生かして社会の必要な持ち場を全ての人々が分担しあえるようになる。「すべての人が知識人である」とはこのような意味で、個と全体の統合が形成されることになる。

この場合の「個と全体の統合」について一言したい。ここで、「統合」とは自立・自存する「個」を前提にして（それは「個」を実体的にとらえる「近代的思念」である）算術的に「束ねる」ことではない。また全体に個を合一する（それは「全体」を実体化するファシズムの思考である）意味ではない。個の自立化、全体の自立化を超える（止揚する）「統合」である。グラムシはこうして統合された社会を「市民社会」（倫理的国家）と呼ぶ。ここにおいて初めて、疎外は真に回復するとグラムシは考えた。グラムシの疎外の克服はこのように、近代の地平を超える思想が見られることに留意を促したい。

疎外の要諦を読者にご理解いただくために後論（第二章）との重複を恐れずに「回復」の方法にも言及したことを了承されたい。第二章の該当箇所と併読を願いたい。なお、教育の疎外の一層具体的考察については、拙著『グラムシと現代市民社会の教育学――生涯学習論の解体と再生』（大月書店、近刊）第六章「現代日本の断層と教育――課題と変革のヘゲモニー中等教育の視界」を参照されたい。

おわりに

冒頭に記したように、一橋大学時代に恩師高島善哉教授から「疎外」の説明を受け、関心を抱いて以来半世紀以上にわたって「疎外とその克服のための教育」をテーマにして、研究を続けてきた。高島先生の啓発・教示は大きいが、時代的状況もあった。一つは、旧ソ連をはじめとする社会主義に対する素朴な「不安」があった。社会主義とはもっと人間的なものではないのか。そういう漠然とした気持ちが多くの人々に生じていたように思う。当時、有人の人工衛星を最初に飛ばしたのはソビエトだった。宇宙飛行士ガガーリン少佐の「地球は青かった」が流行語になった。どんなに貧しくても、学ぶ意欲、才能さえあれば、国家がそれを支援し、育成してくれるのだ。世界に先駆けて人口衛星を造り、飛ばすことを可能にした人々も資本主義国家だったら、無名な庶民として、一部の裕福なブルジョアの犠牲になって一生を終わったに違いない。圧倒的に多いそのような人々のなかから有志、有才を見つけ出し多数の人々の役に立つように国家が支援する。それを保障し可能にしてくれるのが社会主義なのだ。なんと素晴らしい社会だろう。私の学生時代に実現したガガーリンが乗った「人工衛星」はその象徴だった。それは事実であった。

しかし、その一方で、「科学的社会主義」、それによって実現した社会主義国家ソ連は素晴らしいと思う反面、なにか冷たい「感じ」が否めなかった。「おまえはそこで住みたいか」と問われれば、即座に、進んでその気になれなかった。うまく説明できないが、「画一化」「統制」が気になったように思う。社会主義を完成されたものとして研究するのではなく、どのようにして社会主義が出来たのか、具体的にいえば、社会主義の成立史を学ぶことによってそうした不安が拭えるのではないか。そう考えたのである。高島先生をはじめ社会思想の研究者が社会学部に多く所属して、関連する講義を担当していたことの影響もあった。資本主義社会の「疎外」を克服する社会主義思想はどのような歴史から生まれ、成立したのだろうか。高島先生の講義もそのような研究を示唆されていたのではないかと思う。

もう一つは、疎外と教育との「接合」についてである。高島先生も教育の重要性についてしばしば言及した。しかし、それは、特に疎外と結びつけてではなかった。教育へ関心を駆り立てた直接的要因は三井三池の労働者たちとの出会いであった。大学三年の時、高島ゼミナールで学園祭参加のために「窮乏化論」をテーマにシンポジウムを開催した。その記念講演に向坂逸郎氏を講師として招いた。向坂氏は当時、マルクス経済学者として、三池闘争の理論的指導者として超有名人だった。そのため、氏は三池闘争、就中三池の学習会（当時、「向坂教室」として知られた）について熱心に語った。マルクスは『資本論』を学者のために書いたのではない。労働者の解放ために書いたのだよ。三池では労働者たちは『資本論』を闘いのために読んでいる。一度三池を訪れて、労働者たちの実態を見てきたまえ。この言葉は衝撃的だった。厳しい労働を強いられている炭鉱労働者たちが私たちも読解に苦しんでいる『資本論』を読んでいる。本当だろうか、俄かには信じがたかった。しかし、しばらく後に三池を訪れ、労働者の社宅（炭住）に宿泊して向坂教室を見学した。向坂氏の話が事実であることを知った。その後の人生を変えるほどの感動を与えられた。要するに、「疎外」を単に知的に、研究対象にするのではなく、人間の解放の視点から捉えなければならない。それを可能にするのは「教育」なのだ。そう考えさせられたのである。社会主義の成立史もこの視点から追究しようと決意したのであった。たしかに私は東大大学院の教育学研究科に進学し、教育研究者と呼ばれるようになった。だが叙上のような経緯のために普通の教育研究者とは異なる道を歩んだと思う（詳しくは拙著『増補・市民社会と生涯学習　自分史のなかに「教育」を読む』、明石書店、二〇〇二年、を参照されたい）。

　当然ながら、「疎外」については自ら希望して、あるいは請われてしばしば執筆の機会があった（拙著『疎外と教育』新評論、一九八〇年、『人間の疎外と市民社会のヘゲモニー　生涯教育原理論の研究』大月書店、二〇〇五年など）。このたび、疎外論の旧稿を整理し、最近の疎外論研究の成果に学んで改めて一本にまとめることにした。

　本書を脱稿するにあたって、店頭で出版早々の岩淵慶一『増補マルクスの疎外論　その適切な理論のために』（時潮社、二〇一二年）を見つけ、早速購入して読んだ。この著者はかつて廣松物象化論に論戦を挑んだ論客として知られる。しかし、当時、読む意欲が湧かなかった（挑戦的な、激越な文言に辟易し、敬遠したのだと思う）。増補版が出たので本書のために読んだのである。この書の限り、結果は期待外れであった。要するに、マルクスは初期の疎外論から後期の物象化論に移行した（著者はこれを「疎外論超克説」という）という所説（廣松物象化論は「移行説」の典型である）に対しマルクスは疎外論で一貫していたと岩淵は強調する。たしかに、著者は丹念にマルクスの主要作品において「疎外」という用語を用いていることを検証する。その点には学ぶべき点はあった。

しかし、著者が主要な論敵とする廣松物象化論は、著者の捉え方とは異なり、「疎外論」の問題点は「疎外されざる」本質を想定し、そこから「疎外」を批判していることにある。その「疎外されざる本質」なるものは人間の諸関係(端的に「分業」と言ってもよい)の中でのみ映現するものである。いいかえれば、自立・自存的に存在するもではなく、関係の中でのみ現れるものを「実体」と錯認する。これを廣松は物象化現象と規定したのである。廣松によれば、この実体主義は近代特有の思念であってこれを乗り超えるためには「関係の一次性」に因らなくてはならない。これが廣松物象化論の要諦である。概要についてはすでに本章で述べたところであるので参照を請いたい。なお、岩淵の「疎外超克説」は参考にはなるが、本章においては花崎、内田のマルクスの初期(哲学)、後期(経済学)を統一する「疎外論」に学んで私なりの疎外論も述べた。要するに、岩淵の「疎外超克説」は「疎外」概念をどのように捉えるかの違いに過ぎないのではないか。その違いから何を生み出したのか。これが展開できなければ、廣松物象化論を超えることは出来ないのではないか。これが私の結論である。すでに、指摘した韓論文に対する私の論定と同様である。以上で本章を閉じる。ただし、廣松、岩淵論争はかつて一時代を画したものである。疎外論の理解のためには詳細な検討が必要である。いずれ機会を改めて考察を試みたいと念ずる。廣松の岩淵批判については、同「『ドイツ・イデオロギー』をどう読むか」(高橋順一・小林昌人編集解説『廣松渉コレクション』第三巻、情況出版、一九九五年)が参考になる。

追記

知識人については多くの研究がある。グラムシ知識人との関連でいえば、長年「原子力利用の安全性を問う」立場で研究を続けてきた研究者たち、「熊取六人組」と呼ばれる知識人はグラムシ知識人論の現代的事例として示唆に富む。その意味で感銘をうけた。参考までに筆者が強く共感する箇所を引用する。「研究者側はただ単に住民側に専門知識を与えるだけでなく、逆に住民側の抵抗の姿勢や生き方から多くの示唆や教訓を得たはずで、それが各人の人間的成長にも資することになったことは容易に察せられる。」（細見周『熊取六人組　反原発を貫く研究者たち』岩波書店、二〇一三年、一一四〜一一五頁、傍点引用者、傍点部分は著者細見の指摘であるが、本書を読めばその通りであることがよくわかる。一言でいえば「コム・プレンデレ」である。）

註

（1）パッペンハイム著、粟田賢三訳『近代人の疎外』岩波書店、一九九五年「解説」。
（2）MEW（Marx Engels Werke)Bd23、S.77.（大月書店『マルクス　エンゲルス全集』の原典）
（3）本文前掲『物象化論の構図』六六頁。
（4）山之内靖『社会科学の現在』未来社、一九八六年、二二七頁。
（5）同上、二一九〜二二〇頁。
（6）同上、二二八頁、傍点原文。
（7）木畑壽信は、拙著の書評をされた（書評「生成する批判的主体――《実践的唯物論》のために、黒沢惟昭『人間の疎外と市民社会のヘゲモニー――生涯学習原理論の研究』を読む」、『アソシエ21』ニューズレター、二〇〇九・一）。氏はそこで本文で論及した「受苦的」「情熱的」についての私の理解を批判された。批判の要点は、

「受苦」を「疎外」と捉え、そこからの脱却（回復）のエネルギーを「情熱」と解したことである。氏は次のようにいう。「疎外されること」と「受苦的」とが等価され、さらに「疎外からの回復」と「情熱的」とが等価されていることである。これに対して氏は「この概念構成では人間は生きて存在することが出来ない」と批判する。その理由を氏は次のように述べる。「この場合、『疎外からの回復とは、人間にとっては『受苦的』存在から『情熱的』存在への移行だから、『受苦的』存在を失い死ぬことだ。しかし、『受苦的』と『情熱的』とは社会的人間の現実的な感性的な自然的な諸力に関する人間学的な概念規定であるから、社会的人間の現実的な感性的な自然的諸力から、『受苦的』が失われることは、《本質的に》ありえない」。これは本文において論及したように、フォイエルバッハの「受苦」の考え方に学んだ初期マルクスの捉え方である。その限り、氏の批判は首肯できる。問題はこの思考を前提にして、いかにして、「受苦」（疎外）を回復するかという方法である。このためにはどうしても後期マルクスの論理が不可欠である。つまり、私の立場は、本文で述べた通り疎外の回復のためには初期と後期マルクスを統合して疎外論を構築することが必要なのだということである。小論は氏の批判に触発されて書いたものである。ただし、直接書評に対して反論を試みたものではないので充分な反論にはなっていないことを怖れる。とはいえ、氏のご教示には多くの示唆を与えられた。初期、後期マルクスを統合して疎外論を捉えなければならないという本章の結論は氏の批判に対する反論に大きく因っている。この点を誌して御礼申し述べる。

第二章　社会主義の崩壊、その再生への道

――ヘーゲル「具体的普遍」の概念の再考と展開――

はじめに

最近（二〇〇九年春）、母校一橋大学から社会学博士の学位を取得した。いまどき「学位」など珍しくなく、若い研究者の就職の必要要件といわれている。老人が何故？　と訝る人もいるだろう。しかし、私にとっては感慨深いものがある。その点から語り出すことにしよう。

社会学部長として新入生の面接をされた高島善哉先生が「なぜこの学部を志望したのですか」こう問われた時、「先生の下で社会科学を学びたいのです」。高揚した気持で答えた私に微笑《ほほえ》みながら大きくうなずかれた先生の姿が今も浮かぶ。半世紀前、一橋大学入学の時であった。

先生の「社会科学概論」は毎回、一度も休まずに最前列で熱心に聴いた。やさしい内容ではなかったが当時のカレント・トピックスとユーモアを交えて諄々と諭すような語り口の講義は魅力的だった。テキストには、版を重ねた先生の『社会科学入門』（岩波新書、初版一九五六年）が使われた。啓蒙的な入門書のスタイルをとりながら、「体制」「階級」「民族」の三つの柱を基本に据えて社会科学を説く、ユニークな書である。それは先生の出世作『経済社会学の根本問題』（日本評論社、一九四一年）の意想の具体的な展開であり、その意味で「先生の主著だ」と称える門下生（高弟、山田秀雄）もいる。

さらに執筆の背景には眼疾による留学の断念、それに起因する長いスランプがあった。そこからの脱却を先生は次のように述べている。

「私は学説に対する戦い、社会に対する戦い、階級に対する戦いから全く自分自身に対する戦いに転向しなければならなかった。しかし結局私は社会科学の道を歩む以外に生き方はないと考えた。私は社会科学者として唯物論の問題を考え続けてきたが、いま改めてそれを見直す機会を持ったようにも思った。唯物論は主体的なものでなければならない。私はそれで生きていくことができる。こういう感じを深くした」（上岡修『高島善哉　研究者への軌跡　孤独ではあるが孤立ではない』新評論、二〇一〇年、傍点引用者、この点は講義でもよく言われた）。当時は知る由もなかったが、教壇から身を乗り出すように社会科学への関心を語った先生の胸中にはこのような決意が秘められていたのだ。それが講義の魅力・迫力にもなっていたのだと思う。

先生のゼミナールのテキストは『資本論』だった。もちろん、テキストの読解に力を注がれたが、狭い経済学的テーマにこだわるというより、広い社会科学の視野から論点を解説された印象が強い。それがまた魅力だった。「そこに、ウムラウトがありませんか」と報告者に尋ねられた先生が浮かぶ。ご存じの読者も多いと思うが、先生は若いころから、次第に視力が衰え、教えをうけた頃は全盲に近かった。

大学祭でゼミナール主催のシンポジウムを開催した。『資本論』の「窮乏化論」がテーマだった。マルクス自身はこの言葉を使わなかったが、『資本論』第一巻を集約するテーマで、当時、流行の論題《テーマ》だった。ゼミナールで第一巻を読了した記念の意味もあった。講師として向坂逸郎氏を招いた。氏は『資本論』の翻訳者として、三池闘争の理論的指導者として当時超有名人だった。講演では三池の労働者の学習会にも触れ、『資本論』を大学の研究室で学ぶのもよいが、マルクスは労働者のために『資本論』を書いたのだ。「窮乏化」とはなにか。労働者はどう捉え、学んでいるのか。それを知るためには三池へ行くべきだ。氏はこう力説した。この奨めにしたがって、私はその後間もなく、三池を訪れ、炭住（労働者の社宅）に泊まり学習会を見学した。炭鉱労働者が厳しい労働のあとに『資本論』を学び、それに基づいて社会科学的認識を深めることを知った。新鮮な体験だった。大学院は東大へ進み教育学を学んだ。三池の労働者に触発されて、「教え」「学ぶ」ことの意味を究めたかったからである。労働者教育の専門家宮原誠一氏のゼミに入ったが、「理論よりも調査を」と言われた記憶がある。深遠な「労働者教育」の理論の教授を期待したが、その意味の成果は大学院ではあまり挙がらなかった。そこで「調査」のために三池への往復を繰りかえした。干渉はせず、自由に任せてくれたのは有り難かった。大学院を修了、就職してからも、三池の学習活動の調査・研究は三池炭鉱が閉鎖され、三池労組が解散して久しい今日までつづいている。多くのことを学んだ。「自分が助かりたかったら、他人を助けなければならない。このことを学習会で体得した」と述懐した労働者のことが忘れられない。ここに、教育の本質がある。大学院では学べなかった様々なことを三池の労働者から教えられたがこの点が最も貴重な教訓である。残念ながら、その意味を教育学的に解明したとは言えない。しかし、それは私の生涯の宝である。その機会を与えられた向坂氏には今も感謝している。

大学院終了直後、私は地方の私立大学に職を得た。奇しくも当時本州大学という校名の（現在の長野大学）私の最後の勤務校となった。そこで、著名な多くのマルクス研究者に会うことができたのは幸いだった。とりわけ、イタリア現代史の研究者として知られた同僚の重岡保郎さんからグラムシの思想の魅力を教えられたことは僥倖であった。夜は大学の近くの別所温泉に浸りながら、イタリア語とグラムシを教えていただいた。重岡さんとの邂逅・交友が昨日のように想い出される（その重岡さんが「認知症」になって施設にいることを過日、奥さんの電話で知った。もう語れないと思うと残念の極みである）。その後、留学も含めて幾度もイタリア・ローマを中心にヨーロッパ各地を訪れた。ローマのグラムシ研究所はもちろんだが、グラムシの生地サルデーニャ島へも渡り、グラムシの生家を訪問したこともたまらなく懐かしい。その折、グラムシの妹、テレジアが当時存命で、会いたかったが病床に伏していて無理とのことだった。

三池闘争とグラムシの思想を同時並行して調査・研究を進めてきた。その結びつきに首をかしげる向きも多いかもしれない。しかし、人間＝社会認識、新しい社会形成への道の示唆という面で共に深く関わり合い、結合することが私の研究過程で次第に明らかになった。

このたびの「学位」はこの結合の試みが評価されたのだと思う。しかし、それを可能にしてくれた発端は、高島先生の教え、そして私が若き日に学び、私を育んでくれた社会学部の知的土壌であったと改めて想わざるをえない。その母校によって長年の研究成果が認められたことに感慨を深めるのである。回想から書きだした所以である。

本章Ｉ部ではマルクスの「プロレタリアート」観をヘーゲルの「具体的普遍」の概念の解釈・継承として論じ、そこに社会主義崩壊の原因を探った。Ⅱ部は、グラムシの「知識人論」を「具体的普遍」の改釈・展開として、新しい社会形成（社会主義の再生）の道を論ずる。

Ｉ部　マルクスの「プロレタリアート」観――社会主義崩壊の原理的解明

一　社会主義の崩壊

一九八九年、ベルリンの壁が瓦解。その二年後に社会主義国家の祖国ソ連邦が崩壊。大きな衝撃であった。この世で抑圧され、虐げられた人々にとって社会主義は久しく希望の星の筈であった。ところが、こともあろうに、ほかならぬ民衆によってその体制が打倒され、その事態を民衆が歓喜する光景。驚き、信じられぬ思いであった。しかし、それは事実であり、民衆がその体制を憎悪し、崩壊を喜ぶ事態が次第に明らかにされた。驚きは増した。

「壁の瓦解」から二一〇年余が経た。いまや「社会主義」も風化した観がある。その原因について様々な言説が公表されてきた。私もその究明に努めてきた。さまざまな原因が指摘されている[1]。しかし、私の研究の範囲での限りで言えば、結局、その原因はマルクスの「プロレタリアート」観にあるということに思い至った。行論で述べるように、それはもともとマルクスが「学位論文」で考察したヘーゲルの「具体的普遍」の概念から継承し、「ライン新聞」時代に、ライン州の「貧民」の慣習的権利に括目し、ゲルマン法の知見を援用して練り上げたものである。内実は、端的に「現実的かつ理性的」であることをマルクスは洞察した。つまり、現実の不正・利害と対抗するためには強力なエネルギーが不可欠であり、同時にそれは理性的でなければならない。その貧「貧民」は即自的にそのような存在であった。ヘーゲルにおいては救済の対象であった、その貧民をマルクスは社会変革の主体、対自的なプロレタリアート概念に彫琢したのである[2]。

しかし、それは革命の進展の過程で、「プロレタリア独裁」に、そして、共産党独裁、果ては個人崇拝＝独裁という疎外態に転じた。その経緯については、時代ごとに、各国の歴史的状況に応じて具体的に解明されなくてはならない。ここでは一般的経緯の指摘にとどめる。

ただ、強調したいことは、「理性的」ないし「普遍的」という概念が、マルクス主義理論の「歴史的必然」と結びついて理解され、批判を許さぬ自明のものとされたことである。そのため「政治的なもの」（後述）が見失われてしまった。これが本章（I部）の結論である。残念なことに、マルクスの思想におけるもっとも重要な（と私が考えた）プロレタリアート概念が、皮肉にも社会主義国家崩壊の要因となったのである。このことを私の研究の自己批判の念をこめて記したい。

二　「具体的普遍」の内実と継承

青年期マルクスの人間観はヘーゲルの「具体的普遍」を継承したものであることは先述した。マルクスによるその継承過程の一産物――それは救済の対象にすぎなかった貧民（Päbel）を捉えかえして意味づけ直したものである――プロレタリアートの萌芽としての「貧民」について再考してみよう。

この継承過程の作業は、「ライン新聞」期における諸論文において遂行された。そこにおいてマルクスは、「特殊が全体と関連しているときに、すなわち、それが全体と分離していないときにだけ特殊を精神的であり、自由であるとみなす」（第一論文『出版の自由と州議会議事の公表とについての討論』[3]）立場、つまりヘーゲルと軌を一にする立場から、その体現者を「慣習的権利」を擁護しようとする「貧民大衆」に見出し、その欲求はゲルマン法の趣旨から理性に適うものであること（普遍的存在）、同時に生活に根ざす現実的な欲求でもあること（具体的存在）を実証する。つまり、彼らの欲求（実践）がそれ自体、具体的普遍の立場を即自的に示すものと捉えた（第三論文『木材窃盗取締法にかんする討論』[4]）もちろん、この「貧民」も用語としてはヘーゲルからの継承であるが、ヘーゲルにあっては「賎民」ないし「窮民」と訳されて然るべき――市民社会の心情《ゲジヌング》を攪乱するものとして――救済の対象としてのペーベル（前出）であったのに対して、この期のマルクスの「貧民」概念は、市民社会の変革の主体、プロレタリアートの萌芽として捉えかえされている点に留意を促したい（客体から主体への反転！）。

周知のように、ヘーゲルにおいては、現実との適合〔Akkommodation〕のために、具体的普遍、「定在における自由」は実在世界を所与の前提として定立されたものであった。したがって、ヘーゲルの具体的普遍は虚構に終わらざるを得なかった（「概念」に留まった、と言い換えてもよい）。これに対して、マルクスはヘーゲルの方法原理に立ち還り、「現実を理念で測る」（『学位論文』の方法原理）という哲学的実践、すなわち〝批判〟を遂行する。『ライン新聞』はこの作業のための恰好の舞台であった。そこ（地上の現実）においては、哲学と現実は「緊張関係」をはらみ、哲学自体の「内的な自己充足と完成とは破られ」ざるを得ず、「内的な光ったもの」が「外部に向かう焼きつくす炎となる」、同時に、その場合（地上の舞台）には、ヘーゲルにおけるように、実在を所与の前提として「哲学の実現」をはかることは不可能であった。マルクスが『学位論文』時代にヘーゲルから継承した概念「具体的普遍」は、このようにして地上の現実において、遂に「貧民」概念の捉えかえしとして、その具体的体現者（プロレタリアート）の発見に迄突き進んだのである。

マルクスは、ゲルマン法の「占有権」を念頭に置いて、「緑木」と「枯枝」はその用途が相異なること、したがって、緑木の所有を即枯枝の所有とみなすことは悟性的認識であり、理性的ではないことを指摘する。いいかえれば、貧民において無自覚ではあっても、貧民の慣習的権利（日本的にいえば「入会権」）は理性的であると結論する。マルクスの表現でいえば、次のようになる。「貧民階級のこれらの慣習のなかには本能的な権利感覚が生きており、その慣習の根源は確固として正当なものである」（209頁）。「そして、従来、貧民階級の存在そのものが市民社会の単なる慣習であるにとどまり、自覚的な国家組織の領地内ではまだふさわしい獲得をするにいたらない慣習にすぎなかったことをおもえば、貧民階級のあいだでの慣習的権利という形式はこの場合なおさら自然的であるといわねばならない」（Ebenda）。

以上、マルクスが洞察した貧民の慣習的権利への衝動は理性的、普遍的な権利要求であることを、マルクスの指摘に基づき、ゲルマン法の原理の援用によって了解することができる。

三　法律上の「先取り」

しかし、ここで留意すべきは、マルクスが、この権利が、「理性的なものでありうるのは、ただ、その権利が法律とならんで、法律の外に存在し、しかもその慣習がやがて法律上の権利となるべきものを先取りしている場合だけである」（二〇六頁）という条件を付していることである。「先取り」とはなにを意味するのか。マルクスの説明は必ずしも明らかではない。ゲルマン法への着目を示唆するのみである。

この場合、後年マルクスが再び所有の問題に立ち還り、『経済学批判要綱』（「資本制に先行する諸形態」）においてゲルマン社会に留目したことを想起したい。本章の観点では、かつて一時期知的ブームを呈した平田清明の一連の研究、とりわけ、「個体的所有の再建」という構想が以上の疑問に示唆を与えてくれるように思う。そこで、平田理論の検討に移りたい。

平田の所説はマルクスがその編纂に責任を負ったフランス語版『資本論』及び「資本制に先行する諸形態」の文献クリティークに基づくものである。ここでは、本章に直接関係する限りでの平田説の引用にとどめる。　平田の主張の要点は、フランス語版『資本論』の次の章句（氏自らの訳文）に集約される。

「否定の否定は、勤労者の私的所有ではなくて、資本家時代の獲得物たる、協業と土地を含む全生産手段の共同占有にもとづく、勤労者の個体的所有を再建（レタブリール）する。」（平田清明『市民社会と社会主義』岩波書店、一九六九、一〇三～一〇四頁）。この章句について平田は次のように力説する。

「このマルクスの言葉は、不滅の言葉である。それは世界史における断絶と継承の関係を確認するものである。ここに引用できなかった部分をふくめて、『資本家的蓄積の歴史的傾向』にかんする節全体を、読者があらためて検討することを希望したい。『最後の鐘がなる。収奪者が収奪される』というあの火の文字は、単に歴史の断絶を語ったのではない。継承関係をも示唆して、いたのである。だからこそマルクスは、資本家的所有から社会的所有への転化は、自己労働にもとづく分散的な私的所有の資本家的私的所有への転化とくらべれば比較にならぬほど短く苦難の少ない過程である、と最後に結んだのであった」（前掲書、一〇六頁、傍点引用者）。

以上にみるような、「否定の否定」の意味を誤解してきたのは、これまでのすべての『資本論』研究者、すべてのマルクス主義者である、と平田は断じ、レーニンすらその罪は免れられないと批判する。そしてその論拠になるのが「個体的所有の再建」である。なお氏の説明を記そう。

「資本家社会の革命的揚棄としての資本家的私的所有の否定は、一つの否定である。そして、私的労働という形をとった自己労働にもとづく『個体的な私的所有』の、『資本家的私的所有』への転変は、これまた一つの否定である。この後者を『第一の否定』とすれば、前者は『否定の否定』である。では、『否定の否定』は、何を意味するのか。ひとたびは否定されたものが再び次元を異にしてあらわれることとは、容易に推察されうるところである。何があらわれるか。ほかならぬ個体的所有である。近代市民社会において私的所有におおわれていた個体的所有が、いま、資本家的所有の、さらには私的所有一般の否定によって、ふたたび措定されるのである」（同書、一〇三頁、傍点引用者）。

この個体的所有の概念の理解のために平田は次のような言語的説明を行う。

「Privé が、共同的利用の土地または建物から『奪われた』ものを直接に意味するのに対して、individuel は genes indivise（英語で言えば undivided members）を直接には意味するものであり、きわめて深く共同体的人間結合とかかわりをもったことばである。歴史具体的には共同体（commune, Gemeinde）との、歴史理論的には類的行為（Begattung）→類的存在（または類体）（Gattungswesen）とのかかわりを、individuel は直接に示している。これを日本ではこれまで『個人』と訳してきた。そして個と全との対立とか個の全への帰一とか、語ってきた。そういう場合、『個』とはバラバラな人間のことを意味していた。だがヨーロッパ語で individuel と言ったなら、ただちに共同体とのかかわりが具体的に想起されて然るべきものなのである」（同書、一二五―一二六頁、点引用者）

　更に「個人」について平田の語源的説明は続く。

「だから『個人』というと、語源的に、共同体という集団的人間の始源的存在を前提しているだけでなく、客観的に、集団的人間をみずから形成している人間を意味するのである。『個人』ということばにおいて、人は社会的存在としての人間を思いうかべてしかるべきなのである。それゆえ――と平田は以下の『経済学・哲学手稿』（藤野渉訳、大月書店）の章句を引用する。『個人は社会的存在である。したがって、彼の生命発現（生活表明）は――たとえそれが一つの共同体的な、他の人々といっしょに成就された生命発現（生活表明）という、直接的な形で現われないとしても――社会的生活の表明であり確証である。人間の個体的生活（individuelles Leben）とは別なものではない』

　このマルクスの章句にもみられるように、ヨーロッパでは、『個人』とは単なるバラバラな人間であるのではない。ところが、日本というわれわれの国では、この『私人』が『個人』と混同される。ほんらい『個人』と『私人』とはむしろ対立概念であるにもかかわらず、両者が同一視されるのである」(同書、一三六〜一三七頁)

しかもヨーロッパでは、「個人」は、「共同体の諸成員がその私的に獲得したものを交換しあう過程においてみずから形成したものである。私的な獲得すなわち私的所有と、同時にこれから不可避に発生する私的交換こそが、共同体的人間を個別化し、人間を『個人』として形成するのである。」(同書、一三六頁)。「したがって、『私的』所有と『個人』とは発生をともにしている」(同)。

このような考証をもとに、平田は「諸形態」に学んで、「ゲルマン的共同体こそ、ヨーロッパ=中世発生史的始源だ」(同書、一三九頁)と論定して、「ゲルマン的共同体では、固有の家と耕地について個人の所有が成立している。マルクスはこれを『個体的所有』individuelles Eigentumと規定している」(同書、一三九頁)といい、しかも、ゲルマン的共同体は、「個体的所有者が私的所有者に転化する可能性を」「生産力の高さを」(同書、一四二頁)はらんでいたのである。端的にいって、「近代」の歴史過程が、「個人」を「私人」に変えたのである。しかも、この転変した社会姿態のもとでは、「すでに私的所有者がみずからの個体の内なる社会性を擬似的共同体として構成することによって形成してきた国家は、この時点ではもはや階級的国家としての内容をそなえている」(同書、一四三頁)。そして、そのようなものとして、その幻想共同態性を完成させているのだと平田は説く。

以上で、個人から、私人への変化、「私的所有の資本家的私的所有への自己転変」を把握できる。つまり第一の否定である。

ではこの「否定」の「否定」（社会主義革命）の可能性は如何？　平田の説明を示す。

私的所有者と国家（私人の個体における内なる社会性の物象化されたもの——黒沢）、つまり「私」private と「公」public との形式的区別は明白である。個人がこの公と私にひき裂かれていることは、多少とも批判的な思想家によって容易に認知される。日常的な生活においてさえ、ひとは、この公と私の分裂において、人間の本源的な個体を再獲得しようとするのである。

個体性は、資本家的私的個人においても労働者個人においても疎外されている（『経哲草稿』『聖家族』を参看されよ——黒沢）。ただし、この疎外が労働者において徹底していることは自明である。労働者は共同の利用物たるべき生産手段を奪われた（priviert）者として、この意味での私人として自己を意識させられる。それはゲルマンの個体的所有者が、そしてローマの私的所有者が、「公有地の利用から閉めだされ、それを奪われ（privert）たかぎりで、本来的に、私的所有者（Privateigentumer）そのものである」ことが知られているだけに、一層容易であろう。

このようなところでは、資本家的利害を代弁するものは、「所有」Eigentum の廃絶を意味するから不可能だと主張しがちであるが、これに対して労働者は、おのれの奪われた個体性を奪いかえし、おのれが始源において保有していた「個体的所有」を、そして後に私的所有のもとでおおいかくされた「個体的所有」を「再建」することを、当然の要求としていく。貫徹させるべき諸要求 revendications は、所有回復の要求 revendication として、ひろく大衆に意識される。私的所有の揚棄のうえで成立する社会主義は、協業や土地その他いっさいの生産手段の共同占有という「資本家時代の獲得物」を基礎として、「勤労者の個体的所有」が「再建」される社会体制であるほかないのだ。（同書、一三四〜一四四頁、傍点引用者）

平田の説明を長く引用したが、「否定の否定」に対する注目すべき改釈が了解できるであろう。この了解を基に、私なりに憶測すれば、すでにみたマルクスの「先取り」している、という条《くだり》の内実は、ゲルマンの所有形態（平田の用言にならっていえば、「個体的所有」）であり、これこそ将来実現されるべき社会主義社会の所有形態を「先取り」していると理解してよいのではあるまいか。

以上の考察から、マルクスが主張するように、貧民階級が、権利に合致した衝動をみたそうとする欲求を感じていること、つまり、彼らの慣習のなかには本能的な権利感覚が生きており、その慣習の根源は確固として正当なものであることが了解できる。結論をいえば貧民の要求は理性的、普遍的なものである。こう論定して然るべきである。

一方、この要求は、「空腹と無宿への純粋な正当防衛」（一〇八頁）であるが故に、観念的、空想的なものではありえず、すぐれて現実的なものであることも首肯できる。しかも、それは未来を先取りしたものであることも論証した。ここから「貧民」の要求は理性的かつ現実的であり、

「貧民」は「具体的普遍」の形而下の萌芽形態であると結論することができる。これを中心に爾後のマルクスの探究が展開されていった経過を惟えば、「具体的普遍」は当時のマルクスの中心概念であったと結論することができる。

四　唯物史観と歴史目的論

平田の高弟、今井弘道の注目すべき論考（『市民社会と社会主義』から『市民社会主義』へ」・『情況』一九九五年五月、情況出版）によりつつ、小論の課題を敷衍したい。（今井論文には前掲平田書の頁数が記されているが、以下の引用では省略する。ただし、カッコ内に今井論文の頁を記す）

まず、平田の理解によれば、「プロレタリアート独裁」という政治形態の下では、「収奪者の収奪」が推進されるが、この過程は「個体の『再生』」の過程であり、それを通しての「社会の『再生』」の過程でもある。その過程を確実に踏むことによって「ブルジョア民主主義」のトゲが克服されるのだ（一一五～一一六頁）。つまり、それは「公的機能として国家が吸収していた社会機能」が「社会の体に返されていく過程」でもある。総じてそれは、「自覚的に連合した自由なる個人」という主体に担われた「市民社会」が「国家」へ疎外されていた政治的機能を自らのうちに取り返す過程なのだ（一一六頁）

しかし、ロシア革命におけるプロレタリア独裁はこのようには進行しなかった。つまり、レーニンによれば、「所有の廃止」は「個体的所有の再建」を含意しない。彼にとってそれは、「私的所有の破壊」に伴う「社会的所有」の実現であり、それの「管理」問題、より正確には国家的官僚制による「管理」問題であった（同）。端的に、「市民社会」が「政治社会」を自らのうちに取り返すよりは、「政治社会（＝国家）」が「市民社会」を呑み込む方向が取られたのである（一二六〜一二七頁）。

以上、平田はマルクスと区別して、レーニンの〝逸脱〟を批判したが、今井はマルクスの思想のなかにもレーニン的問題点があることを次のように指摘する。

「ヘーゲルの歴史哲学的構成を踏襲したマルクスの唯物史観は、資本家社会の中での自己の階級利害の貫徹を意図する歴史的行為者が、結果的にはその行為を通して、階級利害の貫徹という目的を越えたいっそう高次の歴史的目的――コミュニズム社会――を実現することになるという『弁証法』的構造に支えられている。つまりマルクスは歴史の意味は自由の理念の漸次的な展開と実現にあるというヘーゲル的解釈を、階級闘争を通じてのコミュニズム社会における人間的自由の実現という理念に置き換えながら、その理念＝コミュニズムの実現こそが歴史の本来の意味であり、人間活動の本来の目的なるべきものと考えた。その上で、この目的を実現する目的意識的な行為の主体ならしめるべく労働者階級を目的意識性に目覚めさせるのが哲学だ、と考えた。こうして人間の実現の行為はそれ自体としては意味をもたないものと見なされた。しかし、そのことによって実は、本来的に政治的なものが否定され、それが歴史的目的論にすり替えられたといわねばならないのである」（一三六〜一三七頁、傍点引用者）

それでは、「政治的なもの」とは何か。今井は次のように説明する。

「本来的には、政治的共同体として共同で追求されるべき政治目的の共同的決定とその共同的実現追求を可能とするところに、そしてそのことを通して、自然的異質性を克服して社会的同質性を漸次的に獲得していくことに、その核心を有するといえるであろう」（一三八頁）。

ヘーゲルやマルクスの歴史哲学的な思考様式が排除したのは、このような「政治的なもの」の可能性であり、その結果、次のような事態を到らしめたと今井はいう。

「政治の領域は、歴史哲学的目的を了解した知識人が、それを了解していない個々の個人の行為をこのような目的に収斂させるべく統制し、また各人にこのような目的を自己の目的とするべく教化する領域と化す。このような統制と教化のためには権力が必要だが、その権力的統制と教化には、ヘーゲルにおいては普遍的身分としての官僚が、マルクスを経てレーニンにおいては、党が――要するに官僚が――あたることになる」「歴史目的論が固有に政治的なるものを否定し、それを行政的なものに転換させてしまうのはこのような構造においてである。政治目的が市民にとって所与的なものとして前提される場合には、政治的なものの領域は常に所与的な目的のために人々を動員するための行政的領域と化す。これに反し、政治目的が市民に対して開かれたものと捉える場合には、そして上で述べたような政治イメージがそれなりに実現される場合は、行政的なものは改めて政治化されていく筈である。その時には、市民社会は明確に政治的契機を回復する筈である」（一三八〜一三九頁）。

平田も『市民社会と社会主義』において、如上の問題意識に遭遇し、その打開に苦闘したが、「平田はマルクスを救うためにレーニンを批判的克服の対象とした」が「マルクスを批判的対象とすることはしなかった」（一四二頁）。そのために「政治的なるもの」を具体的に深めることはできなかった。これが今井の結論である。平田の生きた時代的制約と思う。（因みに、平田の「階級独裁」については同氏の『市民社会と社会主義』七「市民社会と階級独裁」の章二九三〜三四〇頁を参照のこと）

I部の小括

マルクスは革命の主体、プロレタリアート概念を、ヘーゲルの「具体的普遍」から継承し、ライン州の「貧民」と統合させてその概念を、実体化し、彫琢した。しかし、一体であった筈の「具体」はプロレタリアートに、「普遍」は知識人に分離され、ヘーゲルの自由の実現はコミュニズム社会の実現という自明のものと見なされ、プロレタリアートは、知識人に従って、ひたすらその自明の目的に向かって進むだけでよい存在とされた。その結果、知識人は党に、果ては個人（党の中心人物）による「教条」になり、批判を許さぬ「教義」と化した。個々の人間が相互に討議し、そのプロセスで差異を共同化しつつ、未来にチャレンジするという側面は排除された。社会主義の崩壊の要因はここにある。（社会主義の崩壊について拙著『アントニオ・グラムシの思想的境位』〔社会評論社、二〇〇九年〕〈第Ⅰ章〉においても詳述した。本章と重複する点が多いが、参照いただければ幸いである）

注

（1）最近、「朝日新聞」の「書評」で知り、読んだ次の書が興味深く「崩壊」の原因を理解するのに大いに役立った。アーチー・ブラウン著、下斗米伸夫監訳『共産主義の興亡』（中央公論新社、二〇一二年）二段組み七八七頁の大著であるが、私にとっては「同時代史」の面も多く、膨大な資料に基づく「興亡」の歴史に引き込まれる思いで通読した。是非読者に一読を奨めたい。本書「日本語版のための序文」から次の一節を引用したい。「共産主義は日本にとっても大きな意義をもっていた。たとえこの国が共産主義の支配下に入る可能性はほんのわずかもなかったとしても、である。第二次世界大戦後の全期間を通じて、ソビエト連邦からの脅威があったし、中国への不安が日本の外交に影響を与えた。潜在的な共産主義からの攻撃に対する不安こそ、アメリカ合衆国との緊密な外交関係と軍事的協力の主要な理由であった。」「日本の読者にとって共産主義が大変重要な主題である、より一層意義深い理由がある。今日のヨーロッパには共産主義国家は一つも残っていないが、現存する五つのうちの四つがアジアに見いだすことができる。つまり、キューバはここでは措くとして、中国、ベトナム、ラオス、北朝鮮である。いくつかの共通の特徴はあるとしても、共産主義は異なった時代に異なった場所で、まったく異なった現れ方を示した。……今日の中国と北朝鮮の差異は巨大である。まさしく中国は、共産主義経済制度という最も本質的な特徴を放棄し、外部世界に開かれたものとなった。しかしながら、権威主義的な共産主義政治制度はそのままである。北朝鮮は現存する最も時代錯誤の共産主義国家であって、それは権威主義と言うよりもむしろ全体主義と言うべきであろう。その唯一の重要な革新は、マルクス・レーニン主義国家には奇妙な代物であるが、共産主義政治制度を権力の世襲と結びつけたことである。この奇妙さのため、王朝の継承はいつも潜在的な危機であり、崩壊さえもとらしかねない。」（同書一〜二頁）なお、本章の関連については、本書第5部「共産主義の没落を解釈する」が参考になる。各国ごとの資料に基づく詳細な論証については本書をお読みいただくしかないが、私が特に興味を惹かれた点は、大別して二点である。一は、「民族問題」である。つまり、「連邦」という政治形態が「民族」意識の高揚とともに緩み、「強制」的国家の一体性の崩壊に繋がったことである。二は、検閲の緩和、教育水準の向上によって民衆の情報獲得の能力が向上し、「西側諸国」の実態が次第に明らかになり「国民は、党と国家当局」に対して批判的になったことである。（詳しくは、本書第29章「何が共産主義の崩壊を引き起こしたのか」を参照されたい）。すでに指摘したところと関説すれば、「コミュニズム」という自明の歴史目的を習得したとされる、「知識人」が無自覚な「民衆」に教示するという定式が、意識が進んだ民衆によって批判され、そこに抑えられていた民族感情も自覚化され、共産主義による国家体制の崩壊へと繋がったのである。厖大、詳細な本書の説明から「崩壊」の要点を抽出すればこのようになる。

（2）この点については、拙著『疎外と教育』（新評論、一九八〇年）、第4章「プロレタリアートの発見——「ヘーゲル国法論批判」研究ノート」を参照されたい。

（3）注（2）拙著3章二「「出版の自由」をめぐって」を参看されたい。

（4）同上、第3章三「「貧民」の発見」を参看されたい。

II部　グラムシ知識人論・再考——新しい社会形成への道

I部において、社会主義の崩壊の原因はマルクスのプロレタリアート概念にあることを考察した。それはヘーゲルの概念「具体的普遍」を「貧民」と結合させて練り上げたものであった。マルクスは、ゲルマン法を援用して、プロレタリアートは、具体的（現実的）かつ普遍的（理念的）な存在であると考えた。それは社会主義実現の根拠であった。

ところが、ヘーゲルの歴史哲学によってマルクスは、歴史の目的はコミュニズムによる人間の自由の実現であり、それを実現するのがプロレタリアートであるとした。この場合、プロレタリアートはその目的を自覚していない。それを自覚させるのは哲学であるが、プロレタリアートは哲学を習得した知識人によってこの目的を教化されなければならない。つまり、「具体的普遍」の概念は、「具体」＝プロレタリアート、「普遍」＝知識人に分離され、その結合は知識人によるプロレタリアートの教化と定式化されたのである。ここに階級独裁、一党独裁の根は胚胎しやがて社会主義崩壊へつながったことは前述したところである。

グラムシの思想を現時点で再考すれば、以上の結末を見通す洞察があることに気づく。それは「知識人論」である。グラムシは、義姉タチアナ宛の手紙で、「頭にこびりついて離れない」テーマ、「系統的に研究したい」テーマの第一に知識人の問題を挙げていることはよく知られる。Ⅱ部ではⅠ部の考察を踏まえて、「具体的普遍」の問題をグラムシが知識人論を視軸にしてどのように考え、解（改）釈したかについて考察する。

ところでグラムシ没後七〇年に、拙著『現代に生きるグラムシ　市民的ヘゲモニーの思想と現実』（二〇〇七年、大月書店、以下『グラムシ』と略記）を上梓した。これは私のグラムシ研究の集大成を目指した書である。したがって、ここにおいても如上の問題を論じたが不充分な面があった。

小論では前著を踏まえつつも、補足・修正と一層の展開を意図した。知識人論の前提としてグラムシの人間観、ヘゲモニー論にも言及しなくてはならないため『グラムシ』と重複する箇所が多いことを予め断っておく。

一　グラムシの人間観

知識人を理解するためにはまずグラムシの人間観を理解する必要がある。『獄中ノート』においてすでにQ1から人間に対する言及が見られるが、グラムシの人間論が決定的な転換——関係的人間観への——を遂げるのはQ7以降であり、そうした時期を経てQ10のII〈54〉B.「人間とはなにか」と題する覚え書において一応の総括がなされているとみてよい。

それではQ7において、転換なされたのは何故か？　それはマルクス文献、とりわけ「フォイエルバッハ・テーゼ」の精読・共感によるものである。(『グラムシ』一五一〜一五二頁参照)

さて、Q7〈35〉B.では、一方で俗流唯物論や自然主義的唯物論を批判し、他方で神学的、形而上学的思念を批判した上で、次のような人間観を提示する。

「『人間性』とは『社会関係の総体』であるということこそ、もっとも満足できる答えである」。なぜなら、それは「人間は生成し、社会関係の変化とともに不断に変化するという生成の観念を含んでいるからであり、『人間一般』というものを否定しているからである」(Q7〈35〉B.p.885、

①二七九頁)。

この章句にはすでにみた、「マルクス精読」(竹村氏の指摘)の成果である。念のためにその部分を引用しよう。

「人間的本質は、決して個々の個人に内属する抽象物ではない。それは、その現実性においては、社会的諸関係の総体〔ensemble〕である」(MEW, Bd. 3, S.534、大月版『マルクス＝エンゲルス全集』第三巻、一九五八年)。

グラムシはこの人間観を、前述したように、Q10において敷衍する。この点を確かめよう。

「人間とはなにか、これは哲学の第一の、主要な問いである。どのようにそれに答えることができるか。定義は人間そのもの、いいかえれば個々人それぞれのうちに見出すこともできる。しかし、それはただしいか。個々人のうちに見出すことのできるものは『個々人』がなんであるかということである。しかし、われわれの関心をひくのは個々人がなんであるかということではない。それは結局それぞれの瞬間における個々人を意味するのである。そのことを考えるならば、われわれがここで人間とはなにかと問うとき、それは、人間はなにになりうるか、いいかえれば、人間は自分自身の運命を支配しうるか、『自己自身をつくる』ことができるか。生活を創造しうるか、という意味であることがわかる。したがって、われわれは人間とは一つの過程である、正確にいえば、人間の行動の過程である、といっているのである」(Q10〈54〉B. pp.1343-1344、①二七二頁、傍点引用者)

グラムシはこの「過程」としての行動的人間観をさらに展開させて、マルクスと同じく「関係性」を基軸に据えた人間把握を示すことについては前引した通りである。

ところで、この諸関係は、「さまざまな人間集団によって表現され」「それらの集団のおのおのは他の諸集団の存在を前提している」のであり、「それらの人間集団の統一は弁証法的であって、形式的なものではない」（Q7〈35〉B. p.885、同、傍点引用者）とグラムシは述べるが、彼がこの「関係性」を対自然をも含む、歴史的に敷衍して捉えている次の章句に注目すべきである。

「おのおのの個体性のうちに反映される人間性は、（1）個人、（2）他の人間たち、（3）自然という異なった諸要素から構成されている」（Q10〈54〉B. p.1345、①二七四頁、傍点引用者）

「あたえられた瞬間にあたえられた体系として存在する関係の総体を認識するだけでは足りない。それを発生的に、形成の運動において認識することが重要である。なぜなら、個々人は現存する諸関係の総合であるばかりでなく、この関係の総合でもある。いいかえれば全過去の要約でもあるからである」（ibidem. pp.1345-1346、同、傍点引用者）

さらに、Q10中の次の章句にも止目したい。

「人間は、もっぱら個人的・主観的である要素と、個人が能動的関係を結ぶ大量の客観的または物質的である要素との、ひとつの歴史的ブロックとして考えられるべきである」（Q10〈48〉B. p.1338　傍点引用者）

以上の引用から、グラムシがマルクスのフォイエルバッハ・テーゼから関係的人間観を継承し、それを一層拡大したことがわかる。

以上の人間観によって、一方でグラムシは、（1）カトリシズムの「個体主義」を、他方で、（2）ファシズムの「全体主義」の双方を批判する。

（1）カトリシズム批判

第一に、それは近代特有の個体主義（「個人の尊厳」）という名の個の実体化への批判を含意する。それは次のようなカトリシズムに託しての従来の哲学批判に表白される。

「『哲学的』な見地からいえば、カトリシズムで納得のゆかないのは、それが、なにはともあれ、悪の原因を個体としての人間そのものにおくという事実、すなわちそれが人間を明確に限定され制限された個体として把握するという事実である。これまで存在したすべての哲学はカトリシズムのこの立場を再生産している。いいかえれば、人間を個体性に制限された個人と考え、精神をこのような個体性と考える、ということができる。人間の概念を改造しなければならないのは、この点に関してである」（Q10〈54〉B. pp.1344-1345、①一七四頁、傍点引用者）

（2）ファシズム批判

第二に、グラムシの関係的人間観はファシズムの人間＝社会観に対する批判の視座を提示する。

この点を了解するためには、まずファシズムの人間＝社会観を確かめる必要があるが、ファシズムには統一した人間観があったとは思われない。ここではファシズムの教義に「神秘」的性格を与え、ムッソリーニの下で公教育相をつとめ、ファシズム最高のイデオローグと目されたジョヴァンニ・ジェンティーレの考えの一端を示すに止める。

周知のように、彼の思想は、一九世紀から二〇世紀初頭の四半世紀にわたってイタリア思想を風靡した実証主義哲学、時には唯物論的にまで傾いた実証主義哲学を排撃し、カント以後のドイツ観念論とイタリア在来の実在論とを批判して「絶対的・現実的理想主義（idealismo assoluto e attuale）と呼ばれる独自の思想」[1]といわれ、その核心は有名な「純粋活動としての思惟（pensiero come atto puro）」である。その思想全体については稿を改めることにして、ここでは国家と個人の関係について彼の主張を示す章句を以下に引証しよう。

「国家という概念に実在と堅実性を与えるものはこの概念の中に我々が入れる内容ではなくして、精神力の働き即ち我々が或る要素もしくは或る一定数の要素を、自分もその一員と感ずる所の集合的人格の中に収合せしめる精神力の働きである。国家性は、変化の可能なその内容に存在するのではなくて、却って人間意識の或る内容が一国民の性格を構成するものと考えられる時に採る形式に存在するのである[2]」。

「国家とは、決して自然に於いて存在するものではなくして、却って一の実在・大なる一の精神的実在なのである。それ故国家は、一切の精神内にあるもの及び精神に対するものがそうであるように、決して存在し且つ検証せられる事実でなくして、マッツィーニのいえる如く一の使命・即ち一の目的、存在にまでもたらされ又実現せられる所の或もの、要するに活動である」[3]。

このような国家観念のもとにその国家と個々の国民との関係についてジェンティーレは次のように説く。

「国民が初めにあって次に国家があるのではない」「国民が国民となるのは唯かれが口先だけで意志すると言うのでなくして実際に意志する時、即ち、自己自身の人格を国家——国家をはなれて集合意志（「民衆の共同意志」——引用者）もなく、また共同的・国民的人格も存在しない——の形式中に実現するように働く時に於いてに外ならない」「それは個人を集合体の犠牲に供し敢然として難に殉ずる真摯な活動である」「殉難とは個を普遍の犠牲となし、いわば自分の追求する理想のために我が身を消費せしめることにほかならない」「自己の国家性という捺印をもたないような人間生活はないばかりでなく、更に真の学問、即ち国家的学問でないような人間の学問は存しないのである」[4]。

以上、全体（国家）のために個（私）を捧げるというファシズム特有の情緒的な章句（滅私奉公・天皇陛下に帰一！）の背景に、まずはじめに、国家があってこそ、個（私）があるのだ（「全体なるものの実体化」！）という意想が読み取れるであろう。先進国イギリスの危機を市民社会の現実に看て取り、その「矛盾」を、市（私）民の「公民」への生成＝国家において「止揚」することを志向したヘーゲルと同様に、〃ヘーゲル学徒〃ジェンティーレもまた、近代市民社会（先進資本主義諸国）のゲゼルシャフトの原理に起因する矛盾を一種のゲマインシャフトの原理をもって超克しようとしたものと解することができる。

この点をより具体的にいえば次のようになろう。

「第一次世界大戦後の『私人の劣等な物質的利己主義』によって喪失した国家の権威と秩序の回復の主張である。そしてこの解体をもたらした自由主義・民主主義・社会主義を否定し、これらと不可分の個人主義・原子論的社会観・功利主義・唯物論を否定し、これらの反定立としてファシズムを正当化する」(5)。

「『国家 Stato に対立する個人』という考えは、反人間的魂の堕落を意味する。ファシズムはこれと戦い、民族 nazione の諸利益を無視した旧秩序を破壊しようとする高潔な『政治的道徳的運動』であって、出版の自由廃棄はこの国家救済という最高利益のための一時的中断にすぎない。ファシズムの政綱は対立すること、諸原理の正当な部分をより高度形態で含むがゆえに、ファシズムの勝利を確信する」(6)。

個の実体化に陥った近代の人間＝社会観を超克すべく、ファシズムはいわば有機的全体観を提示し、個と全体の超克を目指したが、それは結局、国家（全体）の実体化という逆の一面性に陥ったのであった。全体＝普遍なるものをドゥチェ、フューラー、天皇などにインカーネーションしてそれへの忠誠（絶対的服従）・帰゛を強制するというファシズム国家に共通した歴史はこの〝実体化〟を如実に物語っている（ただし、「強制」といったがそれはいわゆるゲヴァルトによるものだけではなく、むしろ、人間の類性、社会性――もちろん国家・民族というものを媒介する疎外の形式をとるものであったが――に依拠していたことにも留意するべきである）。

（3） 個体・全体の「実体化」の超克

解決法はなにか。これまでの考察からいえば、個体実体化、全体実体化のそれぞれの一面性を止揚する立場とひとまずいうことができよう。グラムシがマルクスの「人間の本質は社会的諸関係の総体」というテーゼを援用して、関係的人間＝社会観を繰り返し主張したことはこの立場を志向したものと推測される。

しかし、個と全体の双方の実体化を排して構想される人間とはどのようにイメージされるであろうか。

それはヘーゲルの「具体的普遍」である。字句でいえば、「具体的」＝「個体的」、「普遍」＝「全体」といいかえることができる。したがって、この概念は「個体主義」「全体主義」の双方を超克する概念である。（マルクスは『学位論文』において、古代哲学を例にしてこの点を詳しく説明している[7]）

マルクスは、「ライン新聞」時代に、ライン州の「貧民」にこの概念の具現体を見出した。そしてそれを「プロレタリアート」概念に練り上げ、革命の主体に彫琢したことはＩ部で述べた。ところが、マルクスは歴史の意味は自由の理念の実現にあるとするヘーゲル的解釈を、コミュニズム社会における人間的自由の実現という理念に置き換え、その理念＝コミュニズムの実現こそが、歴史の本来的意味、つまり人間活動の目的だと捉えた。しかも、この目的を実現する行為の主体がプロレタリアートであり、それを自覚させるのが哲学だと考えた。こうして、行為主体は哲学から分離されてしまった。わかりやすくいえば、具体＝プロレタリアート、普遍＝哲学への分離である。すなわち、人間の革命的実践の意味は自明のものとされ、哲学（を担う「知識人」）がそれをプロレタリアートに教化するだけでよいとされた。ここから、プロレタリア独裁、一党独裁、個人独裁に陥り、終には社会主義の崩壊をもたらした経緯はⅠ部で検証したところである。

この歴史の悲劇から学ぶべきは、「具体的普遍」における「具体」と「普遍」を分化させないことである。いいかえれば、未来を、その意味を自明なもの、「必然」と見なさないことである。ふつうのひと（大衆）が相互に考え、討議を重ねながら、与えられた条件のなかから未来を「構想」し、「創り出す」ことが求められる。グラムシの思想はこのための示唆に富んでいる。その中心が「知識人論」である。

グラムシは「政治社会の市民社会への再吸収」（Q5〈127〉B. p. 662、④三五頁）というテーゼの下に、「アソシエーション」と総称される市民社会の「自主管理」の機関・組織の創成を提唱する。これはたんに、国家のヘゲモニーに対する市民社会の対抗ヘゲモニーの例ではない。国家への「抵抗」のレベルを超えて、未来の自主管理的・自己統治的社会（「ソチエタ・レゴラータ」）の要素を含み、その萌芽とならねばならないとグラムシは考えた。この点に留意を促したい。つまり、そこにおいて、「具体的普遍」の実現、個体の実体化と全体の実体化を止揚する人間の実現が目指されたのである。その要石は知識人論である。そこで次に知識人論に移ろう。

二　知識人論

グラムシの関係としての人間把握は当然に彼の知識人論にも適用される。

知識人論は『獄中ノート』の主要研究課題の一つであることは指摘した。知識人論はすでにQ1、Q4などでも論じられるが完成度の高い三つのC稿で構成されるQ12において集約されることは既に述べた。以下主としてQ12によってグラムシの知識人論の特色を探ってみたい。

知識人問題への関心はグラムシにとっては単なる知的関心でなく、「ヘゲモニー」の具体化としてグラムシの変革の思想の要石であることに留意を促したい。まず知識人と非知識人の区別に関するグラムシの見解からみることにしよう。

(1) 知識人と非知識人

「もっともひろく見られる方法論的誤りは、この区別の規準を知的活動の内部に求めて、反対に、それらの活動（と、したがってそれを体現している諸集団）が社会諸関係の一般的総体のなかでおかれる諸関係の体系のうちに求めなかったことである」（Q12〈1〉C. p.1516、③八三頁、傍点引用者）

このような関係性の観点からいえば、「純粋に肉体的な労働というものは存在しないし、……いかなる肉体労働にも、もっとも機械的な、もっとも劣等な労働にさえも、……最小限の創造的な活動が存在している……」（ibidem、③八四頁）ということになる。とすれば、「非知識人というものは存在しないので、知識人について語ることはできても、非知識人について語ることはできない」（Q12〈3〉C. p.1550、同）のである。ここから次のグラムシの有名なテーゼがうまれる。

「すべての人間は知識人であるということができよう。だが、すべての人間が社会において知識人の機能をはたすわけではない」（Q12〈1〉C. p.1516、同）。

つまり、「知的——頭脳的彫琢の努力と筋肉的——神経的努力との比率そのものはつねに等しいわけではなく、したがって、さまざまな水準の独自的な知的活動がある」（Q12〈3〉C. pp.1550-1551、③八五頁、傍点引用者）のは当然であるが、「あらゆる知的なものの参加を拒みうるような人間的活動というものはないし、homo faber と homo sapiens とを切り離すことはできない」（Q12〈3〉C. pp.1550-1551、同）のである。しかも、人間は、「その職業の外においてもなんらかの知的活動を展開する」（Q12〈3〉C. pp.1550-1551、同）。すなわち、「だれもが『哲学者』であり、美術家であり、趣味人であり、一つの世界観に参与しており、道徳的行為についての自覚的方針をもっている。したがって、一つの世界観の維持または変更に、いいかえれば新しい思考様式を生み出すのに貢献する」（Q12〈3〉C. pp.1550-1551、同）ということは日常的経験からも納得できる。

以上にみられるように、すべての人間が知識人であり、哲学者であるという原則的確認、さらに専門家といわゆる素人の差は――職業の場だけでなく生活の場の総体を勘案すればなおさらのこと――質的なものではなく量的なもの（前引の「比率」ということばを想起されたい）であるというグラムシの確信は旧来の知識人論の転換であった。

ここで、有名なグラムシの「有機的知識人」および「伝統的知識人」について、簡潔な説明を引用しておこう。

(2) 有機的知識人

「それぞれの社会集団は、経済的生産の世界における一つの本質的機能を本源的な地盤として成立するが、それと同時に一つまたはいくつかの知識人層を有機的につくりだす」。これが有機的知識人といわれるものであるが、その役割は、「その社会集団に、経済の分野においてばかりでなく、社会と政治との分野においても、その集団の同質性とその集団自身の機能についての意識とをあたえる」（Q12〈1〉C. p.1513、③七九頁、傍点引用者）ことである。具体的な例として、「資本主義的企業家は、自分自身といっしょに、工業技術者、政治経済学者、新しい文化の組織者、新しい法律者等々をつくりだす」（Q12〈1〉C. p.1513、同）。以上が有機的知識のグラムシの説明である。

(3) 伝統的知識人

（2）の社会集団が歴史に登場したとき彼らは（彼らの登場）「以前から存在している知識人の諸部類」、むしろ「社会的政治的諸形態のもっとも根本的な変化によってさえも中断されることのない歴史的連続性を代表するものとして現れていた知識人の諸部類をみいだした」（Q12〈1〉C. p.1514、③八一頁。傍点引用者）のであるが、この知識人層をグラムシは「伝統的知識人」と呼ぶのである。彼らは、「自分たちが中断されることのない歴史的連続性を代表しているのだと感じ、自分たちに『資格』があるのだと感ずるので、自分自身を支配的社会集団から独立な、自律的なものとして位置づける」がグラムシによれば、それは「社会的ユートピアの表現」（Q12〈1〉p.1515、③八二——八三頁、傍点引用者）でしかない。そしてこの知識人の典型例として、「いくつかの重要なサーヴィス、すなわち学校、教育、道徳、司法、慈善、援助等々とともに宗教的イデオロギーを、いいかえれば時代の哲学と科学とを、長い間独占してきた……聖職者」（Q12〈1〉C. p.1514、③八一頁）が挙げられている。

（4）知識人の機能

前節では「すべての人間は知識人である」という前半の部分を中心に考察したのであるが、続いてグラムシが「すべての人間が社会において知識人の機能をはたすわけではない」という後半の章句の「知識人の機能」とはなにか。眼目は「集団の等質性とその集団自身の機能についての意識をあたえる」（前引、傍点引用者）ことである。グラムシの説明を引用しよう。

「批判的な自己意識というのは、歴史的、政治的には知識人というエリートの創造を意味する。大衆は（広い意味で）自己を組織することなしには自己を『区別』せず、独立した『対自的』なものとはならないし、知識人なしには組織はない。いいかえれば、組織者と指導者とがなければ、理論――実践の連関の理論的側面が概念的、哲学的な仕上げを『専門とする』人びとのある層において具体的に区別されるのでなければ、組織はない」（Q11〈12〉C. p.1386、①二四九～二五〇頁、傍点引用者）

　ところで、この「等質化」の「質」とはなにか。それは、批判的な首尾一貫した哲学「世界観」である（「人はつねに、自分の世界観のゆえに一定の集団、正確には同一の思考方式と行動様式とを分有するすべての社会的諸要素が形成する集団に属する」（Q11〈12〉C.p.1376、①二三六頁、傍点引用者）もちろん、人はその一生において様々な世界観に出会い、選択し、それによって生きるのであるが、その場合に、その世界観が「批判的な首尾一貫したものでなくて、場あたりの統一のないばらばらなものであるとき」、その人の「人格は奇怪な混合物」になり、「穴居人の諸要素」や「けちくさい地方主義的偏見」（Q11〈12〉C.p.1376、①二三六頁）をもつならば、「現在をどうして思考することができようか」（Q11〈12〉C.p.1377、①二三七頁）とグラムシは反問する。

　したがって、グラムシにとっての「世界観」はたんに以前の諸哲学を超克しているからオリジナルであるというだけでなく、とくに完全に新しい道をきりひらき、つまり哲学観そのものを完全に革新しているからオリジナルであるようなもの、つまり「実践の哲学」、要するに伝統的あるいは「正統派」マルクス主義を超克する世界観である。ただし、後論の大衆――知識人の関係についてのグラムシの見解からいってもこの世界観は決して完成された真理なるものの体系、ましてやその教条化などではなく、大衆――知識人の相互媒介的な共同主観化によってたえず革新され、つくり出される（実践の）哲学である。この「質」によって「等質化」された集団を創り出すことがすなわちヘゲモニー的実践である。

三　知の伝達の構造

知の伝達の構造を項目的に記してみよう。

（1）たしかに全ての人は知識人であり、哲学者であるが、そしてそれ故にひとはそれぞれの〃世界観〃を選択しそれによって生きているのであるが、具体的にみると、階級の支配下にある大衆の世界は分裂状況にある。つまり、一つは「言葉のうえで肯定されるもの」と他の「実際の行動において実現されるもの」という「思考」と「行動」（Q11〈12〉C.p.1379、①一四〇頁）への世界観の分裂である。いいかえれば、「知的な屈服と従属とのゆえに、自分のものではない世界観を他の集団から借りて、それを言葉の上だけで肯定し、また世界観を奉じていると信じているということ」（Q11〈12〉p.1379、同）を意味する（従って、グラムシが続いて「世界観の選択と批判もまた一つの政治的事実である」（ibidem、傍点引用者）と述べていることに留意を促したい）。

この分裂状況を克服するためには、「人間的活動のなかに暗黙に含まれている考え方」が「ある程度、首尾一貫した体系的な現実的意識、明確な断固たる意志となっている」（Q11〈12〉C. p.1387、①二五一頁）知的な人々の活動——教育——が要請されなければならない。この「教育」を私なりに解釈すれば次のようになろう。

①（借物ではない）大衆自身の世界観、哲学—「常識」（「じっさい、『常識』には、経験的で限られたものにすぎないとはいえ、ある分量の『実験主義』と現実の直接的観察とがある」〈Q10〈48〉B. pp.1334-1335、①二六八——二六九頁、傍点引用者〉。この表現はグラムシの「常識」の見方をよく表している）のなかにある「健全な核」であり、「発展させて統一的な首尾一貫したものとされるに値するもの」（Q11〈12〉C. p.1380、①二四二頁）、つまり、②「良識」に着目し、それを大衆とともに「批判的」に首尾一貫した③「世界観」（実践の哲学）に練りあげていくことである。図式化すれば次のようになる。

①「常識」→②「良識」→③「哲学」（世界観）。

ところで、上述の場合に、グラムシが「個人生活のなかにまったく新たに〈ex novo〉一つの科学をもちこむことが問題なのではなく、すでに存在している活動を革新し、『批判的』なものにすることが問題なのだ」（Q11〈12〉C.p.1383、①二四五頁）といい、このことは実践の哲学が大衆の「常識の進歩の『頂点』でもある知識人の哲学の批判として表われる」（Q11〈12〉C.p.1383、①二四六頁、傍点引用者）という哲学史の事実とも一致するといっていることにとりわけて留意を促したい。つまり完成された理論を「外から持ち込む」のではなく、大衆―知識人の相互媒介による共同主観の形成が強調されている。グラムシはこう主張するのである。

（2）「大衆的分子は『感ずる』けれども、いつでも理解し、あるいは知るというわけではない。知的分子は『知る』けれども、いつでも理解するとはかぎらないし、とりわけ『感ずる』とはかぎらない」（Q11〈67〉p.1505、②六七頁）。

このグラムシの注目すべき章句は大衆と知識人のそれぞれの特色を簡潔に表現している。つまり、一方で大衆の知の分裂に対する批判であるが、感性については評価するのである。この基底には次のようなグラムシの確信がある。

「『現実』は、謙遜な人、つつましい（umile）人々によって表現されるのである」（Q23〈51〉C. p.2245、③二八〇頁、傍点部分は拙訳）。

まず、「大衆の現実」があり、大衆がそれを表現することが前提（歴史生成の始原）である。ただし、この場合の大衆の表現はつねに首尾一貫した「哲学」として表現されるわけではない。しばしば、「フォルクローレ」として或いは、「民謡」など、一般に下位文化として表現される。これは政治的要因による「知的な屈服と従属」による知の分裂に起因する。したがって、そこではしばしば行動方式も「盲目的《ママ》」〈cieca〉「情熱およびセクト主義」（Q11〈67〉C. p.1505、②六九頁）に陥らざるをえない。ただし、グラムシはレーニンと同様にこれ（「大衆の現実」）を「意識性」に至る「自然発生性」として評価している。

他方で、知識人の感性の欠如に対する厳しい批判がある。というよりグラムシにとって「知」とは、大衆の「表現する」「現実」を練りあげることでしかないと言っても過言ではない。たしかに「世界観」は「すぐれた精神（知識人――引用者）によって練りあげられずにはいられない」（Q23〈31〉C. p.2245、③二八〇頁）のである。だが、それは「大衆」によって「表現された」「現実」を「感ずる」ことなしには不可能である。にもかかわらず、知識人は往々にして「感じ」もしないで「知る」ことができると思いこんでいるとグラムシは批判する。（机上の空論・批判）

Ⅱ部の小括

なお、グラムシは知識人と大衆が絶えず、「接触」し、それを「反復」することによって、「現実」の理解の共有化（共同主観化）が深化することをを強調する。それはⅠ部で指摘した「政治的なるもの」の実現の不可欠の条件である。（「外部注入」の批判）

さらに、「大衆」と「知識人」のそれぞれの特色についてグラムシは指摘するが、両者は異層として画然と分離されると考えるべきではない。実体的区分ではなくその都度の機能的区分である。言い換えれば、大衆的分子のなかに、知識人の要素があり、知的分子のなかに大衆的要素があり、状況によって要素の度合いが変化するのだ。さらに、しばしば誤解されるように、「感性的理解」から「知的理解」へと段階的に区分されるべきではない。前者（感性）のなかに後者（知性）の要素が、後者（知性）のなかに前者（感性）の要素があるのだ。区別はあくまで量的なものであり、状況の変化によって、その都度両要素の度合いが変化するのである。「全ての人間は知識人である」というグラムシの提言（テーゼ）は以上のように理解されるべきである。このことを重ねて強調したい。

このように理解すれば、グラムシの『獄中ノート』の章句によって確かめることはできないが、両者の統合こそがヘーゲルの概念「具体的普遍」を体現する人間と考えて間違いあるまい。（この概念を「獄中ノート」に見出すことはできない。ただし、青年期の論考（「未来都市」）で論及していることを姜玉楚の次の論文で知った。「初期グラムシの一考察」「歴史学研究」一九九三・一〇、から該当箇所を引用しよう。「社会主義者たちは、ある秩序を他の秩序に取り替えようとしてはならない。彼らは秩序そのものを打ち立てなければならない。彼らの実現しようとする法原理は次のようなものである。即ち、すべての市民に固有な人格の完全な実現可能性を保障すること（傍点部分は原典ではイタリック）……このような法原理にその他の社会主義的最大綱領のあらゆる原則が有機的に依存する。繰り返し言うが、それはユートピアではない。それは具体的普遍（universale concreto）であり、意思によって実現できる。これが秩序、即ち社会主義的秩序の原理である。われわれが確信するこうした秩序は、他のあらゆる諸国よりイタリアにおいて先に実現されるだろう」Gramsci,La citta futura:1917-1918, A cura di Sergio Caprioglio, Torino:Einaudi, 1982, p21）そうであれば、「具体的普遍」は、マルクスのように、「貧民」から「プロレタリアート」に展開するのではなく、国家のヘゲモニーによって分離されている知識人と大衆を市民社会において統合することによって、つまりそのための市民のヘゲモニー的実践によって実現するとグラムシは考えたのである。これが小論の結論である。ただし、マルクスは、「教育による社会変革」の可能性を、「恐慌」による革命が不可能になった時期に、模索したことを若い研究者は検証している。（青柳弘幸『マルクスの教育思想』白澤社、２０１０年、とくに第Ⅲ部「社会変革論」参照）

追記

前出の「理解する」のイタリア語は comprendere である。「ともに」（com）「掴み取る」（prendere）という意味である。大衆は「感覚」（sentire）によって「現実」を掴み取り、それを大衆の言葉で表現する（歴史の始原）。知識人は大衆との接触のなかで「現実」を知る（sapere）のだ。同時にこの「接触」（交流）のなかで、大衆の感情が知識人に移入され知識人は「現実」の「知」を練り上げようとする。この段階では、知識人と大衆は「ともに」（com）「現実」を掴み取ろうとする。つまり、「知る」（sapere）は「理解する」（comprendere）に展開するのだ。同時に、大衆も知識人の変容の過程に参加（接触）することによって、自然発生的感情は練り上げられ、現実を掴み取ろうとする意識に変化する。こうして、「感ずる」（sentire）は「理解する」（comprendere）段階に至るのだ。つまり、大衆は知識人と「ともに」理解するのである。知識人と大衆の「接触」による「等質化」はこのように理解されなければならない。しかし、グラムシの目指したものは社会変革、社会関係の総体の組み換えであり、それと相即的な人間の変革である。この点を敷衍してみよう。

　知識人と大衆の差異は質的ではなく量的であり、質的差異が生ずるのは政治的要因（社会的差別・疎外）によるとグラムシは言う。そうであれば、この政治的要因を排除（解消）すれば、全ての人は知識人になれるのだ。こうグラムシは考えた。しかし、それは、ロシア革命のような「機動戦」によるのではない。「陣地戦」である。市民社会に浸透している資本＝国家による支配的ヘゲモニーを市民的ヘゲモニーによって自由・平等の新しい《オルディネヌオーボ》秩序に変革することである。しかし、この変革によって、全ての人が同質・均質の画一的人間になるという意味ではない。そんなことは不可能である。（前引のグラムシのことばでいえば「社会的ユートピア」である）社会的・政治的差別が、それぞれの「個性」（個人の持ち味）による差異に変わることなのだ。その差異を生かして社会の必要な持ち場を全ての人々が分担しあえるようになる。「全ての人は知識人である」とはこのような意味で、個と全体の統合が形成されることである。因みに、ここにおいては、個体の実体化も全体の実体化も止揚されている。グラムシが提唱する人間＝社会観、「ソチエタレゴラータ」とはこのように形成されると考える。念のためにいえば、それは自存的「個」を前提にしてそれらを「束ねる」（近代主義）のではなく、逆に「全体」を自存化して個を無にしてそこに「統合する」（ファシズム）のでもない。いずれの方法をも超える（止揚する）「統合」であることに留意を促したい。「知識人論」がグラムシの思想のなかで重要・特異な位置を占めることが了解できるだろう。以上の要旨は第一章四（3）でも述べたが、重要な点であるが、あえて追記する。

おわりに

Ⅰ部の補足

マルクスにとって「社会主義」とはなんであったのか。それを自分で確かめてみたい。それが学生時代の私の最大の関心事であった。「社会科学を学びたい」という入学当初の気持は、高島先生の講義を聴くにつれて次第にこのように収斂していったのである。そのためには、当時未だ勢威を誇っていた社会主義の祖国ソビエト連邦、中国、東独などの社会主義諸国の歴史と現状を調査・研究するという方法もあった筈である。事実、そうしたやり方で「社会主義」の思想と現実を究めようとしていた仲間も多くいた。（この種の専門研究も当時多数公刊されていた）

そのような方法に関心がないわけではなかった。だが、私はマルクスがどのような思想遍歴を経ながら社会主義思想を形成していったかにより興味を抱いた。もちろん、六〇年代に流行した初期マルクス研究の影響もあったと思うが、それよりも高島先生が講義でしばしばいわれた「主体的」という言葉が印象深かったのである。社会主義の形成史をマルクスの原典によって自分なりに辿る。この作業によって、「主体的」に社会主義を把握することができるのではないか。こう考えて研究に励んだのである。

ところで、「初期マルクス」というと、ふつうは『経済学・哲学草稿』を思い浮かべるのではないか。私も当時次々と文庫版で邦訳されたこの『草稿』を興味をもって読んだが、主要な関心は「ライン新聞」時代のマルクスの論考に向けられた。通説に反してそこにマルクスの「プロレタリアート」概念が「貧民」という民衆的なかたちで生成されていると考えたからである。具体的にいえば、マルクスが『学位論文』で検証し、後に自らの思想の中心に据えたヘーゲルの概念「具体的普遍」を大学時代に学んだ「ゲルマン民族の所有権」の援用によって、貧民のなかにその現存体を捉えたのである。つまり、ライン州の「貧民」は「具体的普遍」を（概念ではなく）現実の存在として体現していることをマルクスは貧民の「慣習的権利」への強い欲求の観察から洞察したのであった。しかも、その欲求は「普遍」的なものであることを「ゲルマン法」の思想から確証したのである。（「ライン新聞」時代に依拠した、ヘーゲルの「国家理性」は「ライン新聞」の「検閲」、貧民の枯れ枝の取得問題の解決には無力であった。この体験は「ヘーゲル国法論」の批判に至り、新しい変革の主体への模索が開始された。その後、パリで現実の労働者と交流するなかで解放の主体の萌芽とされたライン州の「貧民」は、プロレタリアート概念に彫琢されていったのである）社会主義の生成史、初期マルクスには様々な背景、要素を勘案すべきであるが、最も重要な点を一つ挙げるとすれば、躊躇なくそれはプロレタリアートである、と私は答えたい。ここに社会主義のレーゾンデートル、がある。これが私の初期マルクス研究の結論である。それゆえに、マルクスの社会主義はとりわけ貧しい人々の希望の星となり、多くの人々を魅了したのだ。こう私は考えるに至った。そして一般の研究者とは異なる視界から社会主義の核心に迫ったことを私は密かに誇りに思っていた。

因みに、本文でも援用した平田清明『市民社会と社会主義』（岩波書店、一九六九年）も、「個体的所有」の概念はゲルマンの所有論がベースになっている。この点は、平田の最初の弟子を自任する、伊東光晴も指摘している。（同『経済学を問う2　現代経済の変貌』岩波書店、一九九七年、第3章4「個体的所有とは何か」）

平田とは神奈川大学時代に同僚として七年間を過ごした。高島ゼミの先輩、後輩として親しく交流したが、話題の中心はゲルマンの所有論であったことを懐かしく思い返す。

ところが、一九八九年にベルリンの壁はあっけなく崩れ、あろうことか二年後にはソ連邦も七四年の歴史を閉じた。その事態に民衆は歓喜していた。ビデオ放映によってその光景を目のあたりにしたとき私は文字通り茫然自失した。こんなことがあるのか。高島先生の社会科学論によって導かれ、私が「主体的」に確かめた「社会主義」とはなんだったのか（前述）。そのために費やした私の人生、知的研鑽とは。こう思い返して暗澹たる気持に陥った。当時、様々な「解説」がマスメディアを賑わせた。したり顔で、社会主義の敗北は予想通りだったと繰りかえす論客。これでやっと待望の市民社会が生まれるのだと説く評論家。いずれの言説も、私には白々しく響いた。その軽い論調に嫌悪感さえ覚えた。なによりも不思議に思えたのは、一時期「社会主義教育」を絶賛し、競って実態を紹介していたマルクス主義教育学者がこの事態に全く口を閉ざしてしまったことである。量産された彼らの論考、著作は一体なんだったのか。今に至るもその疑念は拭えないのである。ただし、私の知る限り唯一の例外はクループスカヤ研究者・関啓子教授である。教授のクループスカヤ研究はソビエトの崩壊の前後で変化はないことを改めて著作を読みかえして知った。しかも、教授はかつての研究がモスクワ中心であったことを批判して、周辺地域からの研究を提唱して自ら詳細な調査・研究を続けられている（同『コーカサスと中央アジアの人間形成』明石書店、二〇一二年、参照。因みに、教授は私の「学位論文」の審査に尽力された。ここに改めて御礼申し上げる）。

私なりの総括を「主体的」にやらねばならなかった。詳しくは本文に述べたので繰りかえさない。しかし、なんということだろう。結論は、根本的原因はプロレタリアート概念にある、ということである。私が導き出した社会主義のレーゾンデートルに思い至った時、私は再び心底愕然とした。しかし、幾度検証しても事実は事実であった。

以上、本文と重複する叙述が多いが、社会主義崩壊についての回想を追記した。ほかでもなく、崩壊の真因が確定できなければ再生の道も見出せないと考えるからである。ただし、マルクスのために弁護すれば、具体的普遍＝プロレタリアート概念自体が悪いのではないということである。それが批判を許さぬ自明のものと見做されてしまった経緯が問題である。いいかえれば、この概念をどう実現するかという方法である。

たしかにマルクスも一時期「民主制」を「体制の類」として高く評価した経緯がある（「ヘーゲル国法論批判」、前掲青柳書も参照されたい）。しかし、その後、この概念は十分展開されることなく、「人間の完全な喪失」を一身に体現するが故に、「人間の完全な回復によってだけ自分自身をかちとることのできる」（「ヘーゲル法哲学批判・序説」）プロレタリアートの解放の主張へと展開したのである。その理由についてはなお充分明らかにされていない。ドイツという後進国出身。それによる存在被拘束。そしてそれゆえに解放理論に対するヘーゲル弁証法の性急な適用ではなかったかと推測するのみである。（本書「エピローグ」も参照されたい。）

Ⅱ部の補足

課題は明らかである。マルクスに即していえば、ヘーゲル弁証法の「性急な適用」ではなく、「体制の類」としての「民主制」の実現である。これを引き受けたのはグラムシである。基本視軸は「関係性」の哲学、グラムシの用語でいえば、「歴史的ブロック」である。もちろん、彼はこの概念をマルクスから継承したのであるが、それを社会形成の方法に適用した。

要点をいえば、「具体的普遍」の「具体」と「普遍」を分離させないことである。未来を、自明なもの、「必然」と見做さないことである。そうではなく、ふつうのひと（ヒラの市民）が互いに討議を重ねながら、それぞれの差異を可能な限り、同一の方向にまとめる、そのための地道な、日常的「営為のプロセス」で「未来」を「創り出す」。グラムシはこう考えた。

グラムシは、「政治社会（国家）の市民社会への再吸収」という定式で、「アソシエーション」と総称される「自己管理的自己統治」の組織（ソチエタ・レゴラータ）を創成することを提唱する。グラムシはその方法を、端的に「ヘゲモニー」的実践と言う。留意を促したいのは、これは単なる抵抗体ではなく、未来社会の在り方を含む概念である。つまり、そこにおいて、「具体的普遍」の実現、個体の実体化と全体の実体化を克服する人間＝社会の実現を目指したのである。その要石は「知識人論」である。具体的には、大衆と知識人の統合――「全ての人が知識人になる」ことである。しかし、この場合、たしかに全ての人は知識人であるが、全ての人が知識人の機能を果たすことはできないとグラムシは考えた。ここが肝要である。現実には両者の差異、区別を前提とするが、しかし、その区別を生来的、実体的とは考えなかった。そうではなく、「政治的」（差別・疎外）によって生み出された結果（大衆の知的屈服）である。両者の「統一」の具体的方法については本文（Ⅱ部）に譲るが次の点を重複を恐れずに強調したい。

大衆のなかに知識人の要素があり、知識人のなかに大衆の要素があるのだ。区別は質的でなく量的なものである。誤解を恐れずにいえば、もともと同一の人間のなかにある知的要素のどちらがより多く、蓄積され表現されるか、その差異・区別が「大衆」であり「知識人」なのである。そうであれば、この区分をできるだけ縮小することは可能であり、それによる両者の統合こそが、ヘーゲルの「具体的普遍」を体現する人間の創造である。そしてこれこそが、「体制の類」としての「民主制」の核心である。これによって新しい社会の形成、つまり、社会主義の再生は可能なのだ。グラムシの思想を私なりに要約すればこうなるだろう。以上がⅡ部、というより小論（本章）全体の結論である。

残された課題

高島先生はグラムシに関心は示しながら直接論及はされなかった。しかし、私が読み通した〃処女作〃『経済社会学の根本問題』、「社会科学」三部作の『社会科学入門』『社会科学の再建』『時代に挑む社会科学』による限り、先生の主唱される「市民制社会論」（現代的市民社会を古典的市民社会と区別して先生はこう呼ぶ）はマルクスの未完の概念「体制の類」としての「民主制」と意想を同じくする。しかも、晩年、その具体的デザインとして日本国憲法、その理念にも強い関心を示されている。その構想は未完の課題として残されたが、私が考察したグラムシの市民社会論（「ソチエタ・レゴラータ」）と大きく重なる。今回の「学位」取得を契機として、先生が残された未完の「市民制社会論」を継承し、教育を視軸にして「市民社会体系論」（市民社会の教育学）の構築につなげたいと念ずる。本書はその「前哨」である。先生の学恩に報いる道は「前哨」を超えて「本丸」に迫ることだと考える。この決意をここに誌して本章を結ぶ。なお、次章においては、本章で考察した新しい社会形成に基づいて具体的実践の諸例を考察する。

注

（1）吉田熊次・渡辺誠『ファシスト・イタリアの教育改革』（国民精神文化研究所、一九三八年）五九頁。
（2）G. Gentile, La riforma dell'educazione, 1975, Sansoni. p.11、西村嘉彦訳『教育革新論』（刀江書院、一九四〇年）一一〇頁。
（3）注（2）12頁、邦訳二一一―二一二頁。

(4) 注(2)12~14頁、邦訳一一三―一一七頁。
(5) 竹村英輔「イタリア・ファシズムにおける国家」『ファシズム期の国家と社会』7「運動と抵抗」中、東京大学社会科学研究所編、東大出版会、一九七九年、六九頁。
(6) 同上。因みにアルフレード・ロッコ Alfredo Rocco(一八七五―一九三五)の考えの一端を竹村の教示にしたがってみれば次のようになる。「国家の権利はそのまま法に等しく、個人の権利に優越するので、ジェンティーレ的な国家と個人の神秘的『合致』ではなくて、個人は国家に『従属』する」(注(5)、九六頁)。
(7) この点については拙著『国家・市民社会と教育の位相――疎外・物象化・ヘゲモニーを磁場にして』I部第二章「マルクスの人間観の原点としての『具体的普遍』――マルクスの『学位論文』を中心に――」(御茶の水書房、二〇〇〇年)を参照されたい。

[注記] マルクス、グラムシの引用例

本文中にMEWと略記したのは旧東ドイツのディーッ社から刊行されたマルクス・エンゲルス著作集(大月書店版マルクス・エンゲルス全集の原本)である。邦訳はとくに断わらない限り大月書店版を用いた。引用後にページ数を記した。

グラムシの引用についてはQuaderni del Carcere, Istituto Gramsci, A cura di V. gerratana, Torino, Eunaudi, 1975(『獄中ノート』グラムシ研究所校訂版、ジェラッターナ編)を用い、Q(ノート番号)、〈 〉内(草稿番号)、A・B・C(草稿種類)と略記。邦訳は『グラムシ選集』(合同出版)を主に用い、巻数、ページ数を引用後に記した。(以上の注記は本書全体にわたる)

第三章　市民社会の形成と教育

――地域、ボランティア、「教育共和国」の構想と現実――

はじめに

1、「ベルリンの壁」の瓦解に象徴される社会主義の崩壊は、私にとってははかりしれない衝撃であった。しばらくの茫然自失の後、要因の一つはマルクスの、「具体的普遍」のプロレタリアート概念への転成、にあることに気がついた。この点は、私が初期マルクス研究（「修士論文」）によって、マルクスの大きな功績と考えたところであったのでそこに思い至った時、衝撃は増した。つまり、それが「歴史的必然」と改釈され、社会主義国家の批判を許さぬ教条と化して、民衆支配の道具となったのである。(1)

2、マルクスの再審と併行してグラムシの思想も改めて再考を試みた。叙上の転成をグラムシは「ブルジョア」（大衆）の「シトワイヤン」（知識人）への転成と考えた。しかも、それは、武力革命（ロシア革命）によって一挙に遂行されるもの（「機動戦」）ではなく、長い期間における日常的な関係の変革（「陣地戦」）である。グラムシは、その内実を「知的・道徳的改革」という。あるいは、「すべての人が知識人になる」ことである、といいかえてもよい。その方法は、広い意味の「教育」（因みに、「ヘゲモニーは全て必然的に教育（学）的関係である」とはグラムシの有名な提言である）である。この教育が行われる「場」をグラムシは「市民社会」と呼ぶ。(2)

3、「市民社会」とはなにか。詳しくは別稿を参照していただきたい。(3)ここでは、大学時代に学んだ講義に限定して要点を述べるに止めたい。まず、高島善哉は次のように述べる。「市民社会とは自由で平等な人間がとり結んだ社会のことである。」高島の市民社会論はスミスの「国富論」研究に由来するため、階級対立を含みながらも、調和的発展が可能な近代社会を指すものと考えられている。[4]次に、増田四郎は中世の北欧都市ゲマインデに注目し、そこに見られる、無名な集団の団体意識に市民社会の母胎があると説く。[5]

最後に、上原専禄の地域論についてみよう。この場合の「地域」は市民社会と同義と捉えてよい。上原は地域を「国民のための文化、それを創りだす文化の拠点」「生活現実の歴史化認識」の具体的「場」であると考える。[6]グラムシとよく似ているように思われる。地域（市民社会）の改革を教育（ヘゲモニー）と結びつけて考えたからである。その具体的方法については、特に上原の門下生徳永功による国立市の社会教育の実践（本章一）を参照されたい。上原の学問方法、歴史意識については本章注（6）で詳しく紹介した。

注

（1）　社会主義の文字どおりの「興亡」の総体的理解について、前章でも引用したが、次の大著が大変参考になる。アーチー・ブラウン著、下斗米伸夫監訳『共産主義の興亡』（中央公論新社、二〇一二年）。本書を専門的立場から検討することは私の能力を越える。監訳者は旧ソビエト研究の第一人者である（かつて、同氏の『ソ連＝党が所有した国家』講談社、二〇〇二年、を読んだことがある）。二段組み七九七頁という大部な書である。逐一の引用は紙幅の制約で省略するが「監訳者あとがき」から読者の参考になると思われる箇所を引用しよう。

「本書は、英国オクスフォードのセント・アントニー・カレッジの名誉教授である政治学者、歴史家のアーチー・ブラウンの最新作として、二〇〇九年に発表された大作 The Rise and Fall of Communism を翻訳したものである。」「二十世紀最大の政治運動である共産主義(Communism)を、その起源から史的終焉(著者は丁寧にも「ヨーロッパでの」という限定を付けているが、最後の章を読めば世界的な終わりであろう)に至るまでを歴史的、政治学的に考察し、記述したものである。このような本は他に類書がない。」「ソ連崩壊後は、「比較政治学」や比較体制比較といったもののサブカテゴリーとして、地域学や「実証史学」にまで行ったのはいい方であって、あとは思考停止といったところが日本の大方の知的状況ではないだろうか。(この批判は特に、「教育学」にもあてはまる。とりわけ、一時期、盛行を誇った「マルクス主義教育学」は社会主義の崩壊と共に姿を消してしまった。まさに「思考停止」である。—黒沢)そういった中で、再び理論と現実をともに結びつけ、現実政治の流れをともに追う点で、この著作は知的誠実さと同時に論点を整理するうえでも大変参考にもなろう。」

著者ブラウンが重要なのは、「すでに決まった評価の人物を、後知恵で書くのではなく、あらかじめそれの関係者などと深い交流をしながら、同時代史としてまとめる「現代史家」としての同時代性であり、そこでの方法と資格の一貫性である。」彼は資料を、「専門の「現代」ソ連政府だけでなく、コミュニズム論全般に広げ、見事な鳥瞰譜(ちょうかんふ)をつくったことに感心せざるを得ない。もう一つの共産主義大国である中国から北朝鮮、そしてキューバまで、それを七〇〇ページもの大部とはいえ一冊にまとめるのは、至難の業である。Well-balanced というのは英国の歴史家に対しての最高の褒め言葉であるが、まさに本書は well-balanced の典型であろう。」「本書は単に共産主義の運命といった二十世紀最大の「政治運動」の行方だけでなく、地域史、冷戦史、思想史、あらゆる角度から読まれてしかるべきであろう。特に三・一一以降「核」を含めた冷戦の遺物がいよいよ文明論からも問われるとき、本書はいかに読まれるべきか、特に若い読者の反応をまちたい。」

私が学生時代に関心を抱き、以来その日本における実現を求めて思想的に研究を続けてきた「社会主義」の実態がこのようなものだったのか、と思うと〝息を呑む思いで一頁、一頁を読んだ〟。とりわけ、本文で指摘した、国家、党、官僚、独裁者による「民衆支配」については資料に基づいて執拗を極めるように叙述されている。文字通り残念でならない。改めて、民主主義、市民社会の研究を深め、その視点から日本における「もう一つの道」を探り、実現を目指さなければならないと念ずる。

本稿（本書）はそのための教育の視座からの一作業である。本章の終わりの部分で、不十分ながら、「三・一一以降」についても考察を試みたのは叙上の監訳者の示唆にもよる。本書は新しい「市民社会形成」の再考のために多くの示唆に富む。専門外ではあるが、監訳者の指摘の通り、バランスのとれた構成、叙述には敬服する。座右に置いて、繰り返し読みたい。読了後の率直な感想である。

（2）グラムシについては次の拙著を参照されたい。『現代に生きるグラムシ　市民的ヘゲモニーの思想と現実』（大月書店、二〇〇七年）

（3）一端については、拙稿「自分史のなかに「市民社会」を考える（五）「ポリス―「ゾーオン・ポリティコン」―の教え」（『葦牙ジャーナル』97号、二〇一一・一二・一五）を参照。私は「市民社会」について、様々な面から考察してきたが、要点を簡潔にいえば、「私」と「公」の統一体としての「共同体」となる。この稿では、河上倫逸ほか編訳『市民社会の概念史』（以文社、一九九〇年）に依拠し、ヘーゲル、マルクス、太田秀通、廣松渉、今井弘道らの所説を参考にして、ギリシャのポリスにおける「公」を「市民社会」の「一面」としてまとめたものである。因みに、私の「市民社会」の総括的考察については、拙著『人間の疎外と市民社会のヘゲモニー　生涯学習原理論の研究』（大月書店、二〇〇五年）第Ⅲ部第一、二章を参照されたい。なお、市民社会の総体的理解については、山口定『市民社会論・歴史的遺産と新展開』（有斐閣、二〇〇四年、因みに、著者は私の論考に触れて、「教育学の黒沢惟昭による「新しい市民社会論」論の特徴の整理は、これまで述べてきた私の整理に極めて近似している」一六八ページ、と述べている。）が参考になる。さらに、最近の簡潔なものとしては、植村邦彦『市民社会とは何か　基本概念の系譜』（平凡社新書、二〇一〇年）も興味深い。

（4）拙稿「自分史のなかに「市民社会」を考える（一）高島善哉の教え」（『葦牙ジャーナル』90号、二〇一〇・一〇・一五）を参照。高島の「市民社会と社会主義」についての説明は興味深い。「社会主義社会は市民社会と資本主義社会から承け継ぎ、市民社会をより高い―歴史的にも理論的にもより高い―次元において発展させる。公民と市民の分裂がなく、政治体と経済の背離がなく、市民が市民としての活動においてそのままコミュニティがコミュニティとして発展していくような社会―これが資本主義体制に続く次の社会体制の努力目標でなければならない。」（『著作集』第八巻三八―三九頁、傍点引用者）ここでは、市民社会の発展として、社会主義社会が説かれている。高島は社会主義崩壊の直後に亡くなった。したがって、ポスト社会主義について熟考する時間はなかった。にもかかわらず、氏の社会主義についての見解は現在に至るも光を失っていない。それは市民社会論を軸にして、それと接続するものとして社会主義（「次の社会体制」）を展望したからである。この考え方は、高島の高弟平田清明によって継承・発展されている。（第一章、第二章で触れたので参照されたい）

（5）拙稿「自分史のなかに「市民社会」を考える（二）増田四郎の教え」（「葦牙ジャーナル」92号、二〇一一・二・一五）を参照。この稿から増田の強調点を抽出しよう。「北欧型都市の市民は、なによりもまず最も健全なる"Wir-Bewusstsein"（われわれ意識）の担い手として登場する。自己を拡張し個人の力量を発揮する以前に、横に結ばれた彼等の上には、この「われわれ」意識が強烈に働きかける。内側からささえる団体の力のゆえに、そのアウトノミー（自主自律性）が保たれているのであり、生死をかけた団結の力のゆえに、その自衛が保たれているのである。」（一六頁）増田は天才的個人よりも、無名の人々の団結の力に中世市民社会のエートスを見ていることに留意を促したいのである。これは、教育、社会教育の視点から、「市民社会」の形成を考える私の研究にとって教示に富む。

（6）上原は地域をどう捉えたか。教育と密接に結びつけて考えていることに注目したい。

「地域というものを、全日本を認識するための認識方法上の重要概念としてとらえるだけではなくて、国民教育をつくり出す、そういう具体的な場として、あるいは中央の権力のわがままな政策意志を現実に食い止め、克服していく場として、別の言葉でいえば地域というものをひとつの価値として、たんなる研究上の作業概念としてではなく、日本の国民生活を進めていくための拠点的な、現実の場として考える、つまりひとつの価値としてお考えになるかどうか。この価値概念として地域をとらえる、という問題性がふたつ目の問題であります。」「地域というものは日本全体を統一的に認識するための出発点である、それを除いては全日本の認識は観念的、抽象的にならざるを得ないものとして地域というものを考える。同時に、例としてはまずいかもしれませんが、日本国民の福祉を実現していく、その仕方で、人類の繁栄に寄与していく具体的な仕事と生活の場という、そういう価値概念として地域というものを考えるわけにはいかないだろうか。」（上原専禄「世界・日本の動向と国民教育―地域における国民教育の研究をすすめるために―」国民教育研究所編『国民教育の創造をめざして　民研20年のあゆみ』労働旬報社、一九七七年、傍点引用者）。

念のために、地域をとらえるもうひとつの意味を引用しよう。「中央と地方があればそれでいい、地域などというものは邪魔だ、と一口にいえばそういう考え方が今日の政策では出されていると思う。そうであればこそ地域というものを大切にしていく必要があると思うのです。」叙述の順序は逆になるが、上原のもうひとつの地域論を引用しよう。

「全日本というものと地域とをどのような関連でとらえるか、という方法上の問題にかかわっています。中央の政治、たとえば日本の政治とは何か、ということを考えます場合に、権力側の政治・政策、それに対抗する野党側の政治のあり方が日本の政治だ、と簡単にいえばそうかもしれませんが、それを具体的につかもうとすると、それぞれの地域においては権力と民主的・人民的政治要求とが、具体的にどうゆう具合に対決の姿勢にあるか、そのことの複合体として日本の政治というものがとらえられなければならないのではないか。日本の教育というものは、文部省が政府全体を背景にして、といっても政府全体に対して文部省はほとんど自主性を持っていないわけですが、そういう政府・文部省が考える政策と、それに反対する全体としての教員組合のぶつかり方を、中央レベルでとらえた時に日本の教育の実際が分かるかというと、そうではない。私が考えますに、それぞれの地域において、どのような反対運動を呼び起こしているか、どういう対決の姿勢が民衆の側からでてきているか、そのぶつかりのなかで、それはどちらが勝ったとか負けたとか、まけつつあるという、そのことも問題であろうが、ぶつかりのなかでどのような新しい教育の実際が、現場において行われておるのか、そのような現場のなかではどういう教育実践が、未来を切り開くことを志向しながら行われているといえるのか。そういう地域の複合的・構造的全体が、日本の教育の姿ではないだろうか。そういう教育のおさえ方を抜きにした教育認識は、日本の教育をいわば高いところで観念的につかんだだけで終わりはしないか。」（同上、傍点引用者）

　因みに、これは一九六三年に行われた講演の収録であるが、半世紀後の現在も妥当する「地域と教育」の関連についての捉え方である。私はこの上原の教えに従い、国家の教育政策を地域の市民・教師たちの運動を考察しながらその複合のなかで、現実の教育を分析し、その中で未来の教育を考えてきた。ところで、上原は歴史学者である。上原の教育、地域論は氏の歴史研究と深く結びついているのは当然である。その方法については次の専門研究に学んだ。吉田悟郎『世界史の方法』（青木書店、一九八三年、Ｉ「世界史の起点―上原専禄の世界史認識―」）因みに、同書のなかから本稿に関連すると思われる点、印象に残った箇所を抽出してみよう。

「日本史というものが一つあり、それとちがった次元、ちがった教科に世界史というものがあって、その二つをどうむすびつけたらいいのか、その両者の交渉をどう考えたらいいかということが問題なのではないのであって、日本的現実をほりさげていくと世界史的現実にぶつかっていく、それを研究の中で消化し、教育の面で消化していくということでいいのではないか。」（一二頁）「二つの作業が必要になってくる。一つは、従来の世界認識の方法や概念について理論的な批判的検討である。もう一つは、地球的全世界の現実というものを、〈世界〉というふうにいっきょに漠然とひろげて一括してしまわないで、世界を適当な諸地域に分け、それぞれの地域の個性化的認識のなかで、その地域にとっての課題がどう人民大衆によって意識されているか、を明らかにしていくという作業である。」（七三頁、傍点引用者）。

　次の論考も上原の思想の歴史的理解のためにも参考になる。三木旦「上原専禄」（今谷明ほか編『20世紀の歴史家たち』（1）日本編　上（刀水書房、一九九七年）。本書は上原の生い立ち、伝記にも触れこれまでも折にふれて参考にした。今回本稿のために改めて読み直してみた。特に印象に残った箇所を読者のために抽出しよう。上原専禄は一八九九（明治三二）年京都西陣の悉皆（染物）屋に、専治郎の長男としてうまれた。大学では三浦新七（東西比較文明の研究者として有名である）のゼミナールにはいった。なんらかの意味での「世界史」と「文化史」が、ここで上原にとっての問題としてあらわれたことはたしかである。一九二三〜二五年、上原はウィーン大学哲学科のアルフォンヌ・ドープシュの許に学んだ。偶然の選択であったが、選ぶにあたってのかれの覚悟ともいうべきものがあった。すでに巨匠といわれていたドープシュの方法をみずから行ってみることで、ドープシュの人と学問、ひいてはその背後にあるドイツ、ヨーロッパの社会と文化を見きわめようというのが、それである。それによってはじめて、「主体的で自由に言える立場を獲得できる」と。

一九四六年、母校の学長に選ばれ……四九年に辞めさせられるまでこの任にあった。社会学部がその過程でうまれた。日教組教研大会にもたびたび呼ばれたので、宮崎・三重以外のあらゆる都道府県でかれは講演の経験を持った（社会学部については高島から入学後に、上原の壮大な創設の構想を聴いて強い関心を抱いた。さらに日教組教研には偶然も重なって積極的に関わることになった—黒沢）。マルクス主義その他にみられる「法則化的認識」、いわゆる歴史主義の「個性化認識」のいずれでもなく、「歴史化認識」という方法を、上原は『歴史学序説』のなかで提案している。それは、「客観的な」（と思いこまれている）歴史の真実（「あったがままのこと」—ランケ、「もの自体」—カント）に「実証」によって無限接近してゆくというカント、ランケ流の歴史学ではなく、現代の現実を諸課題としてとらえることによって世界史を「構成」してゆくという「自己参与の歴史学としての世界史学」であった。対立するものがある場合、近代西欧的にははしたなく「対決」などするのではなく、対立者とあくまでかかわりつづけることで、相互に異質のままでも共通の場ができるのを待つ。「排除するのではなく、成仏させる」という上原のひとを包み込む方法は、たいへんなエネルギーを要する仕方である。この負荷を支えたのは夫人であった。

一九六九年に夫人は死ぬ。それは、夫人に依存していた上原に深淵をのぞかせた。そこから立直ってゆくかれを支えたのは、「世界史像の自主的形成」の努力と「日蓮の分身化」の志であった。これによってうみだされたのが「回向」という生き方であった。妻の死（上原は近代医学による「殺された」「死」であると批判する）を契機として上原が立った地点は、近代西欧文明の中核にあって世界を支配してきた「発展段階論」、いわんや「社会進化論」などというパラダイムを、全面的に否定する場所である。「全死者」つまり、これまでこの世に生を享けてきた人たちはすべて、それぞれの時空で与えられた条件　のなかで、精いっぱい必死に生きてきた。その条件こそかれらそれぞれにとっての「現実の歴史」であった。歴史つまり、つねに動いてやまない「現代の現実」は、いつもありあわせの材料でしか成りたたない。それをそれぞれの仕方で懸命に生かしてきた「全死者」のいとなみのうえに、いまの「全生者」がある。仏教用語で言えば、「全死者」の「恩」で「全生者」は生かされている。そういう構造としての世界史像をつくろうというのが、「殺された」妻と「共存・共生・共闘」する、上原専禄の立場であった。「死者」たちはもとより、現に生きている人びとさえをも、「未開」「後進」などとしてさげすんだりする、傲慢きわまりない愚者の思想としての「発展段階論」「社会進化論」は、この上原の生き方に対していったい何が言えるのだろうか。

　このことに関連して、上原は終始「個」であることにこだわってきたが、彼の言う「個体的生命としての個は、いうところの権利の主体としての個人、西欧的人権意識にうらづけられた個性とは、大きなちがいがある。生の存在感覚に根ざしたものとしての〝個〟であり、強いていえば、仏教用語の〝衆生〟のひとりとしての〝個〟であって、西欧的な〝人民大衆〟のひとりとしての〝個〟でもない」（田中陽児）。さいごに到達した「日蓮＝世界史」というこの壮大な課題を本格的にはたそうとしはじめた矢先の一九七五年、上原専禄は七六歳でこの世を去った。（引用文には逐一カギカッコを付けていない）長い引用になった。

　「地域」については理解できるが、後半の「歴史」認識については、学生時代から、上原の論考・著作を敬愛の念をもって読み、考えたが今に至るも分かったとはいえない。ただ、当時私が学んでいた「マルクス」の歴史観とは次元が異なるもの、あえていえば、それをも「相対化」する「世界史像」であることだけは次第に分かるようになった。特に、社会主義崩壊、そして「西欧中心」主義の限界が明らかになってきた昨今、上原の歴史観は改めて再考されるべきものと思う。素人論ながら、本章のおわりに、触れた内山節の「共同体」についての考え方にも通ずるものがあるように思われる。上原のこの面も併せて再考しないと上原の「地域」と教育についての捉え方も本当には理解できないのではないかと怖れる。

私は、「市民社会」を東北アジアの共生という視野から考え、EUに対してAU（アジアユニオン）を構想してきた。その構想のためにも上原に学ぶ意義は大きいと思う。専門を越えるので荷は重いが新しい課題としてじっくりと挑戦したいと念じる。改めて教示、触発を受けた、吉田、三木の両氏に感謝したい。校正の段階で、以前読んだ津村喬「上原専録の世界」（『第三文明』（一九八〇年五月号）が篋底《きょうてい》にあったので再読した。前出の吉田、三木の上原論を補足する意味で興味深い。）

一　国立市の社会教育——戦後市民社会形成の断層

以上の三人の研究者に共通する点はいずれも教育に深い関心を持っていることである（上原については「はじめに」の注(6)でやや詳しく述べた）。つまり、ヨーロッパ近代に成立した「市民社会」を研究し、それを教育によって日本社会に創り出そうと考えたのである。この意味で、グラムシの考えと類似している。大学時代にこれらの研究者たちの強い影響を受けて市民の教育（社会教育）にとり組んだ人物（私も教えをうけた一人であるが、彼はそれを国立の地で社会教育によって実践したのであった）とその実践の紹介から本文を始めることにしよう。それによって、戦後日本における「市民社会」形成史の一断面を浮き彫りにしたいと思う。その人物とは東京都下国立市公民館館長（当時）徳永功氏である。（以下、敬称を略す）その要点をまとめてみよう。

(1) 国立公民館の成立

国立公民館は、「施設」も「主事」も上原の言葉を用いれば、住民自らの「生活現実」の必要から生みだされたのであった。米軍相手の風俗業から子供を、町を守ろうとする住民たちの「浄化」運動が効を奏した結果、町は都条例による「文教地区」に指定されたのである。[1]「指定」に甘んじないで、それ以後も新しい文化の町づくりの拠点として「公民館」が創られ、しかもその運営の専門職として「浄化」運動の中心人物だった、徳永功が住民から要請されて公民館主事になったのである。[2]

(2) 徳永の社会教育への情熱

社会教育の質を高めることが求められている。地域社会の調査、分析、整理に基づき、多様化し、専門化している住民の学習要求を正確に把握し、それに応えなければならない。つまり、国立の住民を地域社会の主人公になるように意識を高めなければならない。ヘーゲルの用語でいえば、「ブルジョア」から「シトワイヤン」（グラムシの言葉でいえば、「全ての人が知識人になる」ことである）に高めることだ。徳永は公民館（社会教育）の役割をここに定めた。いいかえれば、住民を「市民」に、地域を「市民社会」に形成することを志したのである。

(3) 国立公民館の内容

(1)教育目標、つまり、どのような市民を形成するか。1、自分の頭で考えることのできる人間、他人の生活や意見を尊重できる人間、自主的な判断によって行動できる人間。2、自分のまわりのことをきちんと処理できる人間、地域社会の民主化に役立つ人間。――歴史の動く方向の中で、日本の社会を一歩でも前進させ、日本人として人類の進歩に役立ちうる人間。分かりやすい言葉で、市民の在るべき姿が述べられている。

(2)教育内容　1、中核としての「社会科学」学習――「社会科学はなによりもまず市民社会の科学である。」これは高島善哉が講義(「社会科学概論」)で私たち学生に、繰り返し語った言葉である。私よりも一世代まえに同じ一橋大学に学んだ徳永も高島の講義に感動し、心に刻んでいたに違いない(3)。また、社会科学の学習は戦後日本の流行であった。因みに、高島善哉の『社会科学入門』(岩波新書)は、著者が日本国民の意識を高めようと力を傾けた程度の高い「社会科学」の啓蒙書である。それが日本国民に広く受け入れられて、当時のベストセラーになった(驚くべきことに、現在に至るも版を重ねている)。そうであれば、社会科学、その中核として政治学習が社会教育の重要な内容となるのは当然であった。国立公民館ではそのために、しばしば「日本国憲法」が学習のテキストに使われた。次の高島の教示も参考になる。「日本国憲法の理念は……天皇制など……を除いて、市民制社会(高島は「現代市民社会」を「市民制社会」と呼ぶ)の理念を表している。」（『著作集』）２、大衆運動との関連。ここで、特に留意を促したいことは、政治学習は政治運動、大衆運動とは直接的には結びつかないと考えられていることである。[4]「地域」特有の問題の場合、それと直接結び付く運動は、重視すべきであるが、密着させるのは問題が多い。むしろそれらの「実践的な課題を組み入れた講座内容の編成と実施」――この点が公民館の主体的事業と考えられていることに注目したい。この問題は重要であるが、大変難しい課題である。以来、社会教育関係者の間で長く論議を呼んだ問題点である。当時、「大衆運動の教育面を担うのが社会教育なのだ」という説（大阪の枚方市の社会教育で提唱され、その後「枚方テーゼ」として全国的に有名になった）が広まった。これを深く吟味せずに受け入れた社会教育関係者が多かった。しかし、徳永はこれには強く反対した。政党や労働組合ないし一定の目的をもつ市民運動などと「密着」すると課題は鮮明になるが、地域住民は多種、多様であるから、それを認めない、なじめない人たちは公民館から離れてしまうだろう。税金で運営される教育は「公共性」を求められるからこれではいけない、というのが反対の理由であった。[5]しかし、全く離れてよいかと言えば、それは悪い意味の「教養主義」、「ことなかれ」主義に陥ってしまう。これでは、逆の不満が生ずるだろう。この調整をどうするか。社会人を対象とする社会教育の重要な問題である。３、公民館主事の役割。国立公民館では、それを教育固有の問題として解決しようと努めた（注５参照）。ここに、国立の社会教育の特色がある。徳永から学んだ私の理解を述べよう。広い視野から住民の意見に慎重に配慮しつつ、課題を整理して、それを講座の内容に組み入れ・系統的に編成することが要求される。住民の関心、意識を考慮して講座の組織・形態の工夫も求められる。これが公民館主事の主要な仕事であり、その成否は公民館主事の専門職としての力量にかかっている。つまり、叙上の一見相反する二つの側面を「教育固有の問題」に引き付け、それによって解決しようとしたのである。因みに、当時徳永から直接聞いたことはなかったが、この考え方は、私が大学院時代に関心を持った、教育哲学者勝田守一の「教育的価値」説に通じているのではないか。最近この点に気が付いて驚いている。

　要点を述べれば、教育の「目的」と「方法」をそれぞれ、「目的的価値」、「方法的価値」と呼び、その確立こそ教育「固有」の領域なのだという提言である。勝田は明言していないが、当時流行のマルクス主義の、「上部構造」は「土台」の反映という「公式」主義に対して教育の独自性（固有の領域）を守ろうとしたのだと考える。徳永も、教育の「積極的中立性」という言葉でこの点を強調する。（注5参照）これが徳永社会教育論の特色である。

（3）講座の編成、大きく三段階に分けられる。①時局のテーマ、現在なら原発問題、消費税などについて、一流の講師を呼んで啓発的講演会を開く。これによって、広く住民の関心をひきおこし、住民は大局的に問題の要点を掴むのである。②それに満足できない人々のためには、アンケート調査により参加希望者の意見を参考にして、専門的な連続講座を開設する。③さらに高度な内容を希望する人には、一橋大学のゼミナールに匹敵する「国立市民大学セミナー」が、半年余にわたって開講される。[6] この受講生は講師と毎回討論を重ね、セミナー修了後には総括のゼミ誌を刊行する。④特筆すべきは各講師の選択に大変努力をしたことである。[7] 因みに、「国立公民館の講師に招かれることは、一流人の証拠である」と、当時言われたほどである。それはブランド好みのいわゆる「教養主義」とは異なることを強調しておきたい。社会教育などは低度な内容のものを住民に与えてやればよいのだ、これは当時しばしば社会教育に見られた風潮である。この考えに徳永は強く反発した。むしろ、「時間と金の制約の中で公民館に来てくれる人びとには一流の講師による最高の講義を用意しなければならないのだ。恵まれている大学生とはここが違うのだよ。[8]」当時、頻繁に公民館に通い、徳永の意気込み、見識に魅かれ、公私にわたって交友を深めた大学院生の私に徳永はよくこう語った。大学院では教えられなかった社会教育、というより教育一般についての大切な教訓を徳永の体験・学識から学んだ意義は大きく、その後の私の教育研究に大いに役立った。さらに注目すべきは講師の条件は、単に一流というだけでは充分ではないのである。

その講師が聴講生及び地域に対する、関心、理解をもつことが必要である。そのためには、講座主催側の公民館と講師の綿密な打ち合わせが不可欠である。したがって、講師の選択、打ち合わせは公民館主事の極めて重要な仕事になる。これは国立公民館が早くから取り組んだこととして評価される（私はその後、横浜市、川崎市で十数回の連続講座を幾度か担当したが徳永のこの教えを守った。そのためもあって、当時の受講生の何人かとは半世紀後の今も交友が続いている。これは一種の「評価」とうけとめている。）その後、社会教育の担当教員を続ける中で分かったことだが、「公民館主事論」[9]としてその後、研究者によって深められた成果の多くは国立の社会教育の実践のなかで蓄積・継承されたことが多い。

⑤、広報と伝達―「公民館だより」公民館に来られない人のためには、「公民館だより」に講座、講演の要約が掲載される。そこには、毎回地域の人が登場するのも読者（住民）の関心を呼ぶ。たとえば、郵便配達員が、配達の時に犬の吠え声に悩まされる。なんとかしてくれないか、という「声」が、次号にはその応答が載るというふうに。私が当時、よく食事に行ったラーメン屋のおやじさんが、「ほかの新聞はともかく、これだけは読まなきゃあ」、と配布早々の「公民館だより」を熱心に読んでいた場面に出くわし、ひどく感動したことを今も憶えている。私も時々読んだが確かに面白かった。単なるお役所の「広報」ではなく、ミニコミ誌として地域の人々に親しまれ、交流の手段になっていたのだ。徳永を中心とする主事たちの取材と編集の努力の賜物である。敬意を表したい。

（4）若いミセスの学習

女性は出産・育児のために公民館に来ようとしても来られなくなる場合が多い。このために「保育室」を設けて便宜をはかったのも国立公民館が最初に始めたのではなかったかと思う。しかも、単に、「パートのアルバイト」を雇って済ます、というのではなかった。出産・育児のために、女性が何故学習の機会を奪われるのか。この問題を公民館の学習課題として論じ合い市に対して「保育室」を要求して実現したのであった。これが契機になって保育室の設置問題は全国に広がったのである。[10]

（5）国立公民館の意義

以上は半世紀も前の主として徳永との交流、教えを想い出を交えて綴ったものである。拙い要約であるが、徳永が目指した社会教育の理念と実践の概要がご理解頂けたであろうか。

ところで、最近、徳永は自伝的記録集『個の自立と地域の民主主義をめざして　徳永功の社会教育』（エイデル研究所、二〇一一年、なお、本章においては本書を「徳永書」と略記し引用後に頁数を記す）を公刊した。社会教育における貴重な歴史的記録である。恵送されたので早速拝読した。交流の際に、ほぼ徳永から直接聴いた内容と重なる。私の聞き違い、失念の部分も本書によって鮮やかに甦るおもいである。私なりに、まとめ直すことも必要ではないかとも考えたが、「こぎれいに」整理するよりも、直接の引用の方がベターと判断した。引用が長くなったのはそのためである。読者にご海容を乞うと同時に、是非本書を読まれることを期待して一言弁解する次第である。多くは以上に述べたことと重なるが、自伝的叙述には初めて知る面もあり興味深く読んだ。読後感を端的にいえば、（「民主主義」は「市民社会」と言い換えてもよいであろう）徳永が国立の公民館で実現しようとしたのは本書のタイトルどおり、「個の自立と地域の民主主義」である。いうまでもなく、第一章、第二章で述べた教育による疎外回復の具体的実例である。

本章で紹介した国立の社会教育の時期は戦後間もなくから七〇年代半ばまでである。その後、徳永は教育長になり、直接的には公民館、社会教育から離れた。私も国立を去り、大学院修了後、信州の新設の大学に職を得た。数年後、職場が変わり、横浜に居を移した。したがって、国立のその後については殆ど知る機会がなかった。しかし、私は、大学教師として四二年間大学の講義、あるいは社会教育主事講習の講義において社会教育論を担当した。改めて顧みると、私の講義の原理は国立公民館で学んだことが基底になっていることに気づく。前掲の徳永の著書を読んでその感を一層深くした。一言でいえば、前掲の徳永書のタイトル通り「個の自立と地域の民主主義」である。社会教育の用語ではなく、その後、私がマルクスから学んだ言葉で、その「要点」を言い換えれば、次のようになる。「この世で人間は、疎外されている存在である。しかし、人間は学習（「社会教育」、その後の名称では「生涯学習」）によってその疎外を認識し、それを克服しようとする存在でもある。」（本書序章、第一章、参照）この疎外回復の営為が教育である。それによって、地域の住民は自立した市民になるのだ。その後、私はグラムシの思想も学んだが、その教育論は、第二章で述べたところである。折に触れて、考えてみると、少なくても、グラムシ教育論の多くの面を国立の社会教育が実現したことに気がついた。改めて、感慨を深める。勿論、それを客観的に逐一検証することはできない。しかし、戦後の社会教育の理論と実践史において、国立の社会教育が都市型社会教育の典型であることは社会教育関係者が等しく認め、つとに、定評となっている。社会主義崩壊の要因についても私の考えはすでに述べた（本書第二章、参照）。

それらを改めて総合的に勘案すると、国立の実践は、グラムシの思想とともに新しい社会形成のために今日なお多くの示唆に富む実践であったことに思い至り、深い感動を覚えるのである。小論を国立から書き出した所以である。私の社会教育研究の出発の時代に国立に住み、徳永と邂逅し、直接、間接に多くの教えを受けたことをつくづく幸いに思う。ここに誌して御礼申し上げる。なお、徳永書の社会教育史における意義については、本書の解説「徳永功さんの仕事　日本公民館史のなかで」（小林文人、小林とは社会教育理事会でしばしば一緒に議論をした経緯がある。また、小林は東京学芸大の私の前任者でもある）を参照されたい。さらに、本書のテーマである、「疎外の回復（解放）を教育によっておこなう」ことをより深く知るために、徳永の師、上原専禄の思想を「注」によって紹介した。また、師上原の教えを徳永がどのように承けとめ実践したかは、前掲徳永書から「注」において詳しく引用したのでご理解願いたい。私は東大大学院（教育学研究科）に進み、国立に住んだ。ほとんど連日のように、国立公民館に通い、講座に学び、その後は、近くの居酒屋で徳永と語り、公私にわたって教えを受けた。したがって、非礼を省みずにいえば、徳永書の叙述の多くの部分は私の（黒沢）の「自分史」のような錯覚に陥った。

付記―三多摩の戦前小史

三多摩は戦後まもなくしてから、今日にいたるまで、東京都のベッド・タウンとして発展が著しく進んだ。今では文化地域として有名である。しかし、かつては、都内（区部）とは、大きな格差があった時代の歴史は若い読者の多くは知らないのではないだろうか。そこで、私がかつて院生時代に書いた論考「三多摩における都市化の諸相と社会教育の課題」（福尾武彦編『都市化と社会教育』日本の社会教育第13集、東洋館出版社、一九六九年）から、戦前の三多摩の歴史の一部を引用して読者の参考に供しよう。

「三多摩は東京府に編入される明治二六年（一八九三年）までは、神奈川県西多摩・南多摩・北多摩の各郡であった。この年に東京府に編入されて以来、常に市（のちの区部）から軽視、厄介視されてきた。

そもそも編入の理由からして、東京市民の上水確保（多摩川）という全く市の利益第一主義によるものであり、三多摩自体の立場には何らの配慮も払われていなかった。明治二六年以降、東京の市と府の関係をどうするか、という問題が殆ど毎議会ごとに法案として政府及び議会の双方から提出された。たとえば、明治二九年に政府は東京都制案をだしているが、これは三多摩を含む九郡を除く東京市の区域を東京都とし、都長官を官選にしたうえ、区長は都参事会の推薦によって内務大臣が選出するといったもので、東京における自治権をとりあげて国の直轄地にしようという意図が露骨にあらわれている。

以後、国は同様な考えのもとに次々と案を出すのであるが、これに対して衆院側は自治体東京の市政実現のために反対をつづけた。この間大正一一年には、鳩山一郎外九名による東京市・荏原郡・豊多摩郡・北豊島郡・南足立郡・南葛飾郡をもって都とする帝都制案、同じく一一年に、近藤達児外六名による八王子市と三多摩を神奈川県へ編入する案などが提出されている。一三年には内務省が都制案をつくり東京市と五郡による東京都案（長官は官吏）と、三多摩を多摩県とする案をつくったりしたが、これは提出されなかった。

以上の歴史的経緯からだけでも三多摩は常に付随的なものとされ、それ自体の地位を認められていなかったことが容易に推察されよう。この区部偏重に対して三多摩は憤り、反発を感じたが東京という大都市が現在の二三特別区の範囲内にとどまり得た時期にあっては、この特殊な制度上のゆがみも未だ三多摩問題を前面に押し出すことはできなかった。また事実、当時の三多摩は財政力の低い農山村に過ぎず、その反発を表面化させるエネルギーはなかったのである。

ところが第一次大戦後、日本資本主義は関東大震災の打撃にもめげず発展を重ね、それにつれ首都東京の人口は激増し、世界的大都市として発展途上にあった。それによって従来の東京市は大東京の核心部分に過ぎなくなり、大正一一年から昭和七年末までの一〇年間に、市内の人口は約一〇万人減少し、隣接八二町村の人口は一七二万人増となった。すなわち、一九三〇年代にニューヨーク、ロンドン、パリなどにみられた「地方→大都市」型から「大都市→郊外」型に、という人口移動の転換が東京にもみられることになったのである。

以後、かかる状況に対して各方面に都制実現を望む声が強まり、内務省から東京市会都制実行委員会から、また東京府都制委員会から夫々の都制案が次々とだされたが、従来の如く長官の区行政について官・公選、その他をめぐり論議されたが結局平行線をたどり、戦時下の昭和一八年、国によって都制が制定されるに至るも三多摩についてはそのいずれもが現行通りの郡として扱われており、それ以上の進展ないし具体化はみられなかった。

戦後、東京都は三多摩に対しては府県行政を、そして特別区に対しては市行政を同時に行うという極めて不合理な状態をとりつづけてきた。ところが人口が一千万を越えるという予想もできなかった事態が発生するに至り、ここに初めて都は三多摩について真剣に考えざるを得なくなった。たとえば、安井都政時代に時折、三多摩の振興・開発という言葉が使われたがこれは都政の当事者たちがおぼろげながらも三多摩問題の重要性に気付きはじめたことを意味する。だが当時の住田副知事を会長とする「三多摩振興委員会」の〝根本思想〟についての結論が「理念はあくまで二三区の為の三多摩であることを失わない」と伝えられていることなどをおもうとき、三多摩問題に対する都の出発点は戦前のそれと大差ないといえるのではあるまいか。」（拙著『社会教育論序説』八千代出版、一九八一年第八章に再録）

注

（1）「地域浄化」運動―公民館の成立

「朝鮮戦争の兵站基地とされた立川基地に隣接する国立町（当時）は瞬く間に立川基地の慰安所とされてしまったのである。学生向けの下宿屋が一夜にして横文字のホテルとなり、あちこちに連れ込み宿がたてられた。駅前では米兵相手のポン引きがうろつき、一橋大学の構内でも白昼から若いアメリカ兵と「パンパン」と呼ばれた日本の女が戯れるようになった。当時の家庭には風呂がなく、銭湯には性病の危険があって女湯には行けないという不安が広がった。また当時は水道が敷かれる前で、生活水は専ら井戸水に頼っていたのだが、アメリカ将校がオンリーさんを囲うためにつくられたハウスのトイレの水が垂れ流しのために、井戸水が汚染され飲めなくなった家が出てきたのである。さらに、ホテル業者を中心にした大掛かりな特飲街が計画されていると聞き、何とかしなければと、まず母親たちが立ち上がった。国立地区（当時は谷保村字国立）に住む大学教授やサラリーマン、それに学生も加わった有志約五〇名を発起人として、「国立町浄化運動期成同志会」が組織された。この同志会が、具体的には都の「文教地区建築条例」の指定を受けて、ホテルや特飲街などの新築を阻止しようとしたのである。この条例は都条例第八八号として、一九五〇年一二月七日に制定されたばかりのものであるが、これ以上悪化させてはならないという願いの最大公約数をそこに集約できたことは大変適切なことであった。一橋大学後期学生自治会と教職員を中心に、国立音大と町内の三つの高校も加わって「国立町浄化運動大学学校連合会」も組織された。そして、国立地区有権者の九割（四五〇〇名）と通勤通学者の署名合わせて一万人の請願に対して、町議会はそれをあっさり可決したが、しかし業者勢力からすぐさま猛反撃が開始された。運動を「アカ」「反米運動」と決めつけ、町に繁栄のためにも特飲街も必要で、文教地区になれば地価は下がり、人口も減って町はさびれるといった宣伝を利害関係の深い商店や農民に向かって行い、「国立町発展期成同志会」をつくり、反対請願を町議会に提出した。これによって、本村（農業）派の議員たちは業者勢力と同調し、町議会は前の議決を覆して、その請願を採決した。また、業者勢力は金で暴力団を雇い、浄化運動の推進者たちをおいかけ脅迫し、時には暴力を振るった。ふりだしにもどった混戦状態の中で、新たに「私たちの住んでいる所を文教地区に指定するための会」をつくり、地区内の全世帯に呼びかけた。こうして、業者勢力の影響下にあった商店街にも「町の本当の繁栄はアメリカ人や特飲街ではなく、健康な環境における住民の増加によってもたらされる」という説得活動が効を奏し、商店の過半数が支持者になった。反対派の議員がＰＴＡの総会で不信任されて、役員を下されることもあった。さらに運動が続けば税金の不払いやリコールにまで発展しそうな盛り上がりの前に、遂に農村地主代表の町長が譲歩し、従って農村勢力が崩れて、町議会は一票差で再度「文教地区指定」を可決した。かくして、運動が始まってから半年後の一九五二年（昭和二七年）一月に、都議会の承認も得られて、「文教地区指定」が確定した。」「運動に参加した人たちの実感からすれば、不満や要求を結集し、自分たちの住んでいる所を住み良い所、納得できる所に変えていくことを通して、日本社会の民主化にも役割を果たしているのだという自信と誇りの拠り所となった。

つまり、「文教地区」という言葉はこの時から新しい町づくり、地域民主化の象徴という意味をもつことになったのである。また、この運動を通して、いままで軽く考えていた町長や議員の権限や役割はとても大きなものであるという認識も深めた。この運動の何よりも大きい成果は、幅の広い民主勢力の広汎な連帯が形成されたことである。つまり、国立を文教の町、住民が安心して住める町にするためには、政府を支持する人も反体制も、あるいは神を信じる人もそうでない人もみんなが結集し、力を合わせて努力することが大切で、当たり前のことだという認識が共通のものになったのである。」「「文教地区指定」といった目標では生ぬるいので、「朝鮮戦争反対」「アメリカ兵よ帰れ」といった運動にすべきだという主張や動きが一部にあったが、もしもそのような目標で運動がすすめられたとしたなら、恐らく運動は失敗に終わり、逆に国立は立川歓楽街の一部分になっていたかもしれない。当時は血のメーデーに象徴されたように、世情騒然とした激動期であり、山村に解放地区を作って革命の拠点にするといった理論が本気で考えられ、実際に西多摩の山村に入り、昼は農業の手伝いをし、夜に説得活動をするといった大学の先輩たちがいたことなどを対比して考えると、このときの住民運動がいかに適切であり、すばらしいものであったか感嘆しないわけにはいかない。」（徳永書、二一～二三頁、傍点引用者、前掲上原の提唱の実践であることが如実に伝わってくる）因みに、時代、したがって、問題状況はことなるが、現在の「原発」の誘致、反対の運動との比較考察も行いたいと念ずる。（災害まえに書かれた労作であるが、開沼博『「フクシマ」論　原子力ムラはなぜ生まれたのか』青土社、二〇一一年、はこの考察のために参考になる。）

（2）「公民館職員」就任の決断

徳永は公民館職員になろうと決めた理由を次のように述べる。

第一、「これまで自分が町の中で活動を続け、公民館の設置にも積極的に関わってきた以上、これから始まろうとする公民館活動に対する責任と期待を背負っており、無責任に逃げることはできないこと。」第二、「サークル活動を通して、地域におけるサークル活動こそが日本の民主主義の原動力になりうるのではないかという考えを固めつつあったこと。」第三、「親しい友人たちとの話し合いの結果、中学校の教師も結構だが、むしろ未知な公民館活動の方が面白いし、君にはふさわしいのではないかと奨められたこと。」（三三〜三四頁）郷里信州の公民館を訪ねたことも一因であろう（因みに、信州は私の故郷でもあり生まれは長野市であるが育ったのは中野の近く志賀高原の麓である。そのため、この中野公民館は少年時代から知っていた）。

「世に存在する公民館に対するイメージは時代遅れで、魅力のないものであった。そこで、公民館が盛んであると聴いた長野県の中野公民館を訪ねることにした。自分の郷里が近くの須坂だったので、帰省の折に尋ねていったのである。……館長の細野浩三氏が自宅に招いてくれ、炬燵で向かい合って、いろいろと話を聴かせてくれた。……初対面のこの先生の人柄と態度に感銘を受け、その時いただいた官報「文化なかの」にまぶしいような刺激を与えられたことが忘れられない。そして、公民館職員になってやってみようかという思いを強くしたことは確かであるが、決めかねていたことも事実である。」（三三頁）東京都の中学校の教師の試験に合格が決まりかけていたからである。しかし、公民館でも四月から職員を採用するための予算を組んで、徳永に白羽の矢が立てられていた。結局前述のような理由で決断することになった。

（3）「公民館は市民の大学である」「この規定をめぐって、いろいろ疑問が投げかけられたり、反論が出されてきたけれども、そして今日の状況の中で見直しは必要かもしれないけれども、すくなくとも当時においては、客観的に農村イメージ濃厚の公民館に対するイメージチェンジを図る意味では最も適切な表現であったと思うし、また公民館の現場に対しても大きな刺激となったことを確信している。」（六四頁）ここでは「農村」に対する「都市」を「市民社会」と表現していることが分かる。

（4）公民館の役割

「例えば、地域開発による被害や破壊がいかに過酷なものであっても、だからといって、公民館活動はそれへの対策や反対のために何らかの反対運動を前提としたグループをつくるのではなく、それらを学習素材としながら、本質構造が明確に認識できるような講座を住民の前に提供することが重要なのである。公民館の役割はあくまで学習内容の編集者、学習活動の組織者としての立場を堅持すべきであって、それ以上のことは公民館活動をこえた市民自身の問題として区別すべきである。」（七六頁、傍点引用者）

（5）　公民館と大衆運動

徳永は「公民館活動と大衆運動」について詳しく述べている。重要な点なので引用しよう。「公民館活動の中心的なねらいは「民主的人間」の形成と創造にあるのだが、公民館活動としてすすめられる学習活動はその内容において地域や日本や世界の現実をどう把握し、判断すべきか、という問題をもつものである以上、地域や日本や世界の現実を打破し、変革しようとする諸運動と深いかかわりをもたざるをえない。むしろ、学習が学習にとどまらずに、何らかの運動にまで発展することを期待可能性としてもっているものといえよう。また、公民館はすべての住民に、自由に使える集会の場として開放されており、公民館はさらにそれらの自主的な諸集会のためのあらゆる意味の条件整備を職務としてもっている以上、地域におけるさまざまな大衆運動や革新運動と何らかの関係をもたざるをえない。つまり、公民館活動は、主体的にも客観的にも実際にすすめられている大衆運動や革新運動と何らかの関係をもたざるをえないものである。問題はその関係がどうゆうものであるべきかということである。

この点に関しての一つの有力な意見として「公民館活動は大衆運動の教育的側面である」（枚方の社会教育、No.1）がある。しかし、この意見は大変説得性をもつようにみえながら、厳密にはかなりあいまいな規定といわざるをえない。何故ならここでいわれる大衆運動とは一体何をさしているのか現実には全く不明瞭であるにも拘わらず、既に自明のもののように考えられているからである。われわれは、だから、公民館活動と大衆運動との関係を明らかにするためには、まず大衆運動と呼ばれるものの中味を現実に即して正しくつかむことから始めなければならない。では、大衆運動と呼ばれている運動の実態はいかなるものであろうか。

第一に、大衆運動という言葉の使われ方が厳密でないことから、ある時は革命運動を含めた反体制運動を意味するものとして使われたり、また時には革命運動や労働運動とは区別されたいわば市民の生活や平和や民主主義を守る運動として使われる。つまり、誰にも共通する内容をもったものとして理解されていない。第二に、実際には大衆運動とか革新運動とかと一口にはいえない程、現実に行われている諸運動は多種多様であり、ばらばらであり、不統一なものである。例えば、その典型ともいうべきものは平和運動であるが、その他殆どすべての運動の中に多かれ少なかれ分裂や不統一をみることができる。第三に、これらの分裂や不統一は大衆自らの判断や決断によるものでなく、それを指導する革新政党の政策やイデオロギーの対立によるものである。だから大衆運動は自主・独立的に存在するものではなく、多かれ少なかれ政党乃至政党のイデオロギーにつながったもの、いわば主人持ちの存在として実在せざるをえない状況になっている。大企業への中小企業の系列化は独占段階にまで到達した日本資本主義経済の当然の帰結であるが、いまや耳慣れぬ言葉ではなくなった「革新政党への大衆運動の系列化」の必然的根拠とは一体何であろうか。第四に、分裂、不統一、系列化の本源である政党の間に度し難いほどの不信と拒否の態度が存在していることである。客観的には、平和憲法の改悪阻止、原水爆の禁止、ヴェトナム戦争の終結、日韓条約の成立阻止、安保条約の廃止など、民主連合戦線の広汎な基盤をもちながら、現実には統一行動の可能性が極めて困難な状況を打開するために、革新政党は一体いかなる努力をし、また大衆を納得させる政策のプログラムをもっているのだろうか。無論、責任ある天下の公党であるからには、それなりの論理と言い分をもっているのだろうけれども、大衆への奉仕よりも我党の党利党略を優先させるエゴイズムの殻が強固であることも認めないわけにはいかないのである。こういう大衆運動の実情は決して好ましいものとはいえない。だから、この好ましくない状態はまず何としても打開されなければならない。それにはどうしたらよいか。」（八三〜八四頁）

徳永の考えはこうである。「第一に大衆運動の原理、本質をはっきりと確認し直す必要があると思う。大衆運動とは、職業的政党人や政治活動家ではない、普通の職業をもった人間（主婦も含む）が職業から解放された時間に、主権者としての自分たちの要求を実現していこうとする、いわば市民の運動であるから、国家権力を組織的に奪取しようとする革命運動や生産の場で闘われる労働運動とは区別して考えられなければならない。また大衆運動は、革命運動とはちがって国家権力を組織的に奪取しようという運動ではなく、一人一人の国民の権利をいまある国家権力の運営の仕方にたいして擁護する運動だから、これから権力を獲得しようとする革命運動のあり方にたいしても、とうぜん注文をつけるということになってくる。だから、そこに大衆運動は絶対に一党一派によって支配されてはならない意味がある。ところで、日本のように高度に発達した資本主義社会においては、政治社会と市民社会の二重構造が成立する。……こういう社会では、社会変革は、ただ政治社会だけを目標とした一挙革命ではすまない。どうしても市民社会内部における、民主主義擁護の多様で、かつ長期の大衆運動のいわば戦略的な配置、位置づけが必要となる。このことをわれわれの前に明瞭に示してくれたのが、安保闘争の経験であった。地域における民主化運動は、地域そのものが複雑・多様な段階と側面をもつ現実の中では、何よりもまず地域の実状に即した独自のあり方が必要とされなければならない。そこに自立性と市民性を本質とする大衆運動の積極的意味があると考えるのだが、一方では、反体制という言葉で、革命運動と市民運動の両方をくくってしまおうとする性急な政治的判断があるために、それが現実の処理をかえって困難にし、無用の混乱をまねいている場合が多い。」（八五～八六頁、傍点引用者）現状打破のもう一つのものは「統一の論理」であるといって、日高六郎の見解（昭和三八年九月二一日の国立公民館「第六回現代教養講座」）を援用する。

「大衆運動では、まず統一できる部分、しなければならない部分がある。それは運動の未来に関わる部分で①運動の基本的な目標、②具体的な行動の目標（但し、このうちのある部分は不統一、保留でもよい）、③運動をすすめる組織運営のルールということになる。さらに、必ずしも統一できなくてもいい部分は、運動の過去と現在にかかわる部分で、①それぞれの人の思想、信条、政治的立場、②現状認識あるいは現状評価であろう。」しかし、日高氏の提案にも拘わらず、現状は決して日高氏の提案のようにはすすめられていない。」従って、「ここに公民館活動の積極的役割があると考える。即ち、大衆運動に果たす公民館活動の役割は、大衆運動を是認し、発展させる立場に立ちながら、大衆運動の正しい原理と統一の論理を大衆の学習活動の中に積極的に位置づけることにあると考える。だから、公民館活動は、ある場合には事実上大衆運動の学習的側面を担うものとしての役割を果たし、ある場合にはゆきすぎやあやまちを厳しく追及する役割をもつことにもなる。

大衆運動といっても、その規模や目標が非常に大きいものもあれば、ごく小さな地域の問題に限られる場合もあり、また運動の状況も大変に盛り上がったものもあれば、また殆ど学習の段階にとどまっているもののあることは、いうまでもないことである。公民館活動はかような地域の実状の中で、意識的な活動を通して民主的人間の形成をはかりながら、なお、大衆運動に対しても一定の役割をはたさねばならぬ独自の立場をもつものといえよう。それはいってみれば教育における積極的中立の立場であるともいえる。さらにいえば、自己限定の上に立った役割意識の明確化が非常に重要なのである。つまり歴史を進行させるためには、個人や集団や階級や政党がそれぞれの役割を明確に自覚したうえで、自分の持ち分を確実に果たすことが必要不可欠のことである。地域における民主主義の擁護や確立はまさに大衆運動の課題であり、公民館活動はせいぜいその学習面に一定の役割を果たすものにすぎない。そこに公民館活動の限界があるといえるが、しかし今日の大衆運動の現状の中では極めて大切な意味と可能性をもつものであるともいわなくてはならない。」（八六～八七頁、傍点引用者）

（6）「学習の構造化」

「これからの成人教育は、一定の段階をマスターすれば、次の段階にすすみ、さらに高度な段階へも進み得るような学習の形態と機会がきめこまかく用意されなければならないし、一人の人間がいつまでも、どこまでも継続して学習を積み重ね、続けることができるものでなければならない、と意を強くしたのである。私はそれを「学習の構造化」と呼んだ。国立市公民館の成人活動は、いってみれば、十年がかりで連続講演方式から集中講義方式を経て、市民大学セミナーの実現ということになったのだが、そのことは取りも直さず、住民の学習意欲が受け身で聴く講演会や学級などにはあきたらず、もっと重量感のある、つきつめた学習を積極的に求めている証拠にちがいない、と私には思われた。そして、この学習実践は多くの学者や研究者から注目を浴び、高い評価を得

たことは望外の光栄であった。」（五四～五五頁）

（7）　市民の大学講座

「市民の大学講座といっても、ただ現実離れのした講義を聴くのではなく、まさに現実問題を本質まで掘り下げて適確に認識し、自分の頭で事の正否を判断できるような講座の編成が重要なのは、くり返すまでもない。無論、住民自身が調査し、考え合う中で事の本質を把握できる場合もあろう。しかし、日本のように高度に発達した資本主義社会では、恐らくあらゆる問題が一筋縄ではつかめない複雑さをもっている以上、まず専門家の識見から謙虚に学ぶ必要がある。」（七六頁、傍点引用者）それでこそ、と徳永は次のように言う。「大学教授や研究者、学者の存在理由もあるといえるのではないか。」（同）この視点から「講師はその道で最もふさわしいと考えられた一流の人たちにお願いした。どのような人を講師に選ぶかがまさに勝負所で、総合雑誌などをよく読んで研究した。」（四四頁、傍点引用者）このような配慮があったから、「講師が偏っている」という、「町理事者や議会での詰問にたいしても、圧倒的支持があったから胸を張って堂々と受け応えることができた」（一五〇頁）のである。徳永が、一貫して、政治色を、イデオロギーを排し、学問、教育の立場を維持しようとした努力が効を奏したといえる。体制、反体制の対立が激しい当時の情勢を想えば、特筆されるべきであろう。さらに、社会教育（生涯学習）の実践においては、現在も通用する原理である。

（8）　学問の大衆化

徳永が憧れて、一橋大学に入学して学問を学ぶ充実感は徳永書にもしばしば語られるが、その気持ちを、大学へ入れない人々にもなんとか味わって欲しいと願ったに違いない。それを公民館の学習で実現するのだ。その気持ちがこの言葉によく表れていると思う。私も、大学院終了後、様々な大学で学生に講義をしたが、社会人とは違うが、私が一橋大学で受けた、感動を若い学生たちに伝えようと、内容はともかくつねに講義は全力投球で熱意だけは張っていたと自負する。

（9）　「公民館職員」

公民館主事は「学校における教師の位置と同等のもの」である。では、「公民館主事の性格と役割」とは何であるか。「公民館主事はいうまでもなく、教育に関する仕事を専門的にする人間である」といえよう。具体的には次のようである。

第一に、「公民館主事は、他の一般行政職の職員と同様、地方公務員である。」「公務員は嫌《ママ》（否）応なく権力機構の末端に位置づけられているのが現実であり、真の公僕としての役割を果たすかわりに、権力者に仕えるプライベート・サーバント（私的召使）になり下がらざるを得ないのが一般的事実である。そこで、この非民主的な現状を打破し、真の公務員としての存在をかちとるために、内部からは職員組合の団結によって、また外部からは住民の民主的な組織運動によって、公の立場を私物化しようとする権力者、権力機構への闘争が行われなければならないのである。そして、この自治体改革の運動は、多くの場合、自治体労働者の側からではなく、住民の側からの大衆運動によって開始されることが常であり、これらの大衆運動、民主化運動は公民館活動と何らかのつながりをもつものであるから、公民館主事はまさに自治体民主化運動における内部と外部との接点に位置づけられた存在であるといえよう。その意味でも、公民館主事の役割は特殊であり、重大であるといわなければならない。換言すれば、地方公務員と自治体労働者の統一をもっとも厳しく求められているのが公民館主事であるといえる。」（九一〜九二頁）

第二に、「公民館主事は教育専門職である」具体的にいうと、「地域民主主義の擁護や確立のために、地域の実状にかんするあらゆる資料を集め、分析整理し、それを学習資料として住民の学習活動のために提供する仕事、つまり自治体問題や地域民主主義問題の専門的な編集者、編成者としての仕事」さらに、「主体的判断、主権者意識及び歴史認識をかねそなえた民主的人間像の創造を目ざした、講座や学習を公民館活動の中に定着させ、積極的に押し進める仕事」がある。「社会科学の継続的な講座の開設・実施だけではなく、小グループによる読書会、生活記録活動、文学や演劇や音楽などの芸術文化の創作活動など、可能な限りでの多様な学習活動の展開が必要である。その意味で、特に学習内容のキメの細かい編集、編成の仕事が重要である。」（九二〜九三頁）社会科学学習の必要性は理解しても、「どういう内容をどういう形で学習内容として編成していくかはまだ殆んど掘り下げられていない。」また、「地域の社会的政治的条件が極めて非民主的で、しめつけが厳しい場合でも、従って正面切っての講座や学習が組めない場合でも、まさにそのような条件の中でこそ試みうる学習内容の検討が必要とされるのではあるまいか。」（同）要するに、「公民館主事は、将来は教育公務員特例法の適用を受ける人間と考えたいし、現状では教育専門職としての力量を十分に発揮することによってのみ自治体労働者の中でも存在価値を見出しうる」（同）と考えたい。

公民館の設計とデザイン（施設論）第三、「公民館施設の設計とその推進という仕事」（同）を強調したい。「大衆社会状況の一般化と工業化、都市化の急激な動きの中で孤立化し、非連帯状況を余儀なくさせられている新しい地域住民のためには、一人でも気軽に行ける憩いの場、他との連帯をはかる社交の場、文化的要求をみたす教養の場等々、多面的な魅力をもつ施設（建物）の必要性が高まっているといわねばならない。」（同）さらに、「学習意欲の少ない青年層や成人層をも公民館に寄りつかせうるためには、魅力ある施設の存在が積極的な意味をもつものとかんがえられる。」（同）

それでは、いかなる公民館施設を構想したらよいか。中国の「工人文化宮」が参考になると徳永は言う。概要を徳永書によって見よう。「一階には映画と音楽のためのホールがある。二階にもホールがあり、ここでは四、五百人の人がステージの指導者から歌をならっていた。このほか、この階には、ピンポン台が二〇台ぐらいもずらりとならんでいるところがあった。この階には、中国将棋とか、日本でも浅草あたりの遊戯店にでもありそうな「力だめし」などの遊戯施設があり、みんなたのしそうに遊んでいる。もちろん無料である。三階には図書館と閲覧室があり、魯迅生誕八〇年を記念する関係図書の紹介、辛亥革命五〇周年を記念する文献の紹介などが、いろいろな展示や表示のしかたでなされ、図書館が生きた社会教育の役割を果たしていることが、ムンムンと感じられた。閲覧室はいくつかにわかれ、新聞雑誌のへやが一ばんにぎわっていたようである。閲覧室につづく小部屋では、今夜特殊座談会があるというので聞いてみると、上海の労働者の書いた工場の歴史が出版されたので、その本をめぐって、学者と労働者と、文芸出版社の関係者とが集まって、その内容の検討をしているとのことだった。その上の四階の広い歩廊は、工人詩画廊になっており、労働者の詩や絵の作品が展覧してあった。電視室（テレビ室）、講演庁（講堂）などのへやも、この階にあった。五階には、たくさんの小部屋があり、それぞれのへやで、芸術関係のサークル活動がおこなわれていた。①「赤い子ども芸術団」のサークル　②「赤い子ども芸術団」の舞踏サークル　③労働者のブラスバンド　④詩の朗読のサークル　⑤芸術サークル　⑥越《ママ》劇のサークル　⑦話劇サークル　⑧京劇サークル　⑨評弾　⑩子ども民族楽団。」（九四頁）中国と日本では社会的、諸条件がことなるのは勿論である。しかし、と徳永は次のように述べる。「私の頭の中にはこの工人文化宮のイメージが離れがたいものになっている」と。何故か、「国立公民館も前進は自治体警察だったことを思い、さらに、だから我々の努力次第では、私たちの「文化宮」も夢ではないと考えたいのである。そして公民館主事が積極的に施設構想のイメージを鮮明にもつことができるならば、たとえ施設の実現は遅れても、そのことによって公民館活動の形態と内容も新しい展望の中で再組織されうるのではないのだろうかと考えるのである。」（九五頁、傍点引用者）

以上は、富田博之「上海工人文化宮」（月刊社会教育第五十号）の論考を徳永なりにまとめたものである。今読むと、時代の落差は否めないが、当時において公民館「施設」の重要性を訴えた徳永の先見性に改めて敬服する（前掲引用の傍点部分に留意されたい）。（因みに、私が毎年訪れる長春にも「工人文化宮」がある。案内の院生に聴くと、現在では文化的側面は殆どなく「娯楽センター」になっているとのこと。時代の反映だろうか。今度訪中の際には是非見学して詳しく歴史と現状を調査したいと思う。）

「工人文化宮」から学んだ「日本的イメージ」として「公民館三階建論」を徳永が述べているので参考までに引用しよう。「一階では、体育・レクリエーションまたは、社交を主とした諸活動が行われ、二階ではグループ・サークルの集団的な学習・文化活動が行われる。そして、三階では、社会科学や自然科学についての基礎講座や現代史の学習について講座が系統的におこなわれる。」因みに、この一文は、徳永が中心に活躍した、「三多摩社会教育懇談会」が確認事項としてまとめたものである。（九五頁）

（10）「保育室の設置」
公民館があらゆる人に自由に開放されているべきだといっても、幼い子どもをもつ若い母親たちは、子どもをだれかに安心して託すことができない限り、自由に集ることもできず、主体的に学習に参加することもできないというもっともな不自由な状態におかれているのである。したがって、「これらの若い母親たちに集会の自由や学習への参加を保障するために、保育室の設置とその無料運営は必須の条件といわねばならない。子どもをただ便宜的にあずけるという消極的な意味からだけでなく、まさに若い母親の時代こそ、真剣な学習に取り組み、仲間との連帯を深めながら、社会の中で活動することの意義がきわめて重要であるが故に、保育室のもつ積極的な意味が強調されなければならない。」（一四五―一四六頁）やはり当時としては先駆的取組みで評価は高かった。後年、私は神奈川大学在職時代に横浜市の「地区センター」の保育室を見学したが、国立の例とは違い「託児室」のような印象を受けた記憶がある。本節は国立の公民館活動の考察によって地域の教育による民主化を概説した。次節では戦後社会教育における公民館の推移の概要を述べてみたい。

二　公民館の成立と盛衰――前期・社会教育、その「終焉」

「公民館は公民の家である。[1]」戦後の新しい社会教育の出発にさいして、創始者寺中作雄は社会教育の中核施設をこう定義したことはよく知られる。公民館は戦後初期の混乱期に、日本のこれまでの在り方の反省に立ち、「国民の教養を高めて、道徳的知識並びに政治的水準を引き上げ、また町村自治体に民主主義の実際的訓練を与えると共に、科学思想を普及して、平和産業を振興する基を築くこと(2)」を目指し、新日本の建設のための地域住民の活動拠点になるという壮大な構想のもとにつくられたものである。この構想は創始者の名に因んで寺中構想と呼ばれた。しかもその後の公民館は、「多かれ少なかれ寺中構想にささえられ、寺中構想における〝歴史的イメージとしての公民館〟をそのいわば原型として構成されている(3)」のである。たしかに、それは「行政官により構想され、実施に移されたもの」であり、「構想者である寺中が内務省出身ということ(4)」を批判して、そこに戦前社会教育の負の性格を読み取る者もいる。つまり、その構想を「敗戦後にもなお根強くいきつづけた日本的ナショナリズムの一つの表現形態(5)」と位置づけたうえでつぎのように批判する。「いわゆる寺中構想は少なくともその主体的形成要因において、必ずしも戦後〝民主化〟の産物とはいえない。それはむしろ、戦前からの〝歴史的イメージとしての公民館〟構想が、終戦後の混乱の中で新しい粧《よそおい》のもとに開花したものであり、この意味では決して画期的なものでも何でもなかった(6)。」とはいえ、この「公民」の「家」を中心として戦後日本の社会教育は出発したのである(7)。したがって、公民館の盛衰は即ち戦後社会教育の盛衰と言っても過言ではないといえよう。

「公民」の「家」と寺中構想については叙上のような批判はあるが、公民館はその後、一九七〇年代までは順調に発展の道を辿った。先学の教えによって時期区分と特徴を概述しよう(8)。

一九四六(昭和二一)年以降、五〇年代にかけては制度の発足と法制化、そして奨励・模索の時期である。続く六〇年代は普及・定着期であり、七〇年代は、統計的にも内容においても公民館の躍進・拡充の時代であった。それは、「六〇年代の高度経済成長にともなう自治体行財政への一定の波及があり、学校施設整備に追われてきた都市部（人口急増地域）においても、この時期にようやく公民館施設の増加・近代化・大型化がみられ、また（専任）職員集団も拡充された」ためであった。しかも、量的増加だけでなく、「公民館を拠点とする学習活動・集団活動も多彩かつ活発な展開がみられ」、また「住民による公民館づくり等の諸運動がみられた」のもこの時期の特徴であった。

ところが、八〇年代に入ると公民館をめぐる状況は俄かに変化した。文部省統計によると、八一年度から八七年度の間に、設置市町村数は2％減少、つまり六三市町村が公民館設置を止めたのである。また、この間に公民館設置率は微増（〇・一九％）しているにもかかわらず、専任職員率は七・〇％も減じていている。この数字を見る限り、転換と停滞の時代といえる。松下圭一の『社会教育の「終焉」』（筑摩書房）が一九八六年に出版され、社会教育関係者に衝撃を与えたのはこの状況の反映であろう。ただし、松下の主張は都市化が急速に進んだ当時、「教える」ことを主軸にしてきたこれまでの「社会教育」は「学び」を中心とする「市民の学習」に転換するべきだということである。これは後論するボランティア社会教育論の先取りではなかったか。私はそう考えている。

注

（1）寺中作雄『社会教育法解説・公民館の建設』（国土社、一九九五年、一八八頁）

(2)「公民館の設置運営について」(一九四六年七月五日発社一二二号、各地方長官宛文部次官通牒)
(3) 小川利夫「歴史的イメージとしての公民館　いわゆる寺中構想について」(『現代公民館論』東洋館出版社、一九六五年)
(4) 碓井正久編『社会教育』(東京大学出版会、一九七一年　三九六頁、〈小川剛稿〉)
(5) 前掲注(3)小川論文。
(6) 同上。
(7)「公民」の「家」という時の「公民」について検討しておきたい。まずは該当する寺中の説明をみよう。以下の引用は全て前掲注(1)の寺中書からであるので逐一引用箇所を示さない。「自己の人間としての価値を重んずると共に、一身の利害を超越して、相互の助け合いによって公共社会の完成の為に尽す様な人格を持った人」、あるいは「自己は同時に社会であり、社会の事をわが事として常に『われわれのもの』として社会公共を充実発展させる事に努力するような人格」という表現である。つまり、一方で私的な人間を承認すると同時に他方で公共社会のことも考え、そのために献身するという「公民」の捉え方に留意を促したい。ここから、次のヘーゲルの章句を連想しても不自然ではない。
「同じ人間が自分と自分の家族のことを考え、働き、契約を結ぶなどするとともに、普遍的なもののためにも働き、これを目的とする。前の面をみればその人間はブルジョアであり、後の側面ではシトワイヤンなのである。」(『イエーナ実在哲学』、訳文引用者) ヘーゲルは人々が「ブルジョア」にとどまるのではなく、「ブルジョア」であるとともに「シトワイヤン」でもあるようなあり方を追求したのであった。しかも、ヘーゲルによれば近代国家において、両者の統一が可能なのだと説かれる。つまり、〝個人〟がよい国家の〝成員〟(Bürger eines guten Staat)になったとき叙上の統一は実現され、「公民」となるのである。ここで、留意を促したいのは、「公民」は、「私」の契機と「公」の契機が止揚された人間、つまり、「私」と「公」の統一体なのだということである。したがって、先の寺中の「公民」も同じであると読めるのではないか。このように読めば、「公民」は「国民」と一致する。寺中は、「国民という場合には、国家——即ち社会のうちで最も重んずべき団結で、地域を画し、主権を持った政治的な集団——の一員としての身分を謂う」と述べるだけでとくに「公民」との違いについては述べていない。ただし、この場合でも、家族・市民社会の否定的媒介（疎外）を経た「国民」であることに留意したい。

ところで、晩年のヘーゲルが、現実との「妥協」を行い、この公民を現実のプロイセン国家の一員、つまりプロイセンの国民と同一視したことはしばしば批判されるところである。また、ヘーゲルの国家はルソーのように個々人の「契約」によってつくられるものではなく、むしろ個人に先立つ全体、共同体を前提している。したがって、ヘーゲルは明言していないが、彼のいう国家は「民族共同体」と捉えられる要素、さらに「明治の天皇制国家にきわめて近い」（西研『ヘーゲル・大人のなりかた』NHKブックス、一九九五年、二一八頁）という解釈も成り立つ。前出の寺中構想の批判者はその「公民」概念のなかにこのような解釈を見出したのではないか。私はこのような「解釈」には与しない。ただし、「私」と「公」の否定的媒介による「公民」は、自立した個人の共同態＝市民社会の主体＝市民と重なる。ところで、寺中のいう「公民」＝「主権者」と解する社会教育学者もいる。（元木健・小川剛編『生涯学習と社会教育の革新』亜紀書房、一九九一年、四四頁、小川剛稿）この解釈の論拠は示されていないが、恐らくルソーの『社会契約論』をふまえた立論と推察される。つまり、「公民」とは国家の一員であるが、その限りでは全く平等で、その個々人（公民）が基礎になり「契約」によって「自覚的」に「国家」を形成するのである。したがって、法は成員の共通利益にかなったものでなくてはならない。その際の原則は自分たちで法をつくって自分たちで従う、そのような「自分」＝「国家の成員」が「公民」である。冒頭部分で引用した寺中の「公民」の説明はこのように「読み」とることは可能である。勿論、ルソーの構想する社会契約論的国家観とヘーゲルの民族共同体的な国家観とは異なる。しかも、ルソーにはヘーゲルに特有な国家と市民社会の分離と再統合という構想はない。したがって、「シトワイヤン」を「国家」の「成員」＝「公民」と訳すか、「ブルジョア」とは区別しつつも「市民社会」の「成員」としての「公民」と訳すべきか難しいところである。前者であればすでに指摘したように公民＝国民となる。後者の場合は、「公民」よりも「市民」とか「人民」と訳す方がよいであろう。因みに、寺中は「人民」を「国家とも君主とも繫がりがなく政府と対抗する意味の各個人の集まり」（前掲寺中書）としている。これはルソーの国家観が、自分の故郷のジュネーブ共和国と古代ギリシャのポリスをイメージして構想されたことによると思われる。

以上の検討から、公民とはまず出発は個人であり、その個人が自分や家族の生活を大切にしつつ、同時にそれにとどまらず、それを超えた公共的な領域にも積極的に関わるのであるが、その公的なものは民族であれ、宗教であれ、あるいは土着の地域であれ、個人・家族の以前に存在するものではなく、個人が自らの自由な意思で関わる限りでの公的なものでなければならない。つまり、その個人や家族にとって、関わることが不利益をもたらすと個々人が判断した時はいつでも離脱可能であることが条件である。勿論、現実には日本国民とかあるいはそれを前提として名称は「自治体」といわれる地域社会に所属しつつ現存しているわけだから、各自は互いにこの公民としての自己形成を行いつつ、先述の自立した個人による市民社会の空間を創り、それを拡大していくほかないのである。まさに、この意味での公民を互いに形成するための関係が社会教育であり、その具体的拠点が「公民の家」としての公民館である。ただし、この場合の「公民館」は一種の象徴的表現であって、個々人が公民に成りゆく場の総称と考えるべきである。（以上は、拙稿「社会教育とボランティア・ネットワーキング」〈黒沢惟昭・佐久間孝正編著増補改訂版『苦悩する先進国の生涯学習』社会評論社、二〇〇〇年〉から本稿に関する要点を改めてまとめたものである）

（8）　本節の公民館の歴史に関しては、逐一頁を記さないが次の書を参照した。小林文人編『公民館の再発見』（国土社、一九九八年）教示に対して感謝したい。

三　臨時教育審議会――「学び」の商品化

臨教審（新自由主義）は私の「宿敵」であり、「新しい社会形成」と銘打つ本章にとっては「反面教師」の意味しか特にない。とはいえ、現代史（社会主義の成立と破綻）のふるくして、あたらしい課題、自由（市場）と強制（国家）についての新しい問題を提起したといえる。ここでは次節への階梯《ふみだい》としてかんたんに要点を述べるに止める。

さて、公民館、それを中心とする社会教育が停滞し、「終焉」さえ言われるようになった直接の原因は国家・地方自治体の財政逼迫による「行政改革」である。その画期は、八〇年代半ば（八四年）に発足した臨時教育審議会（臨教審）による「改革」である。[1] 臨教審の改革理念は、新自由主義といわれ、市場原理主義を教育に導入しようとするものである。改革の標語は「生涯学習[2]」と呼ばれた。それは、学習者の自由意思、能力を尊重し、その機会の提供を民間の教育産業と分担して、民間の「活力」（企業努力）を公教育にも波及させようとする考え方であった。臨教審が「教育」に代えて「学習」、「生涯学習」を喧伝したのはこのためであった。つまり、たてまえは自発性（学び）を尊重するかのようであるが、本音は、学びたくない者は切り捨ててもよい、それは強制ではない。そのひとの自由であり、市場の結果なのだ。[3] それによって「無駄な」教育のコストの削減が意図されたのである。当時の背景を簡単に見ておこう。七四年に高度経済成長が終焉する。また、七二年を境にして、第三次産業が第二次産業の人口を超え、五〇％に至る。つまり、日本はこの頃から高度情報社会、高度消費社会に入ったのである。社会教育の変化を見よう。興味・教養型が多くなった。つまり、何かのための手段としてではなく、それ自体が楽しいから、それを目的に学ぶ人々が急速に増えたのである。茶道、華道などは従来の社会教育では道楽、稽古事といわれ、公民館の学習においては軽視された領域であった。断定的にいえば、教え・育てる「教育」の面が薄れ、学んで・習う「学習」の面が強くなった。いいかえれば、文部省――教育委員会系から逸脱する領域の「教育・学習」活動が活発になり、増大したのである。そして、その多くをカルチャーセンターなどの民間教育産業が受け持つことになった。以上のほか、塾、予備校を「教育」の一環として認知するために、生涯教育に変えて学習を使ったといわれるが、なるほどと思う。公民館社会教育の衰退の一面はここにあるといえよう。私も、当時カルチャーセンターで語学（イタリア語）を学んだことがあった。講師も魅力的で、教え方も巧みで、一五人の受講生は熱心で毎回楽しく学んだ記憶がある。しかし、語学習得は必要のためではあったが、受講料がかなり高くその点が心配になり、最低限度の学習（一コース＝三ヶ月、三万円）で止めざるを得なかった。商業主義であれば、叙上の兼ね合いをどうするか、選択が問われるところであろう。しかし、「学び」が企業として成り立つ時代になったことを、個人的経験から実感せざるを得なかった。時代の変容に驚きを抱いた。そこでは、お金によって個人の「学び」（による「利益」）を「買う」ことが実相である。つまり、「学び」が商品になっているのだ。もちろん、全国的にみれば、国立公民館のような学習も、とくに地域においては行われていた。当時、私は東京都から依嘱されて、三多摩地区の社会教育の「調査研究」（主査）を一〇年近く行なった。そこには、国立、国分寺をはじめ三多摩地区の若い公民館主事たちが、「調査員」として参加した。前述のカルチャーセンターとは異なり、かつての国立公民館型の講座・学習が地域の問題と深く関わりながら行なわれていることを彼・彼女たちの実践報告から知った。ただし、学習のテーマは「高齢化社会」、「人権問題」など時代を反映したものに変わっていた。学生とよく見学に訪れた神奈川の湘南地域の公民館（茅ヶ崎公民館）も三多摩とほぼ同様であった。例えば、その公民館では公民館改築の時には地域住民と職員が協議して住民の使いやすい公民館にするように努力したことを聴いて感動した記憶がある。今改めて思うのであるが、前述の公民館にしてもすぐれた実践の要石は「人」、つまり、公民館職員であることを実感した。行政改革にもめげずに、住民の立場にたって、専門性に依拠して努力する公民館主事がいるところでは、かつての国立公民館の伝統が新しい時代に継承されていることを私のささやかな経験から知ることができた。したがって、全ての学習・教育が商業化されたわけではない。また、それが（「市場原理主義」でない限り）一概に悪いとも言えないだろう。時代の変化も考慮する必要がある。要点を言えば次のようになろう。

高度経済成長よって多くの国民は豊かになった。その結果、国民の消費は拡大し、商品・サービスの差別化、多様化（ソフト化）が促進された。この流れの中で、農業や工業の「生産」に特有な、結果（作物・製品）の楽しさを思い描きながら過程の苦しさに耐える心性「インストルメンタル」（道具性）が失われ、出来あいのモノ、与えられたサービスをその都度、その限りで楽しみ、「消尽」していく態度――「コンサマトリー」（即自充足性）が一般化していく。この傾向は「教育」の成立に不可欠な「道具性」に「ゆらぎ」をもたらす。したがって、豊かな社会になってくると、「道具性」に基づく、公民館を主とする社会教育は教育産業の商業主義、つまりサービスの差別化・ソフト化に対抗できなくなる事態は致し方ないのである。周知のように、「臨教審」に始まった、「規制緩和」「官から民へ」の大合唱はかまびすしいが、今に至るも「逆流」の兆は殆ど見られない。それでは臨教審の流れは今後も止まらず貫徹していくのであろうか。そうは思わない。臨教審が切実に迫った、「自由」と「公共性」の関連をいかにして脱商品化の方向へ反転させるか。その潮流（逆流）を私は「ボランティア」に見据える。以下、その潮流を考察することにしたい。

注

（1）「審議会」の成立の背景を含めて総合的な説明については渡部蓊『臨時教育審議会―その提言と教育改革の展開―』（学術出版会、二〇〇六年）が参考になる。

（2）戦後民主教育に貢献した宮原誠一は「生涯教育がない―生涯学習という言葉そのものにこだわることは意味がない」。（同編『生涯学習』東洋経済新報社、一九八四年、八頁）と述べている。

（3）D・ハーヴェイが単に「市場原理主義」的側面だけでなく、そうした理論とともに「階級権力の再興という新自由主義の実践の両側の総体」であることに注意を促していることを監訳者渡辺治は指摘する。（『新自由主義』同訳書二九三頁）。傾聴に値する。（拙著『グラムシと現代市民社会』の教育学―生涯学習論の解体と再生』大月書店、近刊、第六章）を参照

四　ボランティアの原理、そのネットワーク――新しい社会形成への道

（1）ボランティアの原理

「ボランティア」という言葉は、すでに六〇年代半ば頃から、福祉事業のなかで使われはじめ、七〇年代に入りボランティア論が展開されるようになった。行政側の施策でいえば、旧自治省のコミュニティ政策、旧厚生省による高齢者の「生きがい」政策のためのボランティア政策が主要なものであった。八〇年代に入ると、臨教審答申によって、「民間活力」の源泉としてボランティアの活用が喧伝されたことも改めて想起される。八〇年代のボランティア論の盛行と公民館・社会教育の停滞現象という逆相関関係の事態は、行政改革・合理化の「表」「裏」の側面であることについては前述した。市場メカニズムの推進によって、福祉国家の財政赤字、官僚主義化を批判し一定の活性化をもたらしたことは新自由主義の「功績」といえよう。そして、当初は

その政策化のセーフティネットとしてボランティアによる自助集団が唱導されたことはよく知られる。しかし、それは単なるセーフティネットにとどまるものであろうか。それだけではない、と考える。以下、その点を考えてみよう。

想えば、一九九五年一月一七日の阪神淡路大震災を契機にボランティア活動が激増し、そのネットワークが急速に広まり「ボランティア元年」を画した。その意義は特筆されるべきである。今回の東日本大震災（二〇一一年三月一一日）においても、その経験は継承されていることをテレビ報道などのメディアで知り感動を覚えた。

ところで、日本の社会教育は「ボランティア」に様々な訳語を当ててきた。「奉仕者」、「篤志家」、「有志者」、「志望者」、「民間活動家」などである。要するに、日本の社会教育にはボランティアにフィットする訳語がないのである。いいかえれば、言葉の真の意味で、その実態がなかったということである。次のように説明する社会教育学者もいる。それは「官制社会教育に対置されるもの」、つまり「公の支配に属さない」性格を意味するのであり、「国民相互の自己教育」という社会教育の本質規定にも通ずるのである。しかし、学習者の側面に即していえば、「学習動機の自発性、学習組織の自主的運営、学習運動体の官僚化の排除」などがボランタリズムの重要な特色である。「学習者の自由な学習意志の絶えざる発現」こそが、ボランタリズムの本質であり、生命である。それは同時に、「社会教育の学習原理」でもある。(1)

そうであれば、社会教育においてボランタリズムを強調することは形容矛盾の筈である。しかし、それには理由がある。つまり、明治時代の「大教宣布運動」をはじめ、「地方改良運動」そして昭和期の「国民精神総動員運動」などは日本固有の社会教育の「ボランティア」であった。だが、その実態は、行政指導の「無償」の「国策協力」であったことは周知の事実である。戦後もこの性格は色濃かったといえる。社会教育関係者に根強いボランティア、ボランタリズムへの拒否反応はこの日本の社会教育の負の性格に起因する（後論）。

しかし、前述したように、近年、社会の変化とともに非伝統的な意味のボランティアの土壌が形成され、ボランティア活動も次第に広がるようになった。こういってよい。そこで、ヨーロッパ語のボランティアの語源と意味を確かめよう。

ボランティアの語源は、「自由意思という意味をもつラテン語のボランタス（voluntas）に始まるといわれている。これが、意思とか、意図を表現するフランス語のボロンテ（volonté）に引き継がれ、さらには、自ら進んで提供するとか、自発的に申し出る、という英語表現へと展開し、その実行者としてのボランティア（仏＝volontaire、英＝volunteer）を生んだ」。ここから、「自発的に、公益的な仕事を、報酬を目的としないでサービスする人をボランティア」と呼び、「その行為をボランティア活動[2]」と要約できる。

以上は社会教育学者の説明であるが、言葉に即した表面的な説明のように思える。前出の「公民」の形成と関わらせて言えば、以下の説明の方がより具体的で、納得出来る。「ボランティアというと」「『困っている人を助けてあげること』だと思っている人が多いのではないだろうか。

ところが、実際にボランティアに楽しさを見出した人は、ほとんど『助けられているのはむしろ私の方だ』という感想を持つ。」（私の限られた経験からもそう感ずる。）「ボランティアは『助ける』ことと『助けられる』ことが融合し、誰が与え誰が受け取っているのか区別することが重要でないと思えるような、不思議な魅力にあふれる関係発見のプロセスである」[3]。この（自・他の）関係発見の喜びを、鷲田清一は、「他者の他者としての自分をほかならぬ他者に認めてもらうということ」「他者によって無視しえない存在として認知されること」「そういう他者としての認知、行為としての評価や賞賛」であると説く。しかも、多くの人びとが望んだボランティアの形態は、「他者のまえで、他者に積極的にかかわっていく活動（黙って耳をかたむけるという行為をもちろんふくめて）であったこと、そしてまた多くの場合、全身体的な活動であったこと」[4]が、１９９５年の阪神淡路大震災の際に確認されたという。この引証から、ボランティア活動とは、単に自分のためでなく、さしあたって顔の見える他者のために――抽象的な国家や民族などの伝統的な共同体のためでなく――献身することが結局自分に還ってくるという意味で、それは先に述べた「公民」の形成過程といえるのではないか。つまり、自立した個人による市民社会の創造はボランティア活動の充実と拡大にかかっているのである。

(2) ボランティア・ネットワーキング

一方において自己実現・自己充足でありながら、他方で、社会形成の契機でもあるという二面性、二重性を同時、双方向的に実現するのがボランティア活動である。まことに不思議な魅力的なことであるが、それは、あくまで個人の自発性、他者への共感に基づくという点で偶発性、恣意性を孕む。したがって、この活動を基盤に、公民の形成を、そして自立した個人の共同体＝市民社会の創造を提唱しても、その「メカニズム」を論理的、社会科学的に究明することは困難である。そのため、批判を甘受して私見を述べてみよう。（その批判に対しては、一で考察した国立公民館の実践が参考になる）

ボランティアはカネとヒマのある有閑階層がやるものだ。行政の下請けだ。このような従来の考えを大きく変えたのは阪神・淡路大震災の際のボランティアであった。その時、これまでは、できれば免れたいと思っていた肉体労働（とりわけ、３Kといわれる、キタナイ、キツイ、キケンな仕事）を志願した夥しい人間（その多くは若者であった）が参加したのであった。当時の統計によれば、震災時から夏休み終了時までの約八カ月の間に参加した人の数は実に延べ一三〇万人に達したという[5]。これほど活発で大規模な活動が起ころうとは、誰も予測できなかった。私はその事実を知って、驚くと同時に日本の青年に希望を持つことができた。ボランティアはそのとき以来、狭い社会奉仕から人間の新しい自己実現、生甲斐のエネルギーであり、同時に社会創造のエネルギーであることを鮮やかに印象づけたのであった。まことに「ボランティア元年」を画するにふさわしい出来事であった。今回の東日本大震災においても、統計的に示す用意はないが、現在に至るもボランティア活動が盛んに行われていることは連日マスコミが伝えるところである。国の後手、後手の対応にたいして特筆されるべきである。ただし、阪神淡路の時と相違して、今回の震災は未曽有の大規模の上、原発事故も重なった。しかも、「ワーキング・プア」の言葉に象徴されるように、国民の格差（不平等・貧困）化が急速に進んでいるために、このところ、ボランティアの減少が話題になっている。大震災後一年余を経る今日、国の早急の救済策の実現を切望するほかない。

ただし、信州・上田郊外で、戦没学生の「絵画美術館」（「無言館」）を開設している、窪島誠一郎（水上勉の実子）は、被災地・石巻で「無言館」所蔵の絵画展を特別に開いている。その彼が、若者のボランティアに触れて次のように語る。「若い人々はキップを買って被災地へ向かう。ボランティアのために。被災地の人には申し訳ないが、不幸な人々から〝生甲斐〟をもらうのだ。一方、キップを買えない人たちも大勢いる。このことをどう思ったらよいのだろう。[6]」これを聴いて、私はボランティアの意義が生きていることを知り嬉しくなった。

背景をまとめてみよう。一九六〇年代から七〇年代にかけて、「大きな政府」による社会形成が福祉国家のスローガンの下に推進されてきたが、財政危機と既述のような社会の構造変化によって福祉国家は行き詰まり、この打開のために、「小さな政府」による市場原理主義の政策が八〇年代に中曽根内閣によって開始され、小泉・竹中路線によって急速に推進されて現在に至るも続けられている。（二参照）しかし、小泉内閣時代の「構造改革」政策の積極的推進によって、国民の所得格差が急速に拡大し、その弊害が顕著になった。それに対する批判が喧伝されてきた。(7)しかし、その政策は政権交代（二〇〇九年）後の現在に至るも一向に改められていない。政治的には現在のところ、極めて悲観的であるが、すでに述べたように、希望はボランティア増大の傾向である。私はそこに、「大きな政府」でも「小さな政府」でもない「もう一つの」社会の形成を、その可能性を見出すことが出来ると信じている。すでに、考察したボランティア活動を基礎にした「公民」が形成され、社会の主流を占めるようになれば、個人の自立による共同態＝市民社会の創造も夢ではないと考えるからだ。その意味で、「ボランティア元年」は「新しい社会形成への元年」といってもよいのではないか。

ところで、個々人のボランティア活動を新しい社会形成に向けるためには、それを「環」とするネットワーキングが必要である。先進諸国の例に学べば、この中核になるのはＮＰＯである。この組織は、権力やプロフィットによらないということでは共通している。しかし、目的、形態、規模の点では実に多種・多様であり、また各国の歴史的経緯や宗教など習俗による違いも大きい。したがって、一義的定義は難しいが、ここでは、ジョンズ・ホプキンズ大学のサラモン教授による「最大公約数的」定義――「利潤をあげることを目的としない、公益的な活動を行う民間の法人組織」をもって次善としなくてはならない。

こうして、とりわけ社会教育の主要な活動の場である地域社会においては、ＮＰＯを中核として行政とのパートナーシップの成立の可能性が大きいと考えられる。その協働が強まれば企業を一面でコントロールしつつ、一定の連携も可能になるだろう。この基盤の上に小論で繰り返し強調した、自立した、個人の共同態＝市民社会の創造が展望される。勿論、長い年月が必要とされるが、ここに日本の未来を賭けるしかないと思う。

(3) 日本社会教育学会とボランティア・ネットワーキング

日本社会教育学会編・年報『ボランティア・ネットワーキング――生涯学習と市民社会――』(日本の社会教育 第41集 東洋館出版、一九九七年)の刊行について述べておこう。当時、私は学会の「年報」担当理事として編集副委員長を務めた。すでに述べたように、当時においても、学会会長はじめ社会教育学会ではボランティアについての関心は低く、冷淡な会員が多かった。しかし、理事会で、私は「ボランティア」は現代の重要なテーマであり、学会全体で研究に取り組むべきことを繰り返し、強く主張した。幾度かの激論の結果、「共同研究」は否定されたが、「年報」の刊行は承認され、編集委員会が発足したのであった。委員長は理事ではなかったが、このテーマの必要性を私に熱心に奨めてくれた畏友小川剛(故人、当時、お茶の水女子大学教授、かつて学会事務局長も務めた)を私が強く推薦して引き受けてもらった。以上のような経緯で二年がかりで叙上の年報は出版されたことを記しておきたい。当時ボランティアに拒否感の強かった社会教育学会が「年報」とはいえ、「ボランティア」をテーマにして刊行したことは、画期的なことであった。勿論時代の背景はあるが、この点を特記したい。さらに、あえて言えば、戦後社会教育の七〇年代までの到達点を示した、公民館主事専門職論を中核とする国立型社会教育は、新しい高度情報社会・高度消費社会の社会教育＝生涯教育、生涯学習の時代に「ボランティア」を中軸にして継承・発展したのである。これが私の総括である。社会教育学会が叙上の年報を公刊したことがそれを象徴していると私は考えたい。ボランティアについてはすでに多々私見を述べたが、社会教育史上の「画期」の意義を年報編集委員長、故小川剛の「はじめに」（同『年報』所収）から引用しよう。

「本年報は、ボランティア・ネットワーキングについての会員の実践・研究の成果が結実したものである。ちなみに、ボランティア活動ならびにネットワークの発想は、この期に突如として湧き出してきたものではない。人類は、永い間、お互いに情報を分かち合い、自らすすんで人々のかかえる問題の解決に協力してきた。このことは『人間らしい』生き方として永く受け継がれてきた。これが資本制社会の広がりとともに、人間疎外現象の一つとして見失われていったのである。ところが一九七〇年代に入って、この二つに新たな光が当てられた。

ボランティア活動についてみれば、わが国では、日本青年奉仕協会（Japan Youth Volunteers Association, JYVA と略称）が中心となり、一九七〇年から全国ボランティア研究集会が開催され、全国でのボランティア活動が集約されるようになった。また全国各地にボランティア協会が組織され、それぞれ福祉事業を中心とした実践の蓄積がされるようになった。一九九四年一〇月三〇日から一一月三日にかけて、東京においてＪＹＶＡならびに大阪ボランティア協会も主催団体となって、世界ボランティア会議――第13回IAVE（International Association for Volunteer Effort）世界会議が開催された。同会議では、「新しい時代を拓くボランティア――地球家族の絆を求めて」をテーマに、「社会が抱えるさまざまな課題を確認し、解決に向けて相互の経験や努力を学びあい、交流をとおして、自発的に活動する市民のグローバルなネットワークを築き、二一世紀に向けて地球市民として、日本のボランティア活動の新たな潮流を見いだしていこう」という大会趣旨のもとに世界各地から六〇〇名をこえる参加者により、活発な討論・情報交換がなされた。わが国のボランティア活動もこのような段階に達していたのである。

ネットワークに関しても、七〇年代に入って、社会的に言及されるようになった。まず七〇年代初頭、脱学校論者であるI・イリイチ、E・ライマーなどが学校に代わるものとして「学習のためのネットワーク」（Leaning Webs）あるいは「物・人のネットワーク（Networks of Things and People）について言及している。その後パーソナル・コンピュータ（PC）の普及ならびに情報科学の発達によりホスト・コンピュータと各PCとをつなぐパソコン通信さらにインターネットが実用化されてくる。これは、まず、企業経営のあり方に影響を及ぼし、それを理論的に集約したものが今井賢一・金子郁容『ネットワーク組織論』（一九八八年一月）であろう。そこでは従来のものと発想を異にする技術開発・販路開拓のための「創造的なネットワーク」、すなわち新たな状況に柔軟に対応しうる構成員の自主性を重視しヨコの関係による「人的接触による無形のネットワーク」（今井『情報ネットワーク社会』）が新たな情報ネットワーク社会の中核とされた。この発想は他の諸領域においても、その有効性を発揮しうるものである。たとえば、金子は、ネットワークについて次のように述べている。

「ネットワークは違うものが集まることで違いを確認し、人を見ることで自分に気付く環境である。違う人が見れば、自分が違うことを主張する勇気が湧く。私にとってネットワークが重要なのは、何にもましてそれが自発性を発揮し、自分が自分であることを可能にする環境を提供するからである。」（『ネットワーキングへの招待』）。ここではボランティアとネットワークが一体化してとらえられている。そしてここに示されているものは、わが国の社会教育実践において、目新しいものではない。それは一九五〇年代の共同学習論において説かれたものでもある。それを現代風に述べるとボランティア・ネットワーキングとなろう。　本年報では、「ネットワーキング」という言葉が使われている。これには二つの意図が込められている。一つは、ネットワークを所与のものとしてだけではなく、活動のなかで創り出されていくものであることを強調するためである。第二に、ネットワーク活動のなかでの金子のいう「動的情報」（現場でコトに当たっている人たちが出す情報）を重視したいという意図からである。これらは社会教育実践に真剣にたずさわっている人々には了解してもらえることだと思う。

本年報は、二一世紀を展望し、新たな社会教育のあり方を模索するなかで生み出されたものである。そのキー・ワードはボランティア・ネットワーキングである。ボランティアは、人類の文化遺産を確実に継承するとともに社会的公正の実現のために主体的に行動する人間を意味し、また、ネットワーキングは、従来の血縁・地縁とは異なった次元での人間のつながりを重視し、時代の動きにダイナミックに対応できる社会集団の成立を促すものである。これらがより重視されることによって社会教育研究に新たな地平が拓かれよう。というのは、ボランティア・ネットワーキングは、ともすれば「官僚制」化により悪化する事態への解毒剤となり、また市民固有の論理による活動をより活発化するからである。

ここでは市民（citoyen）一人ひとりの力量が決定的であり、その向上を生涯にわたって保障していくシステムとして生涯学習の重要性も一段と増してこよう。その点からもわが国の社会教育も新たな段階を迎えることとなろう。」（一九九七年七月　編集委員長　小川剛、多少の字句を変えた）

以上、長い引用になったが、小川は、編集の責任者としてボランティア及びそのネットワーキングについて編集委員会の意見を踏まえ、正鵠を射た見解を述べている。一端を紹介したが、当時の社会教育学会の状況を顧みれば高く評価されてよいだろう。重複を覚悟して敷衍すれば、国立公民館が典型的に示し、私が社会教育の原理として多くを学んだ、公民館主事の専門性を中核とする市民の形成論が時代の変化によって、とりわけ、主事の「専門性」の、少なくてもその大部分が有志の市民が実践（代行）出来るようになってきたといえるのではないか。政治学者松下圭一が、社会教育関係者の反発を受けながらも、社会教育の「終焉」を主張したのはこのような状況（とりわけ、大都市の）を勘案したものであろう。これによって主事の「専門性」も変化したのである。誤解を恐れずに言えば、自覚した市民のボランティア活動を「専門」の立場から検討し、広い視野から支援・協力する、やや難しい言葉でいえば市民と行政の「協働」をいかに進めるか。新しい「専門性」を私なりに言うとこのようになるであろう。この点は後論で述べることにしよう。

追記

私どもが当時の理事会の強い反対にもかかわらず、叙上の「年報」『ボランティア・ネットワーク』（日本の社会教育41集、一九九七年）を編集、発行してから、すでに十余年が経つ。その後、社会教育研究者の間でも、ボランティア、NPO関係の研究が盛んになり、二〇〇七年には日本社会教育学会編「年報」『NPOと社会教育』（東洋館出版社、二〇〇七年）が刊行された。嬉しいことである。この年報を詳しく紹介出来ないが、新自由主義に対抗する「新しい社会形成」という、かつてわれわれが熱っぽく主張したトーンは見られず、NPOの様々な分野の実状の紹介が主な内容となっている。かつての「年報」の批判的「継承」が見られないのは残念である。それはともかく、「序」において、「NPOと社会教育」に関する研究の動向と課題、が述べられている。参考までに、要点を述べてみよう。

「NPOの登場は、特に政府・行政による公共サービスの合理化・効率化の関連が大きい。他方で、NPOの実践は市民がつくる教育力に広がりをもたらすという意味で可能性も含んでいる。」つまり、行政の分野にNPOが進出し、それによって市民の教育力が広まっているということで、この限り、かつての「年報」でわれわれが強調したボランティアの二面性がその後も論議されているということである。以上の点を「年報」から具体的に記してみよう。

「八〇年代以降に始まる日本の生涯学習政策は、受益者負担や自己責任・自助努力、個人主義的教育観など、その理念や政策の上で従来の社会教育とは異なる性格を有していた。政府主導による上からの政策誘導は、行政、住民双方による地域にねざした社会教育実践に重大な影響を及ぼしたかに見えた。しかし、カルチャーセンターの隆盛や社会教育行政の一部再編（生涯学習への部局名の変更や首長部局移管）などの動きはあったものの、社会教育施設やそこで働く専門職を含む施設職員の意義や役割を根底から否定されるものではなかったとふり返る。」

「九〇年代末以降のNPOの台頭は、従来からの社会教育や関係団体等の社会教育の担い手を「代替」するという意味において、社会教育現場へのインパクトはより大きいものであると言える。NPOは市民の自発的意思や行動に立脚し、具体的かつ実践的に社会教育行政の再編を促進するということから、明らかに社会教育行政を震撼させている。」

これらの状況と向き合うためには―と次のように―述べる。「NPOの意義と役割、あるいは限界等について、自治体社会教育や伝統的な社会教育関係団体・地域団体との関連において学問的に分析し、その成果を社会全体に普及していく必要がある。」当然の提言である。ここで、「年報」は、NPOの「地域ガバナンス」に言及し、両者の関係を三つに分類する。①、地域活動のサポート②、地縁団体との連携③、地域の経営面的側面との関係の三点である。要するに、

ＮＰＯが地域に深く関係してきたということである。これらの諸関係についての研究は今後の課題とされるが、研究視点として「年報」は以下の二点を指摘する。１、「地域民主主義の発展に果たす社会教育の可能性を明らかにする。」２、「地域づくり実践に内在する学習や地域課題解決の手段としての学習の意味を改めて研究上の課題として位置付ける必要がある。」この課題設定は新しいものではない。「年報」はその視点からＮＰＯと社会教育の関連についての研究の諸例を紹介しているが、それらは本章で紹介した例（東京都小金井市の市民と行政社会教育のコ・プロダクトによる「生涯学習推進プラン」の作成、後論参照）と大筋においては同じである。それらを「年報」が参照していないのは残念であるが、われわれの「年報」以降の概況を知る上でこの「年報」が参考になったことを誌して御礼申し述べる。

因みに、世界（欧米）各地のＮＰＯの状況、事例については次の書を参照されたい。『ＮＰＯ教書　創発する市民のビジネス革命』（編者財団法人　ハウジングアンドコミュニティ財団　以下の紹介に止める。執筆林泰義・小野啓子　風土社、一九九七年）七二〇頁の大著である。概要すら紹介する紙幅がない。第一部はアメリカ編で、サンフランシスコ、シカゴ、ニューヨーク、ワシントンの四都市のコミュニティの開発法人の実態と、これを支える仕組みについてまとめている。第二部は、スウェーデン、デンマーク、オランダ、ドイツ、イギリスのヨーロッパ五カ国の、主として住宅供給を担う非営利団体についてまとめている。巻末では、住まいとコミュニティのための民間非営利セクター確立への提言を行っている。読者におかれては「提言」を読んで、各国の事例はそれぞれの関心に応じて参照するのが便利ではないかと思う。

注
（1）碓井正久編著『社会教育』（第一法規出版、一九七〇年）二五五頁、〈倉内史郎稿〉
（2）辻功・岸本二郎編『社会教育の方法』（第一法規出版、一九六九年）二五五頁〈伊藤俊夫稿〉
（3）金子郁容『ボランティア　もう一つの情報社会』（岩波書店、一九九二年）一一〜六頁。
（4）鷲田清一『誰のための仕事、労働vs余暇を超えて』（岩波書店、一九九六年）一五一頁。
（5）電通総研『民間非営利組織　ＮＰＯとはなにか　社会サービスの新しいあり方』（日本経済新聞社、一九九六年）一一九頁。
（6）ＮＨＫ「ラジオ深夜便」二〇一二年三月一七日。
（7）二〇〇八年、年末年始にかけて、東京・日比谷公園で展開された「年越し派遣村」は象徴的出来事である。

五　市民社会の主体形成とＮＰＯ

市民社会の主体形成の中核はボランティアに基づくＮＰＯであることは前述した。そこで、これまでの叙述と重複する点はあるが、ＮＰＯの意義について述べておきたい。

第一に、地域社会の主人公である自立（自律）した市民を形成するためである。地方は「中央の「出店」」であるとする明治以来の「中央―地方」観は論外であるが、戦後になっても憲法に

「地方自治の本旨」(第九二条)が謳われたにもかかわらず、戦前の「地方」観は容易に払拭されなかった。それどころか、高度経済成長期には「霞が関でボタンを押せば、全国にランプがつく」といわれたほどに、中央集権化が復活していた。しかし、高度経済成長の終焉とともにその政策の負の面(公害など)が露わになった。それにつれて、地域への関心も次第に高まり、財政の行き詰まりの打開のためにも「地方分権」の動きが活発になってきた。楽観はできないが、二一世紀は再び「地方の時代」が唱導されている。事実、政権交代によって「地域主権」という言葉が政権党(当時の民主党)のマニフェストで謳われている。公約は次々と破られているのは残念であるが、最近では「地方主権」を掲げる諸政党も生まれている。諦めるべきではない。

ところで、自立・自律の市民とはどのような人間であろうか。分かり易く言えば、自分や自分の家族のことを考えるとともに、地域や国、そして広く国際的視野も広げることのできる人間と捉えたい。要するに、「私」という個と「他者」との関わり、つまり、「私」と「公」の双方を統一的に考え、自分の判断で行動できる人間が市民である。(前出の国立公民館の「教育目標」参照)

戦前・戦中にはホンネはともかくタテマエは「滅私奉公」が国民の目的として喧伝された。逆に、戦後は「滅公奉私」(ミー・イズム)の傾向が強くなった。明治以来の古い共同体、天皇制「国家」の呪縛・抑圧から抜け出すためには「国」や「公」を拒否して「私」を強調することは必要(悪)であった。勿論、一方的な「私」の強調だけでは社会は成り立たつ筈もない。社会の成熟化とともに、「私」の実現のためにも「私」と「公」の調和が不可欠なのだと気づく人々が増えてきた。ただし、この場合に外部から、とりわけ国家や政党から、説教されたり、「私」の犠牲というかたちで強制されたり、「滅私奉公」が押し付けられる場合は、拒絶反応を惹き起こすだけだろう。あくまでも個人の自覚と意思に基づく行為でなければならない。ところで、NPOの基底にある「ボランティア」は元来「意思」という意味であること、このボランティア活動のなかに「私」の意思による個の実現が「公」に通じる可能性が見られることはすでに考察したところである。

NPOは基本的にボランティアを前提にしていることも述べた。つまり、それは非営利的事業を行ないながら、たえず「私＝公」の関係を確認し、その関係を創出している人間の実践と見ることができる。いいかえれば、前述の自立・自律した「市民」の形成がそこで実現しているのである。たとえ利潤は少なくても、社会に有意義な行為・仕事を自らの意思でやる。それが自分の喜び、生き甲斐として返ってくる。このようなNPOの本質が、国によって付与された行政区(地域)の「住民」を、自立・自律の市民に転成することになる。NPOの第一の意義はここにある。

第二に、NPOは、明治以来の国権主義や、近年奔流のように教育界を襲っている市場原理主義という二つの思想――現実を批判し、それらを同時に超えるために、個々の市民の意思による新しい領域(組織・空間・関係)を創り出そうとしている。近年日本では、グローバリゼーションの流れに沿って、戦後教育をドラスチックに転換しようとする政策が進められてきた。一面については触れたが、経済成長によって豊かな社会が到来するにつれて、「規制緩和」、「自由化」が国民の多くに共感され、中央集権的教育からの解放は歓迎された面があることは否定できない。規制緩和について次の内村の指摘は的を射ている。「行政、官僚による規制や規則をとっぱらい、お上の意向をうかがいながら行動してきた日本人の過去の生活パターンと決別し、自律した自己責任社会を到来させようとする政策だ」とシンプルに受け止めてしまったようである。そうではなかった。その本質は「すべて市場メカニズムに任せればうまくいく、強者も弱者も、大も小もいっさいの区別は必要ない」という「市場競争原理至上主義」にある。[1]」もちろん、一定の競争は必要であるし、民間の教育産業が「公」的でないと言うこともできない。しかし、現存の格差を放任して競争を推進すれば、格差は拡大し、社会の公正は失われる。事実、叙上の自由化・規制緩和によって近年日本社会の格差（不平等）は飛躍的に拡大した。（小泉内閣時代に「勝ち組み」、「負け組み」の言葉が流行したことを記憶する読者も多いだろう）。

留意すべきは国家に奪われていた教育の権限、機能を開放すべき場は、市場だけではないということである。地域社会で考えてみよう。これまでの事業は主として、公的資金（税金）によるもの、営利事業（企業）によるものの二つによって担われてきた。それにわずかながら市民のボランティアによる、奉仕・慈善事業があったにすぎない。ＮＰＯは、ほぼ前二者に限定されていた領域（空間）に第三の領域として参入し、拡大しようとする市民の意思の結晶である。国家でも地方公共体でもなく、また市場社会でもなく、自立した市民による事業活動の場を創り出し、拡大しようとする野心的志向である。勿論、これら三つの活動にはそれぞれ固有の役割があり、互いに代替不可能な面もあろう。しかし、市民社会の発展のためには今後ともNPOの領域が一層拡大されることが期待される

ここで問題になるのは、行政活動として行われてきた「社会教育」とNPOとの関連である。前者もまた「公」を目指し、地域住民の立場に立つことを目標としてきたからである。前述した国立公民館の例に見るように、戦後、公民館を主とする公的社会教育の果した意義は極めて大きかった。この点はいくら強調してもし過ぎることはない。しかし、前述したように、高度経済成長が終焉した七〇年代半ば、つまり「ポスト産業社会」への移行の頃から、「社会教育」に代わって「生涯教育」「生涯学習」の用語が好んで用いられるようになった。他方で、社会教育の停滞が叫ばれ、「終焉」さえ話題になった。この点についてもすでに触れたが、他の言葉を使えば、「前期戦後」（戦後—七〇年代半ば）の社会教育が「後期戦後」（七〇年代半ば以降、この頃第三次産業が半分以上になり「高度情報社会」「高度消費社会」といわれる）の成熟（化）時代に適合しなくなったと言ってよいのではないか。社会教育の当事者たちの多くは、その変化に気付かなかった。あるいは、鈍感であった。このように私は考える。

求められるべきは、前述の三つの領域のコ・プロダクト（協働）である。とくに社会教育とNPOとのコ・プロダクトは重要である。そうは言っても、具体的に述べなければよく理解できないであろう。かつて、東京都の要請をうけて社会教育職員、及び若い社会教育研究者たちと数年

間このテーマで研究をしたことについては前述した。その成果――『NPOと社会教育』（東京都三多摩社会教育会館、二〇〇〇年）――を参照していただけば幸いである。もちろん、NPOによって地方自治体の財政逼迫を打開しようという行政側の意図があったことは否定できないが、参加した研究者・実践家全員に共通していた気持は決してそれに尽きるものではなかった。新しい挑戦、新しい挑戦に燃えていたことを今なお懐かしく想起する。

「新しい挑戦」を要約すれば次のようになる。制度上の「地方自治体」を本来の「自治体」に転成すること。ここにNPOの重要な意義がある。さらに、NPOの活動の可能な限りの拡大によって、ネオ・リベラリズムがもたらす「市場原理至上主義」（前掲、注（1）内橋書）を市民のコントロールによって、地域社会における市民の連帯を回復し強め、社会的公正の社会を再建しなければならない。こうした共通の熱意が漲っていたのである。

注

（1）　内村克人『経済学は誰のためにあるのか―市場原理至上主義批判』（岩波書店、一九九七年）四頁。

六　市民社会における「コ・プロダクト」（協働）の意義

「コ・プロダクト」について述べよう。自治体の生涯学習をどう進めるべきか。当時、流行の様相を呈した、各自治体の生涯教育・生涯学習の「策定」ないし「推進」、そのための「委員会」に注目したのである。生涯学習（生涯教育の用語も同じ意味であるが、母体は社会教育である）は自治体が本来の自治体＝市民社会に転成するための不可欠の条件である。そのためには、この「委員会」は市民（団体）の要求を十分に汲み上げ、討議・「調整」し市民社会の合意形成（グラムシの用語でいえば、「ヘゲモニー」）の役割を果さなくてはならない。まず、集会の「場」、情報、調査そのための経費も必要である。当面それを行政側に分担してもらわなければならない。

ところで、「コ・プロダクト」の内容について一言しておきたい。従来よく見られたが、行政側が予め「叩き台」なるものを用意し、各委員が若干の意見を述べて、多少の文言の訂正程度で行政側の素案がほぼそのまま委員会の「決定案」になってしまう例は、形式的な「市民参加」で、到底「コ・プロダクト」などと言えるものではない。そうではなくて、「白紙からの」「マスター・プラン」の作成が肝心である。また、委員選出も各団体の代表のほかに、市民有志の参加も考慮されるべきである。公募委員の選出は当時、東京都国分寺市において実施されたという。さらに、行政側が掌握している情報の完全な公開、委員会の市民に対する全面公開が原則とされなければならない。以上が「コ・プロダクト」のためのミニマムな条件である。一方、専門性を有する行政職員とイコール・パートナーとして協働するためには、市民全体の力量アップ、そのための学習・調査の機会も保障されるべきである（「コ・プロダクト」もその一手段である）。さらに、行政改革のために、これまでは行政が担当してきた機能・役割が市民のボランティアに割譲せざるをえない事情も勘案する必要がある。これは、考えようによっては、「コ・プロダクト」の好機である。グラムシの言葉でいえば、市民的ヘゲモニーの実践の機会である。この点に留意を促したい。

地方分権とは、中央の官僚の権限の一部を地方の官僚に譲り受けることではない。地域住民が国に吸収されている権限を奪い返しその権限を行使して、自らを「市民」に自己変革し、同時に地方自治体を文字どおりの自治の政体＝市民社会につくりかえていく市民のヘゲモニー的実践である。そして、市場原理主義が席捲する今日的状況をチェックし市民社会の制限下に置くことが目的である。「市民社会」とはその具体的「場」なのである。グラムシはこれを前提にして、「国家の市民社会への再吸収」と要約する。生涯学習の主要な目的は自覚した市民の形成である。その中核は社会教育、ボランティア、ＮＰＯ（総括・統合するのは「生涯学習」である）であることをつけ加えたい。以下に、読者の具体的理解のために、私が実際に関わった地方自治体における事例を紹介しよう。

七　自治体の生涯学習と「コ・プロダクト」――東京都小金井市の「生涯学習の推進について」

私はこれまで行政の要請によって横浜市、山梨県の生涯学習プランの作成に関わってきたが、そのなかで、小金井市の場合が「コ・プロダクト」の実現という点で私の理念・構想に最も近いものであった。詳しくは「提言」――「小金井市における生涯学習の推進について」(同市教育委員会、一九九八年七月二三日、以下「提言」と記す)――を参照していただきたい。ここでは、経験を踏まえて要点のみを述べることに止める。

(1) 経緯

一九九六年七月、市長ならびに教育委員会から「小金井市にふさわしい生涯学習の推進のための理念と構想について」審議要請を受けた。市推薦の市内各代表委員(会長の私も含めて)一四人とともに、二年間の審議・調査を経て一九九八年叙上の「提言」を市長、教育委員会に提出した。(因みに、代表委員のリストは「提言」に掲載されているので参照されたい。委員会の構成は次のようである。学識経験者として小中学校会、専門学校、大学の教員、市民代表として国際交流の会、老後問題研究会、障害福祉センター運営協議会、民生委員児童委員協議会、青年会議所、体育協会、女性ネットワーク、社会教育委員の会議、公民館運営審議会の委員。市内の主要な団体の代表が全て含まれているといってよい。)

(2) 概要と特色

(1)「小金井市が目指す生涯学習社会」(2)「生涯学習社会のネットワーク」(3)誰もが参加できる生涯学習(4)「生涯学習の推進」の四つの柱からなっている。特色は、次の4点である。1、市民のNPOを通じた行政とのコ・プロダクト(協働)、2、学習面で不利な立場に置かれたている人々（弱者）への配慮を伴う受益者負担の原則、3、市内の全学習機関のネットワーク、4、NPO方式による協働の組織としての生涯学習支援センターの設置。これらの特色を「提言」によって要点を説明しよう。

特色―1、この点は、すでに述べたところであるが、戦後の社会教育の歴史において画期的な提言であると考える。市民が行政の「下請け」や「奉仕」に甘んずるのではなく、明確な「意思」を持って、行政と対等な立場で地域社会の課題に関わろうとするからである。まさに、「コ・プロダクト」の実現である。二つの点を指摘したい。一は、行政との関係である。当時小金井市の財政状況はきわめて悪く、全国でワースト二位であった。私をはじめ委員全員がこのことをよく知っていた。したがって、私たちはボランティアで委員会を運営する覚悟であった。（事実、委員の手当は昼食程度であった）。市の状態を考えれば、それは当然であると考えた。その代り、行政に対しては討論の内容に余計な口出しをしないこと、必要な資料、あるいは、専門的知識を提供することを要求した。今も感謝の念を籠めて思い出すのであるが、事務・運営にあたった市の社会教育課は課長はじめ全員が私たち委員会の要求を忠実に叶えてくれた。しかも、会長としての私が知る限り、前述したような「叩き台」などは全くなく、文字通り白紙から毎月一回、二年間にわたって討論・調査を重ね「提言」を作成したのであった。（しかも、経費節約のために「提言」の草案は委員が手分けしてパソコンで打ったのである。文字通りの「手作り」の作品といえる。この点も特記したい）そのため、ボランティアで臨時の会議も、終わりの頃にはしばしば開いた。お互い多忙な中、大変ではあったが誰一人文句も言わず協力を惜しまなかった。したがって、完成したときの喜びは大きかった。まさにボランティア活動の喜びを味わえたのは私だけではなかったであろう。あえて、言えば、市民が職員と対等に、ある面で、職員を超えて地域の課題に取り組み、達成したのである。この意味で、公民館主事の専門性に依拠した、かつての国立市の社会教育を超えたと言ってもよいのではないかと考える。二は、小金井市の生涯学習事業は、市民と行政の協働で運営されることを特徴とする。市民は、単に学習者としてだけではなく、積極的に企画、運営にもかかわる権利と義務を有するものである。市民が自ら住む地域のことに、自ら責任を負うことは本来の市民社会のあるべき姿である。生涯学習のテーマとして、NPOそのもの、協働そのものを取り上げ研究すべきことを強調する所以である。なお、実際の協働の相手としては、行政のほかNPOが望ましいであろう。

現在、小金井市内で活動している市民団体の大半は、経済基盤が弱く、構成人員も少なく、事務局も持っていない。このような団体が協働相手のNPOとして育つには、物心両面のサポートが不可欠である。具体的に言えば、プログラムとしてNPOの意義やマネージメントを学ぶだけでなく、それを実施・習得する集会室や作業室等の施設の提供が不可欠である。さらに、講座や運営事務の一部を有償で委託するなど、行政とNPOが対等な立場で協働できるよう積極的な支援を行うべきである。

特色―2、受益者の原則的負担については委員にも異論があることを懸念したが（障害をもつ委員を含めて）全員が賛成であった。これまでの社会教育の常識から言えば意外な感じ・批判を抱く向きも多いかもしれない。だが、東京都も小金井市も受益者負担については部分的に触れてきた経緯もあった。（その後、「月刊社会教育」（国土社）の誌上対談で社会教育研究者からこの点について、批判を受けたことがあった。）私たちはなによりも市民の「自立」を尊重し、それを生涯学習の原則に据えたいと考えた。その「覚悟」をまずは「受益者負担」という言葉で表現したのである。つまり、自らのかけがえのない、「人生の実現＝自己実現」のために、自ら学ぶ「コスト」を自ら引き受けていくことを原則的に確認したのである。勿論、個々人が当然学ばなくてはならない学習内容、方法の習得、そのために不可欠な費用（ミニマムエッセンス）に対しては当然、公的な保障をすることは行政の責務である。同時に、様々なハンデイを負っているために生涯学習に参加できない人々、困難を伴う人々、自分の責任以外の理由で著しく不利益を被っている人々には、公費による支援を行うことを「提言」に明記した。しかし、前述のミニマムエッセンスもその内容をどのように規定するかは難しいところである。これについては、市の財政事情や他の自治体との比較などを基に慎重に決める必要があろう。さらにそのためには、市の財政について市民自らによる厳しいチェックが不可欠である。行政のチェックと改革を市当局に要請するためには、市民の側にも自立の姿勢が要求される。「受益者負担」の原則の表明にはこの市民の決意が込められている。この点を是非汲みとって欲しい。

特色―3、市民の生涯学習に対する多様な要望に応えるために、施設や人材（講師、インストラクター）の面から考えても、現状の小金井市の社会教育施設や組織（公民館、図書館、体協等）を有機的に連携して運用することが必要である。さらに、社会教育と小中高、専門学校、大学等、市内の学校との連携やボランティア団体が行っている生涯学習活動を活用することも欠かすことができない。このように複雑、多岐にわたる施設や既存の組織とのネットワークの構築が必要である。つまり、単に、社会人対象の講座を考えるだけではなく、学校教育の支援も考慮し学校教育だけでは不十分な面を補うことは生涯学習の本来の理念である。小金井市が取り組むべき具体的内容については「提言」を是非参照していただきたい。

特色―4、「生涯学習支援センター」の設立は委員全員が熱望した施設である。「提言」においても、「協働」の方式を軸に、「財団法人」の設立が詳しく提言されている。「提言」を参照されることを念じて、ここでは「提言」の「概要」から該当部分の引用にとどめる。〈1〉生涯学習事業の推進はその核となるものが必要である。一つは、施設（計算機ネットワークを含む）―ハード面での核、もう一つは、情報・人間―ソフト面での核である。〈2〉名実ともに核となる存在として生涯学習支援センターの設置が求められる。これは、これまでに述べてきた「提言」の内容を具体的化するものである。〈3〉その機能は、①、情報提供と受付、②、現存の生涯学習組織の支援、③、新たな生涯学習企画の立案、④、公聴・調査、⑤、広報、⑥、生涯学習コーディネーターの育成・紹介、⑦、講師の紹介、派遣、⑧、その他生涯学習に関する必要事項を担当する。〈4〉運営に当たっては、一、小金井市の生涯学習の理念の尊重、二、市民と行政の協働

（NPO方式）を原則とする。その組織は自主・自律性を尊重し市から独立したものである。しかし、行政が支援しなければならない組織である。〈5〉自主・自律・自由で個性的、多様な生涯学習活動を推進するためには、市民は財政においても一定の役割を担う。これは受益者負担の原則によるが、公民館や図書館の活動は従来どおり行政の負担による。また、この原則により学習機会が制限されている人々には、救済措置を施すことは当然である。〈6〉行政においては生涯学習支援センター準備室を早急に設置し、本提言の実現に向けて努力して頂きたい。

追記

事例の紹介は以上であるが、一言だけ付け加えたい。社会主義の崩壊に大きな衝撃を受けたことは本書（特に、第二章）でしばしば述べた。その再生を「新しい」社会として、日本で構築するとすれば、それは日本の地域社会、地方自治体を「自治」の「政体」つまり、「市民社会」に変革する以外にない。これが私の考えである。それを可能にする中核は市民の自己教育＝生涯学習である。小金井市で私たちが二年がかりで作成した「提言」はその具体的内容、方法である。

私は「提言」を市長に提出して間もなく、当時の勤務先、東京学芸大学を定年により退官して山梨学院大学に移った。そのため、「提言」がどのように生かされ、小金井市の生涯学習がどう変化・発展したか。残念ながら知らない。ただし、委員全員が望んだ生涯学習支援センターは設立されなかったことはその後聞いた。残念に思った。しかし、委員の一人が市会議員になって、議会で「提言」の実施を追求していることを仄聞して大変嬉しく思った。それ以上の経緯については聞いていない。それはともかく、市民の代表がほぼ手作りで自ら自分たちの市の生涯学習プラン（自治体の未来像）を行政との協働によって作成した例は珍しかったのであろうか。神奈川県の藤沢市、茅ヶ崎市などに招かれて作成状況について市職員、市民たちに報告したことがあった。これは一種の外部「評価」ではないかと考え、嬉しく思った。私たちは文字どおりボランティアで市職員の支援のもとに懸命に考え、調査し、討論して手作りの「提言」を作成した。これは私の生涯の宝であり、誇りであるといっても過言ではない。よしんば、「提言」が私たちの期待どおりに実現しなかったとしても、残念なことではあるが、致し方ないと思うほかない。

言うまでもなく、一つの「提言」で直ちに「市民社会」が実現するなどと考えることこそ夢想であろう。それを一つの契機にして小金井市という「地域社会」が「市民社会」になるためには長い年月が必要とされるだろう。想えば、西欧近代の市民社会の形成も同じであった。そのことを前提として、しかし、私たちが小金井市の「市民社会」形成のために、その礎石づくりのために微力を尽くしたことの意義は大きい。誇りに思うべきだと考える所以である。恐らく委員の多くも同じ気持ちであったろう。社会教育の視点で言えば、前述した国立市の公民館を中心とする社会教育の意義を継承・発展したのだ。こう自負したいのである。前出の徳永の学恩に多少とも応えることが出来たと思うのである。この点を記して事例報告を終える。

八　教育共和国の構想と挫折——山梨県の「コンソーシアム」の展開

二〇〇二年四月から山梨学院大学に移った。社会教育の講義も担当したが、主務はその大学に設置されている生涯学習センター長の職であった。

就任後、山梨県には国・公・私立を合わせると（短大も含めて）一四の大学があることがわかった。しかも、これらの大学が県の委託をうけて毎年度「県民コミュニティカレッジ」という「コラボレーション」講座を県民のために開講していた。その運営委員長を私が兼任した。生涯学習の「コンソーシアム」の実態が山梨に実在することに驚いた。大いに勇気づけられた。前任校の東京学芸大学時代に、都下多摩地区の一橋大、東京農工大、電気通信大、東京外国語大そして東京学芸大の五つの大学間で「単位互換」をしていた。そのとき委員の一人として運営に関わった。その経験を生かして、山梨では単位互換を超える大学間連携が可能ではないかと期待を抱いた。

そのころ、喜多村和之の書[1]を読んで、「大学コンソーシアム」の構想を知り、期待は膨らんだ。そこには、次のような説明が引用されている。「いかにして小規模カレッジのもつ人間的ふれあいという長所を保持しながら、しかも総合的大学の高度な研究や多彩な教育課程という利点を備えられるか」。この一見矛盾する課題を解決しようとしたのがコンソーシアムであった。著者はアメリカ・カリフォルニア州の例を上げて具体的に説明している。

同じ頃、「大学コンソーシアム京都」のことも聞き及び、早速現地調査を行った。ＪＲ京都駅前に「キャンパスプラザ京都」という5階建てのビル（二〇〇〇年オープン）がある。ここをセンターにして、市内五一（当時）の大学がコンソーシアムを運営していた。[2] 以上の説明、調査を参考にして山梨においても、大学コンソーシアムが出来るのではないかと考え、取り組んだのであった。詳しい経緯については他稿[3]に譲る。地元紙「山梨日日新聞」、さらに山梨県も協力を惜しまなかったことは嬉しかった。前述のコラボレーション講座の運営委員会においても詳しく構想を繰り返し説明して協力を求めた。一方、県の担当職員と県内の各大学を順次訪れて協力を要請した。とりわけ、山梨大学は国立でもあり話し合いを重ねた。当時国立大学法人化が始まり、そのための「特色」づくりの必要もあったのか大いに協力的であった。（因みに、コンソーシアム構想と併行して、山梨学院大―山梨大の二大学間においては単位互換の協定が締結された）コンソーシアムの進行過程で、定年によって、私は山梨学院大を退職した。したがって、その後どのような展開になったたか。残念ながら詳細は聞いていない。単位互換は進んでいることを仄聞しただけである。

ただし、念のために私の構想を敷衍しておこう。私の構想は大学間の単位互換にとどまるものではないことはすでに述べた。各大学の独自性（「建学の精神」等）を尊重しながら、連携を拡げ、強めて県下の全大学による「総合性」を保持できるようにカリキュラムを編成することがコンソーシアムの要石である。試行・錯誤を重ねてではあるが、山梨に大学間連携による魅力的な「総合大学」を創ることがこの構想に托した私の夢であった。

ところで、私は、一〇数年にわたって、高校までは、希望者全員（障害者も含めて）進学できる制度の改革を考えてきた。高校進学率九八％近い現状を考慮すれば、決して無理な話ではないのである。最近、公立の中・高一貫高が各県で話題になっている。その多くは進学エリート校を目指しているからである。しかし、私が構想し実現に努めた中・高一貫高はこれとは全く違って、大衆的な一貫校である。思い起こせば、一四期中央教育審議会もかつて提言した。「連携」型を目指せば比較的簡単に出来るのである。つまり、近隣の数校の中学校と高校が連携して希望者を全員入学させればよいのである。私は、衆議院の文教委員会の参考人としてこの見解を述べたことがある。少子化の現在、多少の定員オーバーはあっても、弾力的に考慮すればせいぜい面接程度で全員入学は可能になるのである。事実、連携型一貫校の具体例を日教組の全国教研の報告で幾度も聴いたことがあった。私は在職当時、山梨県内の公立高の半数（十数校）近くを訪れて見学したことがあった。その限りで言えば、叙上の連携型一貫校の可能性は十分あることを確信出来た。この高校改革の実現を前提にして叙上の「大学コンソーシアム」を構想したのであった。県内の大学も当時すでに「定員割れ」を起こしている大学が多かった。そうであれば、叙上の高校と同様に、面接程度で希望者の全員が入学出来る。こう考えたのであった。もちろん、志望者の多い学部、学科では特別に選抜方法を考慮する必要もあるだろう。しかし、叙上のコンソーシアムが実現すれば、それは例外的になると私は考えたのである。県外の、特にエリート大学、有名大学を希望する人がいても構わない。それはその人の自由である。しかし、叙上のような魅力的な（連携型の）総合大学が県内にできれば、多くの人は財政的にも入学を望むのではないだろうか。

勿論、小学校から大学までほぼ無試験で県内の学校で学べるということは魅力である。しかし、次の点には十分に留意しなければならない。受験に向ける努力を現代社会が要求する真の学力（このためには、OECDのPISA「国際学力評価」の「学力」観が参考になるであろう）同時に、共に「生きる力」（この点は一五期中教審の提言が再考されるべきである。）を育むことに向けることができるのである。その前提として、小学校から大学までの「一貫した総合的なカリキュラム編成」とその「教授法」が研究・作成・実施されなくてはならない。その実現がこの構想の成否の鍵になるだろう。その上で、そこで身につけた学力、教養、共に生きる力を、県内の自分に適した職業に就いて県の発展のために尽力する。県も、県内の産業界もそのために協力を惜しまない。こうして、県全体の産・官・学の連携、協力体制が進むならば、人材の県外流失（過疎化）も防げる。逆に、コンソーシアムの魅力を「売り」にして全国に宣伝すれば、それに惹かれて県外から移ってくる人も増えるのではないか。そうなれば、一層山梨県が発展する。同時に、県民個々人も自己実現を進めつつ、豊かな人生を送ることが出来るだろう。まさに一挙両得・三得である。私の構想する「山梨教育共和国」の基本デザインは以上のようである。

しかし、前述したように、構想の実現を見ることなく私は山梨を去った。したがって、その後の経過について述べることはできないのは残念である。しかし、私が在職した最後の年に、県の「高校改革案」が提示された。山梨県は全国的にも珍しく、総合選抜、小学区制を実施していた。そのため県立高校は比較的格差が少なく、その点で、全国的に見て希少な教育県なのである。前述した高校見学によってその事実を私はこの目で確かめることが出来たことを記したい。そうであれば、「改革」は必要ないと私は思っていた。もし改革をするのであれば、前述の「連携型中高一貫校」を次々と各地に、出来れば全県に広げるべきだ。これが私の改革案であった。したがって、当時、地元新聞、シンポジウム、講演等可能な限りの機会を捉えて、「改革」反対の意見を、同時に叙上の「対案」を述べた。NHK甲府もゴールデン・アワー（午後七時三〇分—九時）にテレビ討論会を催した。私は（改革）反対派のシンポジストの一人として、招かれた。持論を強く、繰り返し述べた。しかし、残念ながら、私の意見に反して県の「改革」案は成立しその数年後に実施された。

あろうことか、その「改革案」とは学区は全廃——「全県一区」同時に、「総合選抜制度」も廃止であった。これは改革でなく、改悪である。無念だった。私の教育共和国構想にとって、大変なマイナスであった。私は息を呑む思いでこの結果を聞いた。理論的には「改革」派の敗北であると今も確信している。県の審議会の議事内容を見る機会があったが、私たちの意見を真剣に聞き、真面目に考え、討論して、結論を出したとは到底思えなかった。要するに、国の「改革」

の方向―それは全国的な「新自由主義」の流れであった―に「逆らえないと」いう消極的「意向」がもともと県の方針であり、所詮、審議会などはその「アリバイづくり」であったのである。今もそう確信している。

結果は以上のようである。実施後、暫くして「教育研究集会」で山梨を訪れた。その折にどのような状況になったかを訊ねたところ、案の定甲府市など人口の多い地域では高校間格差が拡大している、とのことであった。それは十分予測出来たことであった。それに対する「改革」派の回答は「特色」づくりをすれば格差は生じないというものであった。専門学科高校はともかく、普通科高校で「特色」化など出来るものか。これについては、「部活を盛んにする」、「英語を重視する」という程度の意見しか聞かれなかった。これが「特色」といえるのか。

県―「改革」派の真意は結局、学区制、総合選抜制度を廃止して、競争を一層推進することにあったのだ。前述のように、これは新自由主義による教育政策である。したがって、子どものために、国の「改革」に対抗するならば、新自由主義そのものを批判しなければならない。しかし、これまた、明らかなように、私たちが守ろうとした学区制、選抜制度こそ、反・新自由主義の具体的プラン（対抗へゲモニー）として、教育運動が夙に進めてきたものである。したがって、山梨県においても、私たちは新自由主義（国家・資本のへゲモニー）に敗れたのである。残念ながら、その事実は認めなければならない。

それではどうするべきか。当面は、教職員組合を中心にして、「改革」以後の実態調査を丹念に行い、「改革」がむしろ「改悪」になっている現状について実例を示して公表し、県民に広く知らせ、教研などの機会に若い教師に伝えていくべきである。同時に、そうした事態をもたらした県教育委員会、審議会の責任を追及する必要がある。一方で、何故「改革」が進められてしまったのか。その自己検証・総括も不可欠である。それに基づいて新しい改革案を作成し、粘り強く県民の合意を獲得する運動に取り組まなくてはならない。因みに、前述のコンソーシアム構想はそのための有効な改革案に成り得ると断言できる。さらに、他県の運動にも学ばねばならない。日教組全国教研はそのために活用されるべきであろう。つまり、全国各地の経験に学ぶ一方で、「山梨の闘いの歴史」を伝えるべきである。まずはこのことを提言したい。「改革」（改悪）をもって「万事終了」という、従来しばしば見られた諦めの「パターン」を繰り返えして欲しくないのである。

次に、新自由主義については、本稿で再三述べた批判を参照して頂きたい。一言だけつけ加えたい。それは、今回（二〇一一年三月一一日）の大震災は日本の「未来像」に根元的変化をもたらしたことである。以下の見解は専門家の教えによるところが大きい。その教示によれば、今後、日本は「脱原発」の方向で進むしかないと私は確信する。この点については拙稿[4]を参照されたい。そうであれば、「第四の革命」といわれる自然エネルギーに依拠して日本の未来を構築するほかない。専門家―飯田哲也はこう述べる。現在、「人類が使っているエネルギー（化石燃料、原子力、自然エネルギー）のうち、唯一、持続可能性の定義に適うのは、自然エネルギーだけなのです[5]。」

これに関連して、次の指摘も今後の教育改革のために注目される。「小規模分散型の自然エネルギーは、人間社会との接点が大規模集中型電源よりも圧倒的に増えてゆきますので、……環境破壊や人間社会との対立を避けるための新しい予防的なルールや地域社会の参加が不可欠になるのです。」（同上書）つまり、自然エネルギーは地域社会で地域が主体になって自然との共生による電力の再生・制御が可能だという提言である。すでにおわかりのように、これを文字通り「主体化」（実現）するのは「地域社会」の「教育」の力である。（二〇一一年一一月、NHKテレビが放映した以下の例は「地域の教育」を考えるために大変参考になった。デンマークの小さな島の住民が、原発か、風力かを島民全体で繰り返し討論し、結局、風力エネルギーを選択した経緯を詳しく紹介した番組である。）

こうした方法は、すでに山梨県、小金井市、国立市における大学―高校、生涯学習―社会教育の改革・実践については詳述したところである。要点のみを繰り返せば、それらは全て「地域から」の「地域住民による」改革構想・実践である。その意味で、日本の未来を先取りした、未来に開かれている改革・実践である。なお、飯田は前掲書で日本をはじめ世界各地の事例を紹介している。紙副の制約のため、日本の山口県祝島のプロジェクトの紹介にとどめる。そこでは、原発反対運動が、「自然エネルギー事業を中心としながら、祝島の食をつかった「食」の事業、田ノ浦の自然を生かしたエコツーリズム事業、文化的なリソースを活用した祝島アート事業、そして島での介護サービスを提供する祝島ライフ事業の４つ」の総合プロジェクトに発展しているのだ。「自然エネルギー一〇〇％の島」として、「祝島千年の島づくり」を目指す壮大なプランである。ご多聞にもれずこの島も過疎化、高齢化が進んでいるが、島の存在が全国に知られるようになって若い人たちの移住も増えているという。未来にとつて嬉しく、心強いことではないか。原発マネー、「地方交付金」という名の（札束による）中央・資本の支配力によって自然が荒廃し、人間関係が崩壊したこれまでの日本の地域の歴史を転換する可能性がそこに見られる。[6] それを「主体化」・「実現する」のは言うまでもなく「教育」の力である。

したがって、これからの日本再生のためには繰り返し述べた「地域」を創造・再生する教育が不可欠である。自然エネルギーへの転換を、飯田は「革命」と呼ぶ。そうであれば、それを実現する人間の形成＝「教育」にも「革命」が求められなければならない。アジアの人々と日本国民を地獄の底に陥れ、はかりしれない被害を与えたあのアジア・太平洋戦争の犠牲によって、「平和憲法」同時に「新しい教育」を日本国民はやっと手に入れた。日本の歴史上「革命」的「転換」であった。それから半世紀以上も経るにつれて、次第にその意義が忘れられ、風化しつつある。今回の未曽有の大震災・原発（「原爆」の副産物であることを想起されたい）前代未聞の大災害を契機に新しい日本の再生が始まっている。改めて、その「革命」の意義を全国民が思い出し、心に銘記することが求められている。教育もそのために力をつくさなければならない。エネルギー「革命」に応えなければならない。本章で繰り返し述べた、新自由主義的教育を批判するための対抗教育（地域による地域の再生の教育）プランこそ、その要石である。

注

（1）喜多村和之『大学は生まれ変われるか　国際化する大学評価のなかで』（中公新書、二〇〇二年）

（2）詳細については、『創立10周年』、財団法人大学コンソーシアム京都（二〇〇四年一一月発行）を参照されたい。

（3）拙稿「大学の個性化と総合化―公正な競争とコンソーシアム構想―」（長野大学紀要、第32巻第2号、二〇一〇年一二月）

（4）拙稿「原発事故に思う―学び、考えたこと―」（「科学的社会主義」二〇一一年一二月号、社会主義協会発行）

（5）飯田哲也『エネルギー進化論――「第四の革命」が日本を変える』（筑摩新書、二〇一一年）

（6）次の書には大変感動した。読者にもお奨めしたい。山秋真『原発をつくらせない人びと―祝島から未来へ』（岩波新書、二〇一二年）「札束」によっても、故郷の「自然」を長い年月にわたって守り抜く島民の「心意気」を私は本書で初めて知ったのである。こうした現実に接すると未来に希望をもつことが出来る。

九　ポスト大震災と社会形成

東日本大震災は農業、漁業においても大きな被害を与えた。この分野においては専門外であるので、先学の研究に学ばなくてはならない。[1] ここでも「地域の共同体」が復興の核である。新自由主義による「改革」は論外である。それは以下の引用からも明らかである。

農文教編『復興の大義・被災者の尊厳を踏みにじる新自由的復興論批判』（農山漁村文化協会、二〇一一年）から批判の要点と復興の視点を引用しよう。「政府の「東日本大震災復興構想会議」は被災者という言葉をほとんど使わない〝復興〟の青写真を乱発し、それを受けて成立した「復興基本法」は「単なる復旧にとどまらない活力ある日本」を叫び、日本経団連「創生プラン」はそれを推進する第一歩として「農林水産業の事業資産の権利調整」をあからさまに強調している。事業資産の権利調整とは、小さい農漁家や水産加工業者はもう仕事をやらなくて結構です、大規模・効率的な企業的事業主体に明け渡しなさいということにほかならない。……そうして創られる「活力ある日本」とは一握りの中央大資本の活力ではあっても、地域の活力ではない。震災を奇貨とした「災害資本主義路線」と言われるゆえんである。」「〝単なる復旧にとどまらない創造的復興〟は今や流行（はやり）言葉のひとつになった観があるが、がれきの処理や仮設住宅の防寒対策すら迅速に支援できない政府やその陰の支配人が何をかいわんやである。被災した人びとは多くを望んでいるのではない。元の仕事、元の暮らしに戻れることがまず第一だ。（注(1)を参照されたい）そのようなささやかな願い、復旧に、「単なる」という形容詞を付けることによって揶揄し、もってTPP推進とセットの創造的復興論を対置する。前者を強調する向きには〝後ろ向き〟というレッテルを貼る。新自由主義的合理主義者の常套手段だが、災害をビジネスチャンスと捉える不道徳を許してはならない。被災者・被災地は、地域に根ざし地域を生きてきた歴史的存在だ。それゆえ歴史と主体を抜きにした復興はなく、それを等閑視した、誤った復興論は誤った未来を拡大再生産する。現場の今と歴史をしっかり見つめ、そこから被災地復興の論理を積み上げていく、地に足のついた議論が、今、望まれる。」(「まえがき」、一頁、傍点引用者)。ここでも、すでに繰り返し強調した「地域に根差した」復興が強調されることに留意を促したい。

まず、漁業の例を紹介しよう。

「海は公有である」。この指摘に私は思わず「はっ」とした。今まで不覚にも見過ごしてきたが、全くそのとおりである。今度の大震災で改めてこの「意義」が浮かび上がった。この視点から、次のように説明される。「漁業という産業は、漁撈労働に従事する漁業者のみでは成り立たない。漁港で荷捌き作業に従事する人、市場での取引を運営する人、仲卸人、漁協、加工業者、資材業者、造船所や鉄工所、金融機関や運輸・倉庫業者、自治体など公共サービスの提供者等、多様な経済主体が有機的に結びついて、まさに「地域産業」として成り立ってきたことを再認識すべきである。」つまり、「社会的協同経営体」であることが特色であり、今回の震災で、これら不可分の構成分野が壊滅的打撃を受けたのである。したがって、それらを再構成するためには、地元に根ざした旧漁協を中核として「社会的協同経営体」を構築しなければならない。さらに再生論は以下のように敷衍される。「生産するだけの狭い機能しか担っていなかった旧漁協の復活ではなく、生産・加工・直売所・レストランや観光分野を含めた、いわゆる6次産業化した経済活動、生活・地域福祉分野に及ぶ多面的な活動を担い、多数の人びとに雇用の場を提供するのである。」(2)

ここから次のように結論される。「社会的協同経営体として「漁業版集落営農」こそ、「地域産業としての沿岸漁業」の再生を担うことが可能な新しい社会システムなのである。」（前掲書、楠本雅弘「漁協を核とした「漁業版集落営農」による東北漁業の再建構想「社会的協同経営体」による地域産業の再生」傍点引用者、参照）。

次に、農業の再生においても、漁業と同じ発想による「総合農協」論が提唱される。なぜか。[3]それは「集落」を基礎単位として組織されているからだ。「農村や漁村の集落は、それが成立した昔から村落共同体として生産と生活の両面にわたる助け合い、相互扶助の機能を有していた。こうした共同体的関係は近代社会では次第に薄らいでいくのであるが、わが国では農協や漁協という協同組合が、その機能を再編成して受け継いでいる。」したがって、それは「経済合理性だけでは説明できない存在なのである。」そこに流れているエートスは「シンパシーの文化」であり、国際的にも評価されているという。今回の復旧でも大きな力を発揮した例が紹介されている。ここでは紙幅の制約のため省略する。（太田原高昭「共同体の機能を受け継ぐ〝絆〟の組織・総合農協だからできる復旧復興支援」前掲書、傍点引用者）。

もはや、付け加えることはない。繰り返しになるが、復旧・復興とは単に、旧に戻るのではない。今まで多くの人々が忘れていた「共同体」を未来に向けて「再生」することなのだ。言い換えれば、そこに、日本の未来があるのだ。そこへ向けての創造である。それを実現するのは「教育」であることはいうまでもない。国家・資本が推進する新自由主義的教育ではなく、地域を育てる教育である。ここでも、本書で繰り返し紹介した、グラムシの思想、その現代日本における

「適用」が看取できるであろう。

注

（1）この点についての詳細な調査、研究については、次の書から多くを学んだ。関満博『東日本大震災と地域産業復興 二〇一一・三・一一～一〇・一 人びとの「現場」から』Ⅰ（新評論、2011年）、『東日本大震災と地域産業復興 二〇一一・一〇・一～二〇一二・八・三一 立ち上がる「まち」の現場から』Ⅱ（新評論、二〇一二年）。時機に乗じた類書とは全く違い著者の長年の「現地調査」に基づく集大成である。写真、エピソードが数多く収録され、読んでいて、まるで現場にいるかのような錯覚に陥った。本書で著者が言いたかったことは次の章句に要約される。「都会に暮らす人びとの目には届かないところで、新たな価値が生み出されていたのである。それは、大量生産、大量流通、大量消費、大量廃棄を目指した「二〇世紀後半型経済発展モデル」とは異質な、成熟した社会のあり方のようにもみえた。」（読者のみなさまへ——「希望」と「勇気」を）さらに、次の提言にも共感を覚える。「被災に心を痛めている人びとは、被災の現場を訪れ、立ち上がろうとしている人びとと交流し、語りあっていくことが何よりであろう。そこから私たちはむしろ新たな「勇気」をもらうことになろう。」

これら二つの書は手に余るという人は、同じ著者のコンパクトな要約ともゆうべき、『地域を豊かにする働き方 被災地復興から見えてきたこと』（ちくまプリマー新書、二〇一二年）をまず読んで概要を把握することがよいであろう。本書で「地域」、「それは市町村ほどの「人の姿の見える地域」を指すのですが、その「地域」を豊かにしていくための取り組みが求められています。」（七頁）と述べる。これは、私が本書で繰り返し述べた教育によって創造、再生しようとする「市民社会」の原点である。次の叙述にも共感を覚える。「「大きな災害に遭遇し、避難生活が長引くと、人びとは一様に「以前の普通の日々がいかに大事だったかが痛感される」と語るようになっていきます。その普通の日々とは地域の中で働き、子供を育て、安心・安全に暮らしていくことを意味しているのでしょう。この場合、「地域」とは先に指摘したように「人の姿の見える地域」のことを指します。おそらく、どなたにも「ここが自分のまち」と思える地域的な範囲があります。それは、昭和や平成の市町村合併以前の旧市町村ほどの範囲を指すものと思われます。人口規模で三万前後、面積で数十平方キロほどの一つの地勢的、経済的、文化的なまとまりのある範囲です。そのような地域的な範囲で人は生まれ、育ち、暮らしていきます。そして人によってはその土地で暮らし続け、あるいは若いうちは外に旅立ち、また、年老いて戻ってくるのです。そこに暮らす家と人間関係、働く場、楽しめる場が一通り形成されています。それを「人の姿の見える地域」と言います。かつての旧村はまさにこのような地域的な範囲で形成されていました。今回の被災、特に原発災害によって、このような「人の見える地域」の意味が浮き彫りにされたように思えます。第一原発から二〇～三〇キロメートルの範囲の小さな町村は、役場ごと周辺に避難し、避難する人びとは役場を中心に寄り添い帰還できる日を待ち望んでいるのです。被災後一年を経過する福島県双葉郡の八町村、また相馬郡の飯舘村あたりの動きは、「人の姿の見える地域」をかんがえていく際に重要な示唆を与えることになります。」（一六頁）本書の特色は「地域」の再生が理念的に語られるのではなく、経済の再生、しかも、地域に根差した、中小企業の再生によって説かれていることである。これは私の教育による「地域の再生」にとって不可欠の要素である。この意味で多くの示唆を与えられたことを誌して御礼申し上げる。

（2）「農林水産業の世界では、これまで原材料のまま市場に投入していたため地元に付加価値があまり残りませんでした。自ら加工し、販売することにより地域の雇用が拡大し、付加価値も地域に残ります。そうしたあり方を6次産業化と言います。採取された農産物、水産物等（1次産業）を加工（2次産業）し、さらに独自に販売（3次産業）までして、付加価値をたかめていくのです。1次産業×2次産業×3次産業＝6次産業となります。この言葉は今村直臣さんという方が言い出したのですが、当初「×」ではなく「＋」として6次産業が説明されていました。その後、1次産業がなければ成り立たないことを意識し、最近は「×」が使われています。地域の農林水産物などの一次産品を大切にしようという意味が込められているのです。」（前掲『地域を豊かにする働き方』二一一～二一二頁）

（3）　この点については、楠本雅弘『進化する集落営農　新しい「社会的協同経営体」と農協の役割』（農山漁村文化協会、二〇一〇年）に多くを学んだ。専門外であるが、次の一文が本書の要点である。「集団営農は個別営農を否定・排除するものではなく、「個別営農の最高に発展した段階」と考えられる。また、旧ソ連のソホーズやコルホーズ、中国の人民公社では、農民は「社会的資本に雇用された労働者」といちづけられたけれども、集落営農では「農地や資本をみんなで持ち寄り、みんなで企画・運営し、みんなが働く」協同組合の一種である。」（一六頁）この「集落営農の原理論」を「新しい社会的協同経営体」としてこれを核に、全国各地の事例に基づき、「地域の再生」の新しい道を提唱している。注（2）で紹介した関満博書とともに、門外漢にも趣旨はよく理解できる。大震災からの復興に希望を持つことができた。

おわりに

私はこれまで「地域の再生」という時の「地域」を「市民社会」と読みかえてその「再生」については教育を軸に考えてきた。そのために、「市民社会」の思想・原理の多くをヨーロッパの中世の市民社会から学んだ（本章はその叙述に当てられている）。その際、ともすれば日本で形成されてきた歴史的共同体を「前近代的な集団」として否定的に捉えがちであった。しかし、すでに述べたように、大震災からの復興、地域の再生を考える場合に日本的「共同体」が重要な意味を持っていることに思い至った。一部を紹介した関、楠本書にも「日本的共同体」が底流していることが読み取れる。そのために、大塚久雄『共同体の基礎理論』（岩波書店、二〇〇〇年）と内山節『共同体の基礎理論　自然と人間の基層から』（農文協、二〇一〇年）を改めて併読した。

前著は、「「アジア的共同体」を原初とする「共同体的土地所有」の「悠久」の歴史のただ中から「私的土地所有」がはらまれ、両者の相克が終局的に「揚棄」される「本源的蓄積過程」までの世界史の荊棘の道程を鮮やかに描き出しているのである。」（一六〇頁）と姜尚中が本書の「解説」で簡潔に要約する通り、ヨーロッパ史研究のための「共同体論」の必読文献である。はじめて本書に接したのは大学二年次「西洋経済史概論」を受講した時であった。このたび久しぶりに再読して「解説」の指摘に改めて納得した。

これに対して、後書は同名であるが内容は全く異なる。その点を本書「まえがき」から抽出しよう。「先駆的な研究に支えられながらも、共同体を否定から「肯定」へと変化させた最大の要素は、やはり市民社会のゆきづまり感であり、自然に対する問いの変化、さらには資本主義的な労働や消費者としての暮らしに対する疑問の拡大であろう。二〇世紀の終盤からの人々の問題意識の変化が、そしてその変化とともに全国に広がっていった多くの人たちの行動が、共同体に新しい生命力を与えた。」（三頁）「あえて大塚久雄の「古典」と同じ題名で本書を書いてみようと思ったのは、このような時代の変化を踏まえた新しい「共同体の基礎理論」が必要になっているという思いが、いまの私にはあるからである。共同体とは何か。それは未来に向けたどのようなメッセージを発するものとして存在しているのか。」（同）「過去」は、その時代の人たちが発している「まなざし」に映し出された過去として存在している。一九六〇年代までの人々の「まなざし」は共同体を封建的で乗りこえるべきものとして存在させた。だが現在の私たちはそれとは違う「まなざし」でこの過去をみている。過去、現在、未来のつながりをとらえようとする「まなざし」が変わった。共同体をいかにとらえるかをとおして、現在と未来のとらえ方の変化が、共同体のとらえ方を変えた。今日の「共同体論」はこの歴史的な要請に応えられるものでなければならないと思う。」（三〜四頁）本書の問題意識はこれに尽くされている。それでは、著者の説く「共同体」とは何か。簡単に述べることは紙幅の関係で困難である。ただし、著者が長年居住する群馬県上野村の経験を例証して論を進めるので、その意味では大塚の書よりも具体的で分かりやすい。逐一の例証、説明については読者自ら本書を読まれることを願うことにして、要点と思われる箇所を「あとがき」から引用しよう。

「共同体が必ずしも否定の対象にならないことは、いまでは多くの人たちが指摘している。そればかりか私たちの社会は、これからの社会づくりの鍵として共同体＝コミュニティを位置づけはじめた。そういう意味では共同体を解体しなければならない対象としてとらえた大塚久雄の『共同体の基礎理論』は、ひとつの過去になりはじめている。だがそのような時代の変化がありながら、共同体とは何かを真正面に据えた研究は、日本ではおこなわれてこなかったように思う。マッキーヴァーのコミュニティ論やパットナムの「ソーシャル・キャピタル」＝社会関係資本のとらえ方などを導入するだけで、共同体とは何か、とりわけ日本の共同体とは何かを全面的に考察する努力を私たちは欠いてきた。そのことが共同体を再評価するムードが高まっているのに、肝心の共同体とは何かが明確ではない今日の状況をつくりだしたのかもしれない。」（二五九〜二六〇頁、傍点引用者）「私が大塚との違いに自分自身驚いたと述べたのは、分析方法のあまりにも大きな違いにあった。私は共同体はつねにローカルなものとして存在していると考えている。すなわち、普遍的な概念としてとらえるものではなく、ローカルなものだからこそ力強く形成された民衆の世界として考察されなければならないのではないかと。そしてそうであるならば、私にとってはどうしても日本の共同体が軸におかれ、欧米の共同体などはその参考資料としての価値しかもたなくなる。実際本書はその大部分を日本の共同体の検討においている。」（二六〇頁）「そのことが共同体分析の方法を大きく変えさせることになった。日本の共同体を課題とするなら、欧米的な「人間の共同体」では十分でなく、「自然と人間の共同体」を考察対象に据えなければならないからである。その結果日本の民衆の人間観や死生観が共同体にどのような影響を与えたのかなどを、検討しなければならなくなったのである。こうして、私自身が哲学領域の人間であるということもあるのだろうが、大塚的な社会科学的共同体分析とは全く異なる方法で、本書は書き進められていくことになった。」（同）著者の「あとがき」であるから当然であるが、本書の要点をよく表している。本書に多くを学んだことを、ここに誌して著者に感謝する。

しかし、すでに本章の初めの部分（「はじめに」）で紹介した、高島、増田、上原も欧米の市民社会に多くを学びながら、一方で日本の現実をつねに考えた研究者であった。特に高島は、ゼミナールの師として親しく指導をうけた。大塚と同じく、社会科学者であるが、ある面で内山と共通する問題意識を持っていたと思われる。「社会科学概論」の講義で、その点を強く印象づけられた記憶が蘇る。たとえば、「風土」を社会科学的に解明しようとしたことなどにそれを見る。増田も、上原も直接的には指導は受けなかったが、高島と共通する問題意識を持っていたことは確かである。上原については、本章の「はじめに」に詳しく注記したように、「宗教」「教育」などの強い関心と実践にそれを見ることが出来る。増田も「地域主義集談会」（傍点黒沢）の提唱者の一人であったことを想えば、「日本」の歴史的現実に大きな関心を持っていたことがわかる。しかし、反面で、ヨーロッパ研究者として大塚と共通する面もあることは当然である。断定的にいえば、大塚の「共同体」論を乗り越えて、日本的「市民社会」を考えていたのである。したがって、内山に多くを学んだことは感謝するが、叙上の大学時代の恩師たちの教示を改めて回想すると、内山の主張をそのまま受け入れることは出来ない。これには、内山も述べるように、時代の変化もあることは否定できない。ただし、すでに述べたように、震災からの復興、ポスト震災の社会を構想するためには、内山の著書から示唆を受けた点はきわめて大きい。当面この点を指摘して、今後とも西欧と日本の比較研究を進めながら、私の「市民社会論」を深め練り上げていく所存である。

補論　三池闘争が照らし出す修羅の世界

――熊谷博子著『むかし原発　いま炭鉱　炭都「三池」から日本を掘る』を読む――

はじめに

私が初めて熊谷さんに出会ったのは数年まえ、映画「三池　終わらない炭鉱《やま》の物語」を甲府まで出かけて観たときだつた。終映後に、監督と観客との意見交換会（トークショウ）が行われた。300人ほどの観客をまえに熊谷さんは檀上では緊張するので、と笑いながら、壇から降り客席の前方に立って映画成立の背景、苦心談などを語り、質疑に熱心に答えてくれた。質問者はやはり、当時を知る年配者が多かった。私もその一人である。学生時代以来、三池闘争に関心を持ち、調査研究を続けてきたので、思い出深く大変感動しました。このたび、このような機会を与えていただき感激を新たにしました。心から感謝します。しかし、一点だけショックを受けたシーンがあります。それは、向坂さんが、「三池をモルモットにした」という発言です。そのように思った人がいたことは想像できます。しかし、そうは思わない人も多くいた筈です。私の現地調査でもそうでした。ですから、そういう人たちも同時に登場させないと、不公平ではないでしょうか。この私の感想・意見に対して、監督は、「女性の立場では、そういう見方もあったのです。」映画ではその点を表現したかったのです。こう答えたように思う。その時は納得出来なかったが、時間の制約も考えてそれ以上質問は続けなかった。その後、大牟田で元三池労組の人たちと会う機会があった。女性の一人がこの場面に憤りを露わにしていた。このたび、本書を読むとやはり叙上のシーンの発言は多くの物議をかもしたことが述べられている。少々長いが、その箇所を引用してみよう。語る人は秋吉米子さん。三池炭婦協（主婦会）の創設に関わった女性である。（三池炭鉱主婦協議会、初代副会長）

「女から崩れていったんです。女がこれ以上どうにもならないって言うたら、ご主人はどうしても揺らぎますよね。婦人会つくったのがよかったのかわるかったのかなって、そりゃ相当、思いましたね」主婦たちの追い詰められたくるしさを、当時の組合幹部の男たちが、どれだけわかっていたのかと、思う。今まで、三池争議のことをこんなに明解に語ってくれた人はいなかった。男の話だけではわからなかった。（傍点、黒沢）

「私ね、最後に思ったんですよ。もう、誰の罪でもない。あの争議の結末のみじめさはね、九大の向坂学級のせいだと思いますよ。あの人が机の上で勉強したことをね、三池をモルモットにしたんじゃないかって、そのことは腹が立ちましたよね。勉強会行きませんでした。私、いっぺんも」（本書一二〇頁、以下本書からの引用は頁数のみを記す）

　映画の中のこの発言は、大きな物議をかもすことになった。三池争議を理論的に支えた向坂逸郎は、ある人々にとっては神様のような存在である。（因みに、本書でもそのように思っている女性が登場する。私も調査に行って、聞き取りの時、何人かの人が「神様」という言葉を使って、向坂さんへの敬愛の気持ちを表したことを憶えている。）確かに向坂教室がなければ、三池争議はあそこまで大きく、そして闘い続けることはできなかった。映画ホームページの掲示板で、論争が長く続いた。

あの発言だけは削ってくれ、という書き込み。また一方、福岡の映画館で上映中、この発言で拍手が起きたこともあった。私自身も、向坂教授の言葉には、ある胸の高まりを覚えた。でもそれでも、学者の作った理論と、現場の生活者の思いとは違う。（傍点、黒沢）

秋吉さんは、これまで多くの人が感じてはいても怖くて言えなかったことを、ズバッと言ったのだと思った。そしてそれは、三池の地から長く離れ、〝呪縛〟から抜け出していたことも大きかった。三池争議が終わって二年近くたち、職場でも社宅でも深まるいがみあいに、もう愛想がつきていた。

秋吉さんは夫婦そろって三池労組を脱会した。……仕事を続けるため新労に入る。定年までの短い時間を、新労ですごした。新労の方がよかった、というわけでは決してない。秋吉さんが言った。「政治も組合もね、裏を見尽くしてしまうとね、どうしても我慢できないんですよね」

（一一〇～一一二頁、傍点、黒沢）

小論を熊谷監督との対話から始めたが、映画では納得出来なかったことが本書を読むと背景を知ることによって実態が理解出来ることが多い。監督の立場の第1は、女性の視点から三池を捉えていることである。第2は、三池の第一組合を絶対視（神格化）していないことである。大争議から早くも半世紀以上が経るのであれば、〝神格化〟は重要な点を見落としてしまうと私も思う。（「同じ炭掘る仲間だ、落盤におうたときは、第一も第二もない」映画のなかに出てくるこのシーン、ここに、分裂を超えた労働者の魂が宿っているのだ。私は感動を覚えた。―後論参照）第一組合、そして向坂教授に対する私の尊敬の念は今も、変わっていないが、「相対化」することによって、それまでは見えなかった「三池」が見えてくるのではないか。第一組合主義で、長年調査・研究に取り組んできた、私の率直な感想であり、反省である。第3に指摘したいことは、地域社会、大牟田の行政、社会教育との密接な協力でこの映画が作られたことである。暗いイメージの炭鉱を、明るい未来につなげようとする「歴史観」に感動を覚えた。かつて私が初めて三池を訪れたとき、組合の幹部の一人が「社会教育など、保守・反動と結びつき、組合にとっては邪魔だ」といわれ、社会教育専攻の私は大きなショックを受けたことを想い出す。大牟田の行政（社会教育課）から三池の映画化を熊谷監督にお願いすることなど、当時の組合幹部が知ったらどう思うだろうか。時代の変遷をつくづくと想わずにはいられなかった。地元の社会教育関係者の発想・努力に敬意を表したい（後論参照）。以上、まずは映画の三つの視点を述べておきたい。

一　映画「三池　終らない炭鉱《やま》の物語」を観て

映画に感動した私は、雑誌、新聞などに感想文を寄稿した。その後、DVDを購入して当時在職していた大学で、学生たちと一緒に何度も観た。まだこの映画を観ていない読者のために、故郷（信州）の新聞に寄せた私の感想文を再録して参考に供したい（一部省略）。

「山梨県立文学館（甲府市）の会場は三百ほどの席が埋まり、若者が多いことに驚いた。二〇〇六年公開の作品だが、いまも各地で自主上映が続いている。過酷《かこく》な労働の歴史として忘れ去られたかに思える炭鉱になぜ多くの人が関心をもつのか。若者が足をはこぶのか。因みに、著者の熊谷さんも、次のように述べる。「正直なところ、こうした地味な映画に、どこまで人が来てくれるのか自信はなかった。ところが初日に列ができ、情報誌（「ぴあ」—黒沢）の満足度のアンケートで、その週公開の映画中、何とハリソン・フォード主演のハリウッド娯楽大作を抑えて2位になったことに、まず驚いた。そして私たちの予想を超えたロングラン上映を続ける中で、性別と年代を超えて、涙を流す多くの人々に出会った。「こんないい顔をした日本人を久しぶりに見た」「重いけれど暗くなかった。今人生はつらいと思っている人がこの映画を観れば、きっと一歩踏み出す勇気をもらえるだろう」中でも何よりも驚いたのは、若い人たちの反応であった。平日は、さすがに炭鉱を知っている上の世代が多かったが、休日になると、どこからともなく若者が湧いてくるのだった。これまでまったく知らなかったことをしらされた、という衝撃もあったと思う。でもそれ以上に、この炭鉱の物語は、日本人の心を揺さぶる何かがあるのだ。決して過去の話ではない、自分たちと同時代の出来事なのだ、と。ある女子大で見せた時には、多くの女子学生がそう書いていた。映画ホームページの掲示板に書き込まれていた、学生の感想だ。——昔の残酷で危険な労働現場、といったイメージしかなく、三池の名前も知らなかった。実際に観て圧倒された。囚人労働や強制連行、抗内事故などの事実、そこを生き抜いてきた人々の強さ、たくましさ。赤レンガや鉄のやぐらでできた炭鉱施設の美しいたたずまい。膨大な数の地下抗道の存在。そして人々や炭鉱からの声に耳を傾ける、作る側のやさしさ。その日その時代を力強く生きてきた炭鉱の人々の営みに、深い感動をおぼえました（二三～二五頁）。再び「映画」の感想を続けよう。

冒頭、廃坑になって久しい宮原抗が映しだされる。巨大な第二立抗やぐらに圧倒される。少し離れた万田抗もかつての主力抗で、いまは宮原抗とともに国の重要文化財に指定されている。そのほか炭鉱の専用鉄道、三池港など、かつて三井三池炭鉱を支えた遺産が次々と登場する。場面は一転し、夏草の繁る道を熊谷監督が万田抗に向かって歩く。坑内に入り、身をかがめて、赤さびた鉄網ごえに底をのぞきこみ、耳を澄ますと、地下水の流れるピタピタというかすかな音が聞こえてくる。私は、その音がいつしか轟音となり、騒然たる坑内が蘇《よみがえ》るかのような錯覚にとらわれた。福岡、熊本両県にまたがる三池炭鉱は、良質の炭層に恵まれた日本最大の炭鉱として、近代日本発展の支柱となった。だが一方で、労務対策は大変苛酷であった。戦前は中国や朝鮮半島から強制連行された労働者のほか、奄美大島や与論島からも半ばだますようにして人が集められ、囚人も使われた。映画では、十四歳、十九歳で強制連行された中国人が当時の状況を淡々と語る。与論島出身者の語る差別の実態も胸を打つ。一九五〇年代終わりからのエネルギー革命で石炭産業は斜陽化し、三池では五九年、戦後最大の労働争議と言われる「三池闘争」が起きる。組合は分裂し、かつての同志や親きょうだいも憎しみ合う悲惨な事態に陥った。それから半世紀。組合の分裂を策した当時の労働課長、第一、第二組合の幹部がこもごも語るなかで、九一歳の元労組員の「落盤におうたときは第一も第二もない……『炭掘る仲間』なんだ」という述懐が心に迫る（後述）。六三年十一月九日、三川鉱で炭塵《たんじん》爆発が起こり、四百五十八人が死亡、CO（一酸化炭素）中毒患者八百三十九人を出した。安全を軽視した生産第一主義の結果であった。それにまつわる自殺や離婚も相次いだ。炭鉱で働く男たちを支え、助けたのは女性であった。その一人は言う。「ひと口に三十八年て言いますけど、一日一日三百六十五日、一年掛けるの三十八年間ですよね。……うん、まったく別人に変えられた人間破壊ですよ。これ、どうしてくれる」。CO中毒の後遺症の補償を求めて抗底でハンガーストライキを闘う女性の姿も映しだされる。

私が三池に関心をもったのは半世紀前。映画にも登場する向坂逸郎さんの講演がきっかけだった。大学での勉強もいいが労働者の学びも知る必要がある。そのためには三池へ行きたまえ。その勧めに従い、三池の炭鉱住宅に泊まり込み、学習会に参加した。学生、院生時代、教員になってからも幾度三池に通ったことだろう。学んだことははかり知れないが、解雇されたある労組員の言葉がとりわけ印象に残っている。「自分が助かるためには、他人を助けなければならない」と彼は言った。団結、連帯――。豊かさのなかで死語になりかけたこの言葉を、国や企業に「弱者切り捨て」の風潮がある、いま再び蘇らせなければならないと思う。三池は、いまこの時代を生きる私たちにとって、「終わらない物語」なのだ。」（「信濃毎日新聞」、二〇〇八年五月二〇日）

二　「負の遺産」を未来（富の遺産）へ

前述した、本書の視点の順序と逆になるが、本書の叙述に従って、地元・大牟田の依頼・熱意から述べよう。「ことの始まりは一本の電話であった。」（三五頁）熊谷さんはこう書き出す。相手は大牟田市教育委員会、生涯学習課の吉田廸夫さん（この人については後出「朝日」紙参照）。「歴史を生かしたまちづくり」というシンポジウムへの参加依頼だった。まもなく届いた吉田さんの手紙には以下のようなことが書かれていた。「大牟田・荒尾に点在する石炭産業の歴史は、全国にも類がない形では保存されている。市民に、大牟田の歴史と文化というモノを共有してもらうために、まずは、近代化遺産というモノの価値を知ってもらうことが重要だ。歴史観だけで終わらせるのではなく、文化的な視点から地域づくりを展開していきたい。保存するという専門的な視点と、活用するというまちづくりの視点が相互に絡み合い、多くの市民に情報として提供できれば、地域社会の中で、歴史と文化というモノの価値を、各個々人が共有できる環境は整っていくと思う。閉山というマイナスをプラスにしたい。」（三六～三七頁）ワープロうちのペーパーに妙なエネルギーが伝わってきた。「地方都市の一行政職員がここまで思いをこめて書くのか。思わずうなった」（三七頁）こう熊谷さんは書く。しかし、吉田さんと違って、地元には、三池を「負の遺産」として忘れたいという人も多かった。そこには「その土地を思い、そこに生活する人の必死の叫びで重みある」そのためもあって、吉田さんの企画はすんなり通ったわけではない。ようやく、市長がゴーサインを出したのは実に三年後であった。熊谷さんも、三池の資料、文献を読み、大牟田を訪れ、三池の遺産を見学して次第に映画化への情熱を高めていく。彼女は「負の遺産」とは逆にそれを「宝」と捉えた。つまり、「三池炭鉱の歴史は大牟田の宝物である。しかし炭鉱関連施設の多くは、崩壊の危機に瀕している。これらの建造物とそこに生きた人々の証言を映像として残さなければ、まちの発展をささえた輝かしい歴史は、永久に消えてしまう。できた映像をこの地域から発信する。それは外部の人を呼びよせ、まちの活性化につながる。また、市民がまちの歴史を振り返ることで、次の時代へ向けてのまちづくり活動に積極的に活かせるのだと、強調した。そして、炭鉱の歴史は、そのまま日本の近代化の歴史である。働いた人々の歴史は、それを支えた大切な民衆の歴史である。ところが今、そのかけがえのないものが、日本のあちこちで葬り去られようとしている。地元にとっても日本にとっても貴重なこれらの跡や証言を、世界に発信できる映像として残しておくことは、急務である。しかしただ過去の歴史を描くのではない。『石炭のまち』として生きてきた大牟田で、人々が残されたものをどう活かし、豊かなまちを育て未来を作っていけるのか、その姿を描く発見のドキュメンタリーでもある」（五一頁）。以上の引用は熊谷さんの文章であるが、前出の吉田さんと「企画書」の作成のために繰り返し相互の意見を交換し練り上げられた結果の、文字通りの「協働」の成文であることに留意を促したい。焦点は「負の遺産」をどうまちの未来につなげるか、それを大牟田市民に映画を通して共通理解にするか、にあった。吉田さんもそのために、自費で何度も上京した。

次の文章に私は深い感動を覚える。「地元とその周辺に根付いてしまった「負の遺産」という概念を何としてもくつがえすこと。そのためには住民と行政とスタッフが、協働で映画をつくることが何よりも大事だった。」（五三頁）。私も「生涯学習」によるまちづくり（「市民社会」の形成）をライフワークとしてきたが、「協働」（コ・プロダクト）がその成・否のポイントだと考えるからだ。吉田さんの後を継ぐことになった市の職員中村珠美さんは炭鉱マンの娘だった。彼女の子どもの頃の思い出は決して明るいものではない。父を送り出す時は、「無事に帰ってくるように、母と弟と妹の家族全員で父を見送った、という。そのたびに父は一人一人と握手までした。これで事故に遭えばもう子どもたちとも会えない、という思いだったのだろうか。炭じん爆発事故のような大惨事でなくとも、落盤などの事故はおおかった。そんな翌日には、学校へ行くとクラスの誰かの席があいていた。」（五八頁）「事故があると、父は食卓で事故の様子を話した。食卓でする話かと、心の中で思った。そして、事故に遭った人がどの組合に所属するのかという話題にもなった。争議の後も長く尾を引く対立と複雑な人間関係が見えた。父もきっと言わずにはおれなかったのだろうと、今は思う。炭鉱とは何という所なのだろう、人間が働く職場なのか。証言を聞いていけば、その中で表に出なかったいろいろな話が出るのだろう、いやだなと思った。」（五八頁）彼女は、自分の中に深く根付く〝負の遺産〟とひそかに闘っていたのだ。そんな様子を表に出さず、最初の打ち合わせで中村さんは言った。「すべてを共有したいと思います。撮影の時は必ず同行するつもりです」（五九頁）。熊谷さんの喜びは如何ばかりだったことか。「撮影をする相手には、市が責任を持つプロジェクトなのだと説明し、かつ撮影スタッフと、まちの歴史を互いに確かめながら進めるのが何よりも大事だとおもったからだ、という。

熊谷さんもこう覚悟を決める。「よくある行政の、つまんないPR映画だけにはしないぞ。それまで金だけはかかっているが一体誰が観るのだという、うんざりするような作品をたくさん観てきた。私が影響を受けたドキュメンタリー界の先輩たち。三里塚や山形の農民を撮り続けた小川紳介さんも、水俣を撮り続けた土本典昭さんも、出発点は企業のPR映画であった。でもその中で、自分の個性を出そうと必死にあがいて闘ってきた。それが後の名作につながった。よし、私も闘わなくてはとおもった。うまくいけば社会の価値観を少しは変えられる、と思った。」（同）こうして、それぞれの思いや願いが交錯しぶつかる中で、二〇〇一（平成一三）年の秋から、いよいよ撮影が始まった。追記したいのは、熊谷さんが前述のシンポジウムに招かれた時、「大牟田」の「三池」を映画監督として体験したこと（「炭鉱にさわる」ことから始めたという）も大きかったのではないか。一言でいえば、その時、彼女は「廃坑跡から声が聞こえた」と述べる。「こんなすばらしい歴史とものが残っているなんて、誰も知らせてくれなかったじゃないか。違うじゃないか。全然違うじゃないか。……何だかとんでもないものにさわってしまった、と思った。」「敷地に足を踏み入れたその瞬間だ。そこで働いていた人の声が、地の底から本当に聞こえたような気がした。ここを撮りたいと即座に思った。海外も含めいろいろな所にいったが、入った瞬間に撮りたいと思ったのは、初めてのことだった。これほど場の力が強い所へ行ったことはなかった。」（四〇～四一頁）もちろん、吉田さんに象徴される「負の遺産」を逆手にとってまちの未来を！、という地元の気持ちが出発点であるが、そこに熊谷さんのプ、ロ、と、し、て、の、感性が合成されてプロジェクトは動き出したのである。

想い起せば、私も何度も大牟田を訪れたがそれは三池調査のためである。したがって、大牟田は実に懐かしいまちであるが、私にとっては三池のある「場」でしかなかった。ただ、〇一年に「三池闘争40年」を記念する集会に招かれて「報告」をしたことがあった。集会は午後だったので、元第一組合員に午前中市内を案内してもらった。かつて泊めてもらった組合員の社宅（炭住）は跡形もなくなり、「たしかこのあたり……」という説明にも思い出はなに一つ浮かばなかった。「往事茫々」の感を深めた。ただ、元坑口へ案内されたとき、なんとそこは、入り口が塞がれ内部はごみで詰まっているとのこと。栄光の三池炭鉱が、あろうことかゴミ捨て場に変じているとは。なんとか、近代日本発展の原動力になった「炭鉱」をモニュメンタルな「場」に再興し、修学旅行の名所に転換出来ないだろうか。このままでは「負の遺産」どころか「遺産」としても消滅し永久に忘れさられてしまうではないか。無念、というより虚しい、やりきれないその時の気持ちが思い出される。しかし、このたび、それが、なによりも、地元の行政の力によって蘇ることが出来るのだ。私は部外者ではあるが心底うれしく思った。このことを是非記しておきたい。

三　三池労組の「神格化」から相対化へ

誤解されないために強調しておきたい。「三池闘争の総ての底にあるものは『貧困』ということであった」。これは三池労組の副組合長で主として資金づくりを担当していた久保田武巳さんの言葉である。三池炭鉱は、日本一の炭鉱だった。だがその平均賃金は、争議の一〇年前が、福岡県男子の平均賃金の六割。五年前で八割弱。三池主婦会の生活調査によれば、実に半数近い人々が何らかの借金をしていた。争議の年も平均賃金はまだ追いついていない。三池炭鉱労働者の後ろには、全国の炭鉱労働者たちが抱えていた〝貧困〟があったのだ。それを考えた時、「総労働」の意味もわかってくる。

「〝家が貧しいから学校にも行けず炭鉱で働くしかなかった〟これが偽りのない現実である。私たちの為人（ひととなり）もここにあるのだった。ここが原点であった。この生まれた時から背負った運命的矛盾に対する三池労働者の抵抗が三池闘争の根底に脈々とながれているのだった」（二四九頁）。そうであれば、「金ガホシカ、命ガホシカ、楽ガシタカ」という三池で聞いた有名な言葉もよくわかる。さらに、一人の活動家がつくった「やがてくる日に」の一部を記そう。

「歴史が正しく書かれるやがてくる日に　私たちは正しい道を進んだといわれよう（中略）私たちの肩は労働でよじれ　指は貧乏で節くれだっていたが　そのまなざしは　まっすぐで美しかっ

たといわれよう（中略）」
「総資本」と「総労働」の対立が先鋭化した一九六〇年、三池争議の最終局面となった三川鉱ホッパー前でつくられたといわれる。争議の敗北を予感した労働者が〝未来〟にこそ運動の広がりを托したのではないか。「組合に色々批判もあるが、自分が助かりたかったらまず他人を助けなければならない。このことを組合の学習会で身体内にすり込まれてしまった」。解雇されて三池を去った元労組員が語ってくれた言葉である。

直接の契機は、大学祭で向坂さんの講演を聴いた時だった。「研究室で『資本論』を読むのもいいが、労働者たちが労働の現場でどう読むかも知る必要がある。そのためには三池へ行きたまえ。」この向坂さんの勧めが私の原点であった。以来三池への往来を繰り返した。その過程で、叙上の言葉に表れる「三池闘争」の意味を次第に理解することが出来た。その限り、私にとって、そこで学んだこと、労働者たちとの交流は私の生涯の「宝」である。その気持ちに偽りはない。それは断言出来る。しかし、それから半世紀。熊谷さんの「映画」そして、このたびの著作によって「相対化」の必要に迫られた。それによって、私の生涯の「宝」がさらに磨かれるのだ。そう思うのである。この一文もその一環である。

私も、経営者側の考えの調査の必要は、数年前に考えたことがあった。そこで、日本経営者団体連盟の事務局へ行きヒヤリングをしようかと思った。広報の担当者から「へぇーっ、今頃そんなことに関心を持っている人がいるんですか」と驚かれた。残念ながら、当時を知る人はいません。しかし、折角来てくれたんですから、と言って、資料を探してくれた。「こんなものがお役に立つか、どうか」と渡されたものが以下の資料である。①「三井三池における学習活動の実態」（昭和三五年一月、日本経営者団体連盟事務局）、②「職場闘争とその対策」（昭和三〇年、同）、③『男たちの世紀——三井鉱山の百年』（平成二年、三井鉱山株式会社）。①にやや具体的な「対策」が示されていて興味が引かれた。しかし、それを読んだ当時はうまくまとめて成稿出来なかった。今度、映画「三池」を観て、さらに熊谷さんの書を読んでみると、改めて読み直そうという意欲が湧いた。やはり、焦点は②の「職場闘争」である。熊谷書を見よう。

「三池労組がめざしていたのは、労働者による職場の支配であった。普通は、各職場の要求を組合がまとめて会社と交渉する。そうではなく、それぞれの職場で、現場の責任者に細かくつきつけて要求する。それが職場闘争だ。命がけの職場で皆が安全に平等に働くためには、上層部どうしで交渉しても効果はない、と考えたからだ。」（一二七頁）「この職場闘争こそが、向坂教授が言うように、労働者が社会の中心になる世界をつくる社会主義革命の実践、と考える組合員もいた。」（一二九頁）

映画にも登場する那須俊春さんもその一人だ。「三池闘争は、生産優先だった会社に安全対策を迫る活動から始まりました。『資本論』を読む学習会も活発で、団結は固く、どんどん強くなりました。……「先は社会主義」と信じ、資本の搾取を防いでおる自分たちの職場はその実現に近づいていると考えていた。労働者が主人公として生き働く職場こそ人類がめざすべきもんでしょう？　三池闘争はそれを守る闘いだった。結果的に労働側は負けたかもしれんけれども、今でもあれは正しい闘争だったと思います。「山猫スト指揮」という理由で私も解雇され、その後社会党（当時）福岡本部で働き、大牟田市議になりましたが、やっぱり労働者が団結せねば強大な資本には対抗できない。時代や経済状況が変わっても、これは不変の真理だと思いますね。」（昭和史再訪「三池争議」「朝日新聞」二〇〇九年一一月7日、傍点引用者）全く同感である。しかし、会社側からいえば、話は全く逆になる。

　職員組合にいた野口幸光さんの話を紹介しよう。「この闘争に勝利するため、三池労組は、組合長が最終的に持つ交渉権、スト権、妥結権の三つを、支部長と職場分会長に委ねたのだ。その標的になったのは、野口さんたち職員であった。」（一二八頁）「会社側は、職場闘争を引っぱる人々を〝生産阻害者〟と呼んで最大の敵とした。もはや、どちらの側にとってもまともな職場とは言えなかった。」（一三〇頁）そんな中で野口さんは会社幹部に呼ばれ、意見を求められた。「第二組合を作るしかない。」これが野口さんの回答であった。これは一例であるが、こうした会社側と組合批判派との「チャンネル」は多くあったことが想像できる。

　三池労組の名を高めた「職場闘争」が組合分裂の一因を作ったことは興味深い。それによって「生産者社会」を作ろうという闘いは資本側にとって到底容認出来なかったのである。その意味で「職場闘争」こそ「階級闘争」の最前線であったのだ。

　ここで、当時三池鉱業所労働課長だった、大澤誠一氏が登場する。「映画」でも、本書でもこのシーンは私にとって最も衝撃的な場面である。とりわけ、固唾を呑むシーンは、組合員の会合で「買収」に金を使ったか?、と熊谷監督が直接大澤氏に尋ねる場面。氏の答えを引用しよう。「そりゃ、昼飯代、晩飯代くらいのわずかな金……、それも立て替えたかだねぇ。じゃあ私の名前で書いておきなさい、そりぁあったでしょうな。うん、まったくないといえば嘘でしょうから。それは会合によりけりで場所やなんか選択したということですね。」「それは、あなたが言ったようなことをやったですものね。具体的にこうと聞かれると、もう、何十年も昔の話だから思い出せんけれどもね、そりゃかなりあるでしょう。」(一四〇~一四一頁)いわば、当時から「公然の秘密」とされていた、会社による「切り崩し」「買収」の実態を当事者から証言されるとやはり改めて衝撃を受ける。

こうして前出の野口さんの提唱した「第二組合」結成は具体化していった。熊谷さんはこう書く。一九六〇(昭和三五)年三月一七日、「あっという間に三池炭鉱新労働組合(新労)は結成された。」「その一週間後、職員組合は正式に炭労を脱退し、会社と一体化した。」(一三五頁)こうして、日本最強といわれた「三井三池労組」も大方の予想を裏切って分裂したのである。因みに、財界も総力を挙げて、「三池鉱山」支援を決めていた。財界全体で、三井鉱山を支援する組織「共同調査会」をひそかに作っていた。一四〇社が参加していた。次の文言(調査会の「提言」と思われる)に注目したい。

「日本の経営者の指導団体とも言うべき日経連にとって、その存在価値を揺さぶるような事件が起きた。『資本』と『労働』ががっぷり四つに組んだ天下分け目の戦いで、財界人にとって三池争議の敗北は絶対許されないものであった」

「『この争議は、ひとり三井鉱山だけの問題ではない。全財界が一致団結して対処していかねばならない重要な問題である』という認識から全力をあげて支援することに決めたのである」（一四五〜一四六頁）。熊谷さんは、これを読んで初めて、「総資本対総労働」の実態がわかったような気がしたという。（同）。しかし、「第二組合」が出来れば労働争議は消滅、という従来の労働運動の常識を覆して、三池労組は「総評」を中心に全国の労働者の支援を受けて闘った。三池労組が解散したのは実に二〇〇七年四月一〇日、最後に残った組合員は一四人。九七年に三井炭鉱が閉山してから八年。そのとき国内から炭鉱労働組合が全て消えたのであった。その歴史については、拙著『生涯学習とアソシエーション—三池、そしてグラムシに学ぶ』（社会評論社、二〇〇九年）に譲りたい。

ここでは、熊谷書の次の叙述に注目したい。「あれからずっと、二組を裏切り者と憎んできましたが、この映画を観て、その気持ちがすっと溶けました」（一六九頁）。「自分は現地には行かなかったが、三池労組のシンパで応援していたから、と。すでに半世紀近い歳月が流れていたが、その間、憎しみ続けてきたことになる。続けてもっと若い女性観客が、少しとまどったように言った。「小さい頃に、三池争議をテーマにした芝居を観たことがあって、二組はいやな人たちだと信じてたけど、いろいろな人がいたんですね」（同）。熊谷さんはこうも書く。「実は上映に行った先々で、似たような話を聞いた。現地の複雑な感情は理解できた。だが実際に体験をしなかった人々にまで、同じ憎悪の感情が伝わっていたのは、予想をはるかに超えていた。」（同）そうであれば、「三池争議とそれを闘った三池労組は、どこかで「神格化」されてしまった。」（一六九頁）という熊谷さんの感想も首肯できる。私も長年の研究過程で「第二組合」に「憎悪」感までは抱かなかったが「脱落者」として決してよい感情は持てなかった。「第一へ戻った第二もいる」と聞くと嬉しかった。第二の人々のインタービューもしなくては、と考えたのはつい最近のことである。やはり、私の中にも「神格化」があったのだと思う。秋吉さん（前出）の発言にショックを隠せなかったのもその表れだと今思う。

本書には第二の人々の話は余り出てこない。しかし、第一に残ったけれど、常に第二へ行った人のことも思いやる、ある労働者の話は感動的である。その人の名は西脇仲川さん、与論島出身の元三池労組の職場分会長だった。愛妻に先立たれ、今は娘夫婦の隣りでひとり暮らし。「争議のことを熱く語る時はまるで青年のようで、カナさん（妻）のことを語る時は、恋におちたばかりの初々しい少年のようであった。」

「家内が、私を守ってくれたおかげです。絶対に第二組合に行かんじゃったのも、私の家内が強かったから。『おとうさん。第二組合に行く人は行っていいと。絶対おとうさんだけは、行かんとよ』ちゅうて」「争議が終わった後の話だ。「ああ、元気じゃったか、よかったねぇ、あんた第一組合に残って、警官からやらりゃあせんか。暴力団からやらりぁせんかと思うて、心配じゃったよ」というのが、第二組合に行った人からの言葉でしたよ。涙を流して二人で握手をしました。それがね、お互いの炭鉱労働者の精神ですよね」（一七二～一七三頁）。彼らは西脇さんのところによく遊びに来た。だから三池労組の人々から疑いの目で見られ、監視されたこともあった。「家族の励ましによって、第一組合に残った人。家族の説得によって、生活を守るために第二組合に行った人。それぞれの家庭の事情があるんだから。人間というものは、どんなに落ちても上がっても、決して卑下したり、見下げて暴言を吐いたりするもんじゃないということはねぇ、あの三池争議ではっきりわかるです」西脇さんの目に、涙がうかんだ。

「みんなは、第二組合に行った人たちを、敵視した感じでね。ものも言わないわ、交流もせんじゃったですよ。だから私は、そりゃあ、そうするもんじぁないと。お互いに坑内で生活をしたんだ。もしも落盤におうた時には、第一もない第二もない。互いにしっかりしろと言うて、岩の下から引き起こしたり。そういうふうにしてきたのが、われわれ坑内生活じゃないかと」「手をにぎりあってみんな涙を流して『炭掘る仲間』を歌うんですよ。ですから、長生きさせないかん。『炭掘る仲間』がまだ元気じゃから、元気しとかいかんと、自分の励みになるです」（一七三～一七四頁）。

熊谷さんはこう述べる。「映画を観ながらここでともに涙を流す人はとても多い。そして私自身も、何百回も観ているはずなのに、観るたびに目頭があつくなり、心につきあげてくるものがある。私も真似をして、「みんな仲間だ」とつぶやいてみる。西脇さんのこの言葉は、まさに私が映画の中で最も伝えたかったことの一つである。正直なところ、自分が三池争議の渦中にいたら、どういう態度をとりえたのかわからない。立場の違う人間が、憎しみの壁を越えて理解と和解に向けて行動する。そうやってさらに多くの仲間をつくる。簡単ではない。でもそう思うことが、三池争議を追体験する中で、私が得た次へのエネルギーの起点であった。」(一七四~一七五頁)

「第二組合」の人々との交流は私にはない。しかし、西脇さんのように対応出来たのは極めてわずかな例外といえるのではないか。だからこそ、普通の平凡な「仲間」を憎悪の坩堝に意図的に陥し入れた会社を心底憎む。

前出の久保田さんもいう。「首をきったけん。会社側があんなむごいことせんなら、わしゃ喧嘩しとらんですよ」。副組合長として組合員に「一万円生活」を強いたことについての自己批判も記憶されるべきだろう。「足りない分をどうして補い、切り抜けたかは闘争事項中屈指の重要なことである。関心をもちながらも、職務上、家庭内の生活実態に頭を突っ込む余裕があまりにもなかったことが残念だ。この実態認識なくして闘争の指導など『おこがましい』と言われるのが一番苦痛だ。」(『いまあえてわが三池──闘いに燃えた私の追憶──』、ここでは熊谷書、一二五~一二六頁から重引)。

現地三池の教師たちの苦悩も大きかった。旧稿から一部引用しよう。「三池の労働者や主婦たちが会社、暴力団、地域の保守、反動派などの攻撃をうけ苦戦を強いられていた。一方で、総評、炭労、民主団体は全面的な支援闘争を続けていた。現地においてもこれに呼応し、地区労傘下の各労組、民主団体が支援闘争にはいっていた。この状況の下、第二組合の分裂が起こるまでは、この闘争も「英雄なき一一三日のたたかい」のように、組合側の勝利を信じていた。指名解雇を受けた人たちの子どもたちにも、そう語り、慰め、励ましていた。しかし、指名解雇に子どもたちが悩んでいることは教師にもよく分かり、それは教師たちを苦しめた。しかし、第二組合の発生は、職員室の空気を一変させてしまった。……教師たちは、理論としては三池労組のたたかいを正しいと理解することはできる。しかし現実に自分の兄弟、夫、父が『裏切り者』『犬』とののしられ、冷たい眼で見られていることは耐えられない。それが実感だった。」「それに、三池労組にも会社にも関係のない同僚が自分をどう見ているか、それをかれこれ想像することもつらかった。そして職員室では、ともすれば語る言葉を失ってしまった。三池労組にかんけいのない人びとも、その話を意識的にさけた。教祖が三池労組を支持している以上、第二組合に関係のある人びとをどう慰めても、どう表現しても、それは心の奥に深い傷を与える。それをおそれて、だれも語ることをさけた。職員室の中では三池闘争の話は消えた。いや学校によっては、笑い声のきえたところもあった。」（拙稿「三池闘争と教師たち―子どもたちがつきつけたもの―」「科学的社会主義」二〇一〇年一一月）。このように「組合分裂」はさまざまなところに「深い傷」を拡げた。同じ社宅に住んでいた組合員たちの「苦悩」「深い傷」は如何ばかりであったか。想像を絶する。そういう中での西脇さんの言動、生き方は凄いというほかない。

ところで、門外漢の分を弁えずにあえて疑問を呈したい。たしかに、何も悪いことをしないのに「首を切られる」。それに対して抵抗することは正しい。一人では闘えないから組合を通して闘う。これも全く正しいであろう。労働運動のイロハである。

しかし、と思うのだ。労働運動の「限界」（これは難しい点である。）を超えて「社会主義」を目指したとしたらどうであろうか。すでに見たように、会社側が「総資本」としてこの動きを潰そうとするのは当然ではないか。私が言いたいのは組合側に、指導部にそれに対する展望が具体的にあったのだろうか、ということである。今とは時代が違うことは分かっているつもりだ。「総評」も未だ力があった。だからこそ、あれだけの大闘争が出来たのであろう。革新勢力も、社会党、共産党も国会においても一定の勢力を維持していた。さらに、国民の支持も大きかった。東京中心であったが、「安保」反対の大きな動きもあった。

しかし、である。それらを結集して社会主義、いや、そこまでは無理としても失業のない、できるだけ少ない社会づくりへの展望が三池の指導部にあったのだろうか。たとえば、三池闘争の三〇年まえ、イタリアはトリノでイタリアの革命家グラムシも若き日に、ロシア革命に学んで「工場評議会」を組織し、トリノの自動車工場を占拠して労働者だけで生産を行った。そして通例の約半分の自動車を資本家なしで生産した。生産者社会の実現として全世界の注目を浴びた。しかし、グラムシが意図したように運動は全国的には広がらず、政府、資本との妥協によって終息を余儀なくされた。まもなく、出現したファシズムによってグラムシは逮捕・投獄され、一〇年余の獄中生活の後四六歳で獄中死同然の死を遂げた。筆がすべったが、グラムシなりに、評議会運動を社会主義に繋げようという展望があったことを言いたいのである。もちろん、国も時代も、したがって、状況が大きく異なる。だから、単純に比較するつもりはない。それを前提としても、現時点において比較研究の意味はあるのではないか、今後の私の課題としたい。「神格化」から「相対化」することによって、その示唆を与えてくれるであろうことを指摘して次の視点の叙述を進めることにしたい。

四　女たちのたたかい——組合と共に、組合を超えて——

これまでもしばしば述べたように、熊谷さんは、「三池闘争」が女たちのたたかいであったことを強調する。本書を読んでそのことを私は深く学んだ。かつて、私も「炭婦協」に関心を持ち女性たちと話をしたことがある。一部を引用によって見よう。

「私たち社会教育関係者の小グループが三池労組の教育面の調査のために大牟田を訪れたのは、三川鉱の炭塵爆発による大変災から二年ほど経た昭和四〇（一九六五）年秋の数日間であった。組合本部における宮川睦男組合長、塚元敦義書記長をはじめとする幹部の説明、組合宣伝カー「はたかぜ」に乗り込んで各支部の見学、そこの若い労組員たちとの話し合いも感動的であったが、分宿した炭鉱住宅で、ヒザをつきあわせての三池主婦会の人々との懇談はとくに印象的であった。私が泊めてもらった炭住の組合員は、会社の病院のマッサージ師であった。第一組合員であるために皿洗いに配転され、賃金も半分以下に減り、そのため一日の仕事の終了後、アルバイトとしてマッサージをしている年配の人だったが、帰宅はいつも夜半になってしまい、なによりも大切な手が皿洗いで荒れて困ると会社の仕打ちに憤っていた。しかし、三池主婦会員である夫人ともども、最大の関心事は高校と中学の二人の子どもの教育のことであり、その将来であった。「貧しい労働者ですから子どもたちに何もしてやれませんが、どんなにいためつけられても、正しいことを正しいことだと闘っていることだけが子どもたちにしてやれることなのです」。その後、近くの分会長宅での集いでも、多くの主婦から繰り返し淡々と語られたこの章句は、三池労組員の、とくに主婦たちの教育観の表白として感動を覚えた。……闘いを支えた主婦会の活動については、少なくとも系統的には光があてられてこなかった。

いうまでもなく三池闘争は、三池の労働者の妻たちと娘たちとの闘いでもあった。実際、三池労組の赤旗の立つところには、どこでも三池主婦会の旗が並び立てられた。主婦たちの力なしにはあの闘争はたたかい抜くことはできなかった。とすれば主婦会の闘いを欠落させた三池調査・研究は、一面的であるといわざるを得ないであろう。今回、三池主婦会自らが六〇〇人にのぼる「主婦の談話」にもとずく『三池主婦会二〇年』（労働大学刊、一九七三年）が公刊されたのは、従来の研究の不備を補う意味においてもまことに意義深いものがある。」本書によって「女たちのたたかい」の一端を見よう。「炭労は戦後早くから主婦会の組織化に努めてきたが、……昭和二七（一九五二）年九月に炭婦協（日本炭鉱主婦協議会）が結成された。……炭婦協が「台所から力強く支えた」ことを学んだ三池労組は、昭和二八（一九五三）年の運動方針で地域会婦人部の育成にあたることを決めたが、その年七月に約五〇、〇〇人の参加者によって、三池炭鉱主婦協議会は…結成された。」「会社の脅迫・デマ等の執拗な妨害を排しての結成運動は、容易なことではなかった。しかしこの必死の妨害は逆に主婦たちに結成の意義を悟らせる反面教師となり、さらに会社の差別にたいして法廷闘争も辞さなかった組合の積極的な闘いは実物教育として主婦たちに大きな影響を与えたのであった。炭婦協結成のためには、以上のような産みの苦しみがあった」。

炭婦協の活動のなかで、特筆されるべきは「生活革命運動」である。それは、「封建的・資本主義的な虚栄と無駄を排除して、質的に生活を高める運動で、根本的には保守政治をやめさせ、労働者の政治をつくり上げる」ことであった。なかでも「一日寝かせ」運動――賃金はいったん自宅に持ち帰り、家族全員の討議をへて計画的に家計を建設していく―とくにそこにおける「家族会議」の実施は注目されるべきである。三池労組を支える原動力となったものは、家族ぐるみのたたかいであるが、その基礎づくりはこの家族会議から出発したのであった。炭婦協は、昭和三〇（一九五五）年、三池炭鉱主婦会と名称を改めた。翌年には七四分会一万四千名に拡大していく。主婦としての立場から「考える主婦」を目指して、読書会、講演会などの学習を進める。そうしたなかで、会社の「石炭斜陽論」の宣伝にたいして、「会社はつぶすということをいうかもしれないが、もともと石炭は私たちの夫や子どもたちに家事のことを心配させず、弁当をつくり働いてもらえばチャンと石炭は掘れるのではないですか」と反論する主婦たちが形成された。

しかし、組合分裂は主婦たちにとっても大きな打撃を与えた。組合の分裂に先がけて主婦会は分裂させられたのである。同じ社宅の屋根に住む者同士が、分裂させられ憎しみあうことは、しかも「一一三日のたたかい」以来営々とつくりあげてきた団結が、つき崩されるということは、想像を絶する苦しみを主婦の一人ひとりに与えるものであった。分裂していった主婦や夫だけでなく、その子どもたちにも憎しみをおぼえた。子どもの教育、しつけはとりわけ彼女たちの心を痛める問題であった。昨日まで同じ三池の労働者の子どもとして、親たちのことを心配し、子どもなりに互いに助けあってきた子どもたちの相当数が、「裏切り者」「会社の手先」の子となってしまったからである。大人たちの反目・絶交は、当然子どもたちをまき込まずにおかなかった。しかし、この段階では、こうした憎しみをいだかずに闘争にたち上がることはとうていできなかったであろう。

結論的に言えば、この分裂を最大の要因として、第一組合に苛酷なかたちで闘いは一応の終息をみる。だが、ここで注目すべきは、分裂即組織の壊滅では決してなかったということである。昭和三五（一九六〇）年一二月一日就労の日に、ある主婦はくやしさをこらえながら、つぎのように決意を語っている。「思えば、三月、第二組合ができました。そして久保さんが殺され、ホッパーの決戦、第一七回炭労大会……と息もつかせぬ毎日でしたが、その反面、全国の仲間と家族はお互いが話しあいの場をもって、労働者としてまたその妻として、今後何をすべきかということをはっきりと知ることができたとおもいます。日本が資本主義国家である以上、私たちのたたかいはいつまでもつづくと思います。つづかせねばなりません」。また子どもの問題については「事態収拾にたいする子どもたちへの影響は、正しいことも負けるんだという、裏切られた悲しみにしずんでいることが、私たち母親によくわかります。いま、私たちがたたかいのほんしつを正しく伝えることは、母親の責任です。教組との連携をとって、子どもを正しく育てましょう。またたたかいのなかで子どもたちが自発的に創ったグループ活動の芽をのばしましょう」と総括を行なっている。（以上の引用は前掲拙著『生涯学習とアソシエーション』による）。この子どもの問題は別稿（前掲、拙稿参照）でも述べたように、母親たちの最大の関心事であった。あれからすでに六〇年を経ている。三池のその後を「子どもたちの追跡調査」によって検証する必要性があると思ってきたがまだ果たしていない。それは今後の私の調査課題である。ただし、冒頭部分で登場した大牟田市職員吉田廸夫さんのことが前掲「朝日」に載っていることを偶然知った。課題の一例として記事の一部を引用しよう。

「大牟田生まれの吉田迪夫《みちお》さん（六三）は当時中学生。デモ隊が練り歩く様子を祭りのような雰囲気だったと思い出す。全国から「三池支援」の労働者や学生が来た。大牟田駅前通りからデモの波が続いた。東京では岸信介内閣が推進した新日米安保への反対闘争が並行していた。六〇年六月の新条約自然成立後は、野党勢力は三池へのテコ入れを強め、七月には全国から一〇万人を集めた支援集会を挙行。会社側も対決姿勢を崩さず、一触即発の空気が広がった。街ではすでに暴力ざたが起こっていた。一万五千人いた三池労組の五分の一が第二組合（新労）を結成し、働く仲間がスト続行か就労かで割れた。

吉田さんの叔父は新労。叔父の不在の夜、その家に叔母やいとこを守るために泊まり込んだ。炭鉱の重労働を癒しあうものだった人と人との温かいつながりは、いつか壊れてしまっていた。争議は事実上、会社側の勝利に終わった。

その三年後、爆発の大事故が起こった。死者四五八人、一酸化炭素（CO）中毒患者八三九人。組合の別なく多くの労働者が犠牲になった。九七年に炭鉱は閉山した。市職員となった吉田さんは生涯教育課で働いていた。「あのことは早く忘れたい」という気分が市民には強かったという。石炭にはつらく苦い思い出が多すぎたからだ。けれど吉田さんは、炭鉱にかかわった人々の体験談を徹底的に記録しておこうと考えた。「なんも恥ずかしいことをしとったわけじゃなか、忘れるなんてとんでもなか。ここでまちの先輩がどんなことを考えてどう生きたか、その歴史をしらんと、大牟田をこれからちゃんとつくっていくことがでけんごとなる」市予算獲得まで三年をかけ、東京のドキュメンタリー映画監督による撮影が〇一年から始まった。撮影一年、登場した炭鉱関係者は七二人。三池港近くの「石炭産業科学館」（数年まえ私もここを見学に訪れたことがある。）で上映される映像記録を見る。三池争議当時の分裂した両組合の人々がそれぞれ、自分の行動を淡々と語っている。労働者の団結で闘おうとした三池労組も会社側を理解しようとした新労も、どちらもエネルギー革命の大波の中で、何とか生き抜こうとしていたことが伝わってくる。」（前掲、「朝日」）

冒頭部分の叙述と重なる面もあるが、当時の第二組合の関係者（甥御さん）が市職員に成長して、負と言われる三池の遺産を記録として残そうとした中心人物だったことに大変感動を覚えた。今後こうした「追跡」を試みたいと思う。吉田さん以外の人たちはどんな人生を辿っているのだろう。是非吉田さんにも会って詳しくお話を聞きたいと思う。

しかし、昭和三八（一九六三）年一一月の大変災は、三池の女のたたかいを大きく変えた。CO闘争を通じて彼女たちは、「支援」を越えて、「主役」に変じた、というよりそうならざるをえなかったのである。熊谷さんもこの点に多くの頁を割ている。「映画」でも主婦たちの奮闘が紹介されている。リアルな映像に心が痛み、胸塞ぐ思いをした人が多かったであろう。すでに紙幅の制約も迫り、私自身で資料を確かめていない面が多いので、小論では「映画」の印象と熊谷さんの書から二、三の例の紹介に止め資料に基づく詳しい検証は他日を期したい。以下はそのための「前哨」である。

一九六三年一一月九日三時一二分大牟田のまちに、すさまじい爆発音がひびいた。戦後最大の炭塵爆発事故であった。四五八人の命が、一挙に奪われた。そして、生き残った人々の中から、認定されただけで八三九人ものCO（一酸化炭素）中毒患者が出た。私はこの時、大学祭の慰労会で学内にいた。直ちにカンパを仲間に呼びかけ翌日三池労組に送った。金額の記憶はないが、程なくして宮川委員長名の礼状をもらった。地獄の中で亡くなった人には言葉もない。地獄のほんの一端を熊谷書から引くに止める。

「坑内の電気が一斉に消えて、真っ黒な煙がブォーッと流れてきた。ふらついている仲間に肩を貸して歩いたが、もう自分は駄目だから先へ行ってくれと言われた。みんなよろよろしながら大声で歌を歌ったり、念仏を唱えたり半狂乱だった。溝にたまった水の中に頭を突っ込み、ブルッと身体を震わせて、黙って動かなくなる人、寝ながら○○ちゃんと子どもの名前を呼ぶ人や自分の名前を大声で叫ぶ人、ううん俺は死なれん、と懸命に言う人……。」（一八〇～一八一頁）もう少し、辛い場面の描写を続けよう。

「生き残った幸運な人々も、脳細胞は無残に破壊されていた。ほっとして病院にかけつけた妻の一人は、声をかけた夫に、見たこともないすわった目でにらまれた。『助かってよかった』と思うと同時に、『これから先、どうなるんだろうか』と不安にかられた。……妻たちと母たちの地獄の始まりであった」その一方で、入院すらできない〝軽症患者〟の家族には、別のすさまじい地獄があったのだ。松尾蕙虹さん（七〇歳）。この〝炭鉱の女〟がいなければ、CO中毒患者の家族たちの本当の地獄が、世の中に伝わることはなかった、と思う。「あの日、夫の修さんは夜の一二時近くに、いつものように自転車で帰ってきた。坑内で足腰が立たなくなり、仲間に助けられて七時間後にあがったという。休んで足の震えがおさまるや、今度は自分の兄を探して、坑口や病院などを走り回った。家に戻って玄関に立ったままでご飯を書き込むと、また飛び出して行った。……その兄の遺体は、二四時間後にやっとあがってきた。……蕙虹さんのいとこもなく亡くなった。……初七日の終わった夜であった。うめき声がした。修さんの顔は熱で真っ赤になり、痙攣《けいれん》を起こしていた。『痛い、痛い、寒い、寒いぃ』とうわ言のように言う。『手！』と言われて手をさすると『ちがう、足！』。言われるままにさすると、どこも違うと言い、最後に『あたまぁ』と叫んだ。……子煩悩な父親であったから、子どもたちは、トイレに行く時も腰のバンドに摑まってついて行ったくらいであった。それが『おとうさんは、パアと違う？』と、かげでは言うようになった。」（一八四～一八六頁）飲んで暴力も振るうようになった。

「愚痴のこぼしあい」の「家族の会」も作った。「どこまで耐えられのだろうか。日々、自信をなくしていた。」（一九〇頁）事故から三年目、一九六五年三月。三二四人の妻と母が参加し、「一酸化炭素中毒患者家族の会」が結成された。家庭崩壊を防いだのは大きいという。事故当時八歳と五歳だった娘たちも就職して故郷をはなれても、「夕張の炭鉱などでガス爆発があると電話をかけてくる。そして「死んだ人はいるね」とは聞かず、必ず「生存者ある？」と聞く。「あぁまた、あたしたちみたいな人ができるねぇ」。「別れようとは思わなかったのだろうか。思わず聞いた。松尾さんにしては珍しく、うーん……と言葉をひっぱった。どういう形であれ、子どもたちの中に父親はあったほうがいいとおもったのだ、と。初めから病人だったわけではないのだから。」（同）松尾さんは会社を相手に裁判闘争を起こす。熊谷さんは詳しくそれを検証する。それをうまくまとめることは私の力には及ばない。詳述な総括は他日を期すことにして以下印象に残った点をメモ風に記すに止める。

（1）松尾さんたちCO中毒患者家族の会は、不起訴が決まった後、その理由を聞くために福岡地方検察庁におしかけた。次席検事が言った。「労働者一人が社会に対して行う貢献度よりも、三井鉱山が社会に対して行う貢献度の方が大きいと判断。その貢献度を起訴してつぶしてしまうことは大きな損失と判断して、不起訴と決定した」（二二六頁）。これを読んで私はわが目を疑った。熊谷さんもこう書く。「これは、法を守るべき人々がおかした立派な犯罪なのではないだろうか。私も、炭じん爆発事故とCO患者について、知らなかった事実はあまりに多かったが、この言葉に最大のショックと怒りを覚えた。」（同）私も全く同感である。「炭鉱はいつの時代も、国の政策と密接にむすびついてきた。新聞報道によれば、この不起訴処分は、福岡地方検察庁が、福岡高等検察庁と協議した結果だった、とある。地検の検事正が、東京で最高検と打ち合わせた後、地検の幹部会議を開いて決定したのだ、と。」（同）

（2）松尾さんたちはさらに闘いを決意したが、「別の壁が立ちはだかった。組織、という壁であった。」（二四一頁）。結論だけをいえば、「三池労組は、裁判はしないという最終結論を出した」（同）。そこで、松尾さんたちは、三井鉱山を提訴。「日本一の鉱山会社という巨象を相手に、たった二家族四人による〝アリの裁判〟が始まった」のである。（二四二頁）そのため、松尾さんたちは三池労組からも、自分がつくった「CO中毒患者家族の会」からも除名されてしまう。組合にも組織としての言い分はあろうが「団結公害」という批判は一理あるのではないか。

（3）松尾さんは水俣に心を動かされる。「もし松尾さんが「水俣」に出会わなければ、その後の彼女の人生も、そして多くのCO患者たちの人生も、まったく違っていたのではないか」と熊谷さんは述べる。（二三三頁）松尾さんは、「患者さんと家族がチッソという大会社に、その責任と補償を求め、公の場所で直接に迫ろうとする姿につき動かされた。」（二三四頁）「水俣でできて、なぜ、三池でできないのか。」松尾さんが裁判、裁判と言い出すと、三池労組は一蹴。「公害闘争にはイデオロギーがない。物取り主義でものを考えたらいかん」（同）。水俣と三池をどう関連づけるか、今の私（黒沢）には用意がない。つぎのことを述べるに止める。

数年まえに、水俣の調査を行った色川大吉さんの講演を聴いたことがある。終わりの部分で、高度経済成長の結果「水俣」が起こったのではなく、高度成長のために起こったのだと氏が言ったことが印象に残った。私は氏に質問した。「三池も同じでしょうか」と。同意してくれたように記憶する。そうであれば、「三池」も「水俣」もその点では同じである。もし、三池労組がそのことを理解していたら、異なった対応があったのではないか。この比較研究も私の今後の課題としたい。

（4）一九九七（平成九）年三月三〇日。三池炭鉱は閉山。その翌年、裁判はあっけない幕切れを迎えた。最高裁は上告を棄却。松尾さんは夫の仏壇で詫びる。「おとうさん、負けた。力がなかった、私に……。本当にはがいか……」（二五八頁）。

しかし、熊谷さんは書く。「この裁判がなければ、純粋な炭じん爆発事故である、という真実すらも、闇に葬り去られているところだった。」（二五九頁）「〝軽症〟と言われたCO患者の実態と、表に出ることのなかった妻たちの苦しみ。ただその一方で、私は、遺族会の会長だった女性が、若い頃の夫の写真をじっと見つめて言った言葉が忘れられない。「それでも生きているものがうらやましか」こうして松尾さんの、四半世紀にわたる裁判は終わった。」（同）つぎの松尾さんの言葉を噛みしめたい。「自分の足で土俵の上に上がって、一石を投じたことは勝ちだったと思うんですよ。CO裁判に負けたとはおもってないですねぇ」（同）

妻たちの坑内座り込み

「あの事故から三年半がすぎた一九六七（昭和四二）年七月一四日、夜七時二〇分。「CO中毒患者家族の会」の妻たち七五人が、事故のあった三川抗の坑内へ、決然と歩いて入ったのだ。開会中の国会で、新たに「CO特別立法」を成立させるためであった。」（一九二頁）

この衝撃的な報道記事を私は当時東京で読んだ。率直に驚いた。そこまでするのか！。抗底座り込みのリーダーの一人は、清水栄子さん（七二歳）。夫の正重さん（七八歳）は重症の患者。九大病院に入院中。「正重さんは見た目には人のよさそうなおじいちゃんである。ただ黙って座っていただけでは、〝異常〟はまったくわからない。」（二〇〇頁）「何から何まで、あの爆発で新たに生まれ変わったような状態でしたね。四〇年と一口に言いますけど、並大抵じゃなかったですね」（二〇一頁）。熊谷さんは正重さんに聞く。「事故の時のこと、覚えていますか？」「わからんのや。頭くるくるパーだから。ぼくは歌だけやろ」事故から数ヶ月後の検診で、二、三歳程度の頭脳と医者に言われた。でも音感だけはすばらしいものがが残っています、と。」（二〇二頁）

「湿度は高いし、汗は出るし、粉炭は舞うし、陽の目は見ないしですね。だんだんだんだん、最後にはみんなもう横になって、起きあがる者はなくなりましたね」清水さんと同じように抗底座り込みをした、山田早苗さん（六四歳）と勝さん（六七歳）にも熊谷さんは会う。やはり勝さんの記憶が長く続かない。妻が病室のドアから消えたとたんに、妻がいた記憶が消える。そして労災療養所から外泊のたびに荒れた。退院してからも同じであった。自分がたたかれるより、子どもにあたることが何よりもつらかった。そのたびに、子どもたちは言った。「ばってん、これもねぇ、おとうさんが悪かじゃなかよ、会社の事故があってね、おとうさん昔はやさしかった。こげに変わったって、辛抱しておこうねって」（二〇六頁）。早苗さんの気持ちの吐露は続く。

「坑内で一番気持ちが悪かなぁと思うのが、湿気がものすごくひどかったんです。デコボコだから毛布を敷いてあったんですよね。そのうち新労の人も協力してくれて、頑張らなよと言うてくれたし、後からはビニールシートをその下に敷いて。その毛布がジメジメして、後からはビニールシートをその下に敷いてくれたしね。仕事場に下がる人たちは『ご苦労さん、ケガのないようにね』と声かけてくれて」（二〇七〜二〇八頁）一方、国会ではＣＯ特別立法の審議は、もめていた。妻たちは説得されて坑内から上がった。身体は限界にきていたはずだ。「屈強な炭鉱マンでも、四八時間が限度という坑内に一四四時間もいたのだ。温度は三〇度を超え、湿度は九〇パーセント。」（一九三頁）

夜の一一時、特別立法はやっと成立。「一酸化炭素中毒症にかかった労働者に特別の保護措置を講ずる」とはある。でも具体的には、それを理由に一切の差別的扱いをしてはならないとあるだけで、首をきるな、ではない。作業場所や内容の変更、労働時間短縮についての適切な措置、とはあるが、収入にはふれていない。治療については、たった二年間の健康診断を義務付けるだけであった。

その翌日から、女たちは、三川抗の正門前で、再び座り込みを始めなければならなかった。坑内にいた妻たちは、まだ外の光に眼をさらすことはできなかった。サングラスをかけ、仲間たちと一緒に新たな怒りをまとい、そして座り込んだ。その後ろには、大きな貼り紙があった。『父ちゃんを！　もとの体にして返せ！』」（二一〇〜二一一頁）

以上で「女のたたかい」の考察は終わりたいと思う。総括は私の能力を超えるが、関心を抱いたのは三、池、と、水、俣、との関連である。私はこれまで二つの闘いの「関係」については視野になかった。今、この稿を書いている時、偶然テレビで最近亡くなった「水俣学」の創始者原田正純氏の追悼番組を放映している。また、石牟礼道子さんの「原田正純さんを悼む」と題する追悼文が手元にある。（「朝日」二〇一二年六月一九日）。その原田さんは三池の炭塵爆発中毒について『炭鉱の灯は消えても　三池炭じん爆発によるCO中毒の三三年』（日本評論社、一九九七年）を出版されている。かなり前に購入したのに、恥ずかしながら、未読でいま卒読したところである。ここでは、「終章」から印象に残った一節を引用しよう。

「私は医者になったためにわが国の代表的で、かつ最大の公害事件である水俣病と、そしてわが国戦後最大の労災事件である三池炭じん爆発事件に深く関わることができた。これはだれでもがそう経験できるものではない。それは幸運であった（誤解をおそれずにいえば）と同時に関わったことの責任は重たかった。それらの事件から医学だけでなく人間として深い教訓を学んだ。そして、その二つの事件はまったく別のもののようにみえて忌まわしいほどに共通点があった。水俣病をみることによって三池炭じん爆発事件がよくみえ、三池をみることによって、さらに、水俣がよくみえるという関係にあった。この二つの事件は今日のわが国の経済発展を支えてきた負の遺産ともいうべきものであった。しかし、そのことを初めから私は意識していたわけではなかった。」（前掲書、二六五頁）。この教えにしたがって二つの比較研究を改めて行い、三池の「女たちのたたかい」を再審したいと思う。原田書には、炭鉱爆発の原因、隠ぺいの状況などについて、松尾さんたちの主張を医学的に実証する叙述が多く、素人にとって大変参考になる。

おわりに

まだ、多くの論及すべき点を残している。一言で言えば、「差別」の問題である。
（1）部落解放との関係である。旧稿から一部を引用する。
三池闘争に協力・支援してくれた部落解放運動について、三池労組（指導部）に、正しい認識が欠如していた。部落解放同盟を「左翼暴力団」としかみない偏見から抜け切れていなかったと思われる。当時部落解放同盟福岡支部の書記長であった上杉佐一郎氏は、以下のように述べる。

「問題の核心はどこにあるかといえば、暴力団の彼らが、われわれが出動しただけで逃げていったというのは、つまり彼らのの中にはわれわれの仲間がたくさんいたからなのだ。旭ガラスの時も、宇部の時も、それから水俣争議に解放同盟が支援を要請された時も、すべていえることだが、とくに三池争議では一番おおかったわけだが、会社側のスキャップ（スト破り＝黒沢）に出てくる連中のなかに、部落大衆が多数いるということなのである。現実にそこに部落大衆がいる。『なんだきさま』ということになるのだ。親父は息子に向かってどなるのだ。息子はコソコソと逃げていく、それが実態なのである」

「別に言えば、その息子には全く仕事がないわけなのだ。部落出身ということで就職からしめだされている。若い彼が正業につけないとどうなるか、やはり失対の人夫になるか、暴力団と縁の深いパチンコ屋につとめるか、そんな仕事しかないわけだから、必然的に暴力団と結びついていくことになる。そして労働争議が起これば会社側のスト破りとして雇われるという仕かけである」（前掲拙著一〇三頁、傍点引用者）。さらに、上杉のつぎの指摘も示唆に富む。

「あらゆる基幹産業からしめだされている部落民をどんなに直接に差別し圧制しても、資本の利潤には何一つ結びつかない。それでは資本としてはどうすべきかといえば、今日の生産の担い手である労働者を搾取する手段として、三百万の部落大衆をいつまでも圧制し、そしてそのことが、労働者の団結を弱めるために役立つから、部落大衆を圧制しそして差別を温存しようという意図による、ということなのである。今日の部落差別の本質がまさにここにある。」（同、傍点引用者）「三池争議の際の〝差別ビラ〟の問題は、これは今日もなお生きている資本権力の手段としての差別なのであって、資本側が労働者を搾取し、利潤を追究するためにまず何をやるのかといえば、労働者の中でも基幹産業の労働者、その下請けの中小企業の労働者、さらにその孫請けの社会保険もない貧しい労働者というふうに、いくつにも労働者を分割して搾取を追究しているわけである。その一番しずめの役割を、部落大衆が必然的に果たしているということだ。上を見るな、下を見て暮らせ、という、これが労働者の団結を妨げている根源の論理なのだ。錯誤の論理とでもいうべきかもしれない」（同、一〇四頁）

　この総括の眼目は『資本論』（第一巻、二三章）の「産業予備軍」の論理に通底すると思うが、これが三池指導部に理解されていなかったと言わざるをえない。因みに、この論理は、向坂教室のテキスト『資本論』の「窮乏化」の要石である。向坂教室の出身者で占められていた三池労組幹部がこの視点から部落大衆を捉えていなかったのは不思議というほかない。やはり、生産点における「階級」闘争こそ眼目であって、部落差別は、「前近代の遺制である」という偏見に囚われていたのではないか。三池の学習活動を高く評価する一人としては大きな疑問であり、残された課題である。

　私はこの疑問を以前、大争議に青年部の活動家であった元三池労組員の山下開氏に大牟田まで出かけ尋ねたことがある。その折、氏はつぎのように言われた。「部落解放運動についての理論的欠如についてはご指摘の通りである。当時、三池労組は多くの問題を抱えていたので、その問題についてはご批判を甘受しなければならない。しかし、組合員の中には、関心を抱き個々に、共闘に取り組んでいた者もいた。そうした点も是非調査していただきたい。」その後、『解放乃焱《ひ》―うけつぎ語りつたえるもの―』（大牟田地区高等学校『同和』教育研究協議会、一九九五年）を入手して、解放同盟員と三池労組員との交流について具体的事例の教示を与えられた。山下氏の指摘通り、支部によっては交流があり相互に学んだことが記されていた。

（2）島差別も大きかったことは「映画」にも出てくる。「与論島」の差別である。熊谷さんはこう書く。前述の西脇さんはこの島出身である。「三池争議となれば、青年の顔と心に戻ってとうとうと語るのに、与論島のことを聞いたとたん、いつも貝になるのだった。」何度めかの問いかけに、やっと重い口を開いた。島は貧しく新天地を求めて三池に来たが、そこで待っていたのは苛酷な暮らしであった。「人々は、与論長屋と呼ばれた場所に放り込まれた。土間の通路をはさんで、両側に小さな部屋が並び、畳もなく、板張りにござをしいただけであった。」（熊谷書、二六五頁）与論の人々を島の言葉で、ユンヌンチュと呼ぶ。「西脇さんは、こうした苦労や差別の歴史を同じユンヌンチュには言えても、私たちに言うのはいやだったようだ。」（二六六頁）熊谷さんは聞き取りによって詳しく「与論島」差別を述べるがそれは省略する。

すこし前にテレビ番組「月が出たでたーお月さんたちの炭鉱節――」（熊本放送、二〇〇九年）

で詳しくその歴史と実態を見た。ここでは、熊谷さんのつぎの言葉を記しておく。「三池炭鉱に眠っている差別という、やっかいだが根源的な問題もまた、気持ちを込めて掘り出さなくてはと、胸に深く刻み込んだ。」（二八〇頁）ほかに、「映画」にも出てくるが、強制労働に使役された、中国人、朝鮮人、それにアメリカ人捕虜も酷使されたことは今回「映画」を観て初めて知った。

「私はこれまで、一体何を知っていたというのだろうか」（四〇二頁）熊谷さんは「あとがき」でこう書いている。私も長年三池に赴き、調査を重ね、学会でも何度か「報告」をした。拙い著書も出した。そのため、三池については「専門家」の心算でいた。しかし、「映画」を、DVDを繰り返し観て、しかも、このたび熊谷さんの著書を精読すると、自信は揺らいだ。すでに人生の余白も無くなりつつあるが、心を新たにしてもう一度、すでに述べた新しい視点から三池を再審したい、と思う。そうした気持ちを奮い起してくれた熊谷さんに心から感謝して一先ず、拙文を閉じることにする。（二〇一二年六月二一日記）

追記。本書では、炭鉱と原発との関連については、「国策」としてのエネルギー問題、「地域」と「中央」の差別化が中心になっている。一層多面的な比較・考証が必要ではないか。

なお、最近、細見周『熊取六人組　反原発を貫く研究者たち』（岩波書店、二〇一三年）を読み、真の科学者の姿に触れ深い感動を覚えた。本稿では原発について述べなかったが、いずれ原田正純さんの生き方と、「熊取六人組」の原発への関りの比較検討によって、三池・水俣、福島を貫く「現代」を照らし出したいと念ずる。なお、本稿は、当初は公表しないと考えたが多くの人々に読んでもらいたいと念じ、「季報唯物論研究」（一二一号、一二三号に分載された。田畑稔編集長のご芳志にお礼申し述べる。）

終章

　本書の刊行目的、成立の経緯、構成、概要については、序章を参照されたい。本書の主要論点は、第一に、人間の疎外を思想的に探求することである。第二に、その回復・解放を社会主義に求めた。しかし、周知のようにその道の破綻はベルリンの壁の瓦解によって証明された。第三に、それでは、その原因は奈辺にあるのか。それをどのように解決するか。つまり、社会主義の崩壊とその再生の道を探ることである。重要な点であるので若干の補足をしておきたい。崩壊の原因は、「歴史的必然」がマルクスの「プロレタリアート」観と結びついて改釈されたことである。それは初期マルクスの「ライン新聞時代」の「貧民」概念に因ることを本書第二章において考察した。しかも、「貧民」の「プロレタリアート」概念への彫琢・転成こそマルクスの消去できない功績であると私は考えた。ところが、あろうことか、この「功績」が社会主義の崩壊の主要因になったのである。大きな衝撃を受けた。読者に誤解を与えないために、旧稿「具体的・普遍的「自己意識」の展開・再考―マルクス「学位論文」と「ライン新聞」期の接合―」（「理想」No.653、理想社、一九九四年五月）を本書に再録して参看を乞いたかった。しかし、紙幅の制約のために割愛せざるをえなかった。そこで以下に概要を述べることにしたい。旧稿は六つの節から成っている。各節ごとに要旨を述べる。

(1) 自己意識の哲学と「学位論文」

マルクスは「学位論文」の序言で、プロメテウスの告白を引用する。「端的にいえば、すべての神々を私は憎む、この告白は哲学自身の告白であり、人間の自己意識を最高の神性とは認めないすべての天上および地上の神々にたいする、哲学自身の宣言である。自己意識と並ぶものはだれもおるまい。」(E.S.262) ここでマルクスは「自己意識」を「最高の神性」とみなし、自分の哲学的立場であることを宣言している。マルクスは、ギリシア哲学におけるアリストテレスと近世哲学のヘーゲルを総体性の哲学の完成者として位置付け、ギリシア世界の没落、続くローマ世界形成への過渡期の哲学としてのエピクロス派、ストア派、懐疑派の三派哲学をヘーゲル以降の諸派哲学に重ね合わせ、とりわけエピクロスの自己意識の哲学に照準をあてて「学位論文」を展開した。「哲学が意識として現象的世界に向き直る」(E.S.328) ことが自己意識の特徴なのである。この「哲学の実践」(E.S.327) とは、「世界が哲学的に成ること」であり、同時に「哲学が現世(世界)的に成ること」(E.S.328)、いいかえれば、「哲学の実現は同時にその喪失であること」(同) を意味する。したがって、自己意識の課題は次の二つを同時に遂行する二重のものとなる。一方で、「世界を非哲学性から解放すること」(E.S.329) であり、同時に、他方で「一定の体系としてこれらを桎梏につないでいた哲学から自分自身を解放すること」(同)である。ところで、「哲学の実践はそれ自身理論的」であり、「個々人の現存在を本質で測り、特殊な現実を理念で測るのが、批判である」(E.S.327-328、傍点引用者)とマルクスはいう。つまり、一方で、ヘーゲルから継承した自己意識の哲学を「理念」=「本質」として現実を「批判」し、この「実践」の過程で、継承したヘーゲルの自己意識の哲学をも「批判」し自らの独自な自己意識を彫琢し、哲学的立場を定めようとしたのである。以上が、「学位論文」の要旨である。次に、各節に移ろう。

(2) デモクリトスとエピクロスの自然哲学の差異

一、「デモクリトスが感覚的世界を主観的な仮象とするのにたいし、エピクロスはそれを客観的な現象としている」(E.S.271)。つまり、デモクリトスは「人間的知識の真理性と確実性」(E.S.270)に関して懐疑的であるのに対し、エピクロスにおいては、「標識(真理の基準)が感覚的知覚」(E.S.272)である。

二、「デモクリトスにとっては、原理は現象にはあらわれず、現実性と現存性とを欠いたままである」。したがって、彼は「彼自身の向こう側に、実在的な内容にみちた世界として感覚的知覚の世界をもっている。この世界はたしかに主観的な仮象ではあるが、まさにそのことによって原理からきりはなされて、自立的な現実のうちにおかれたままである」(同)。これに対して、エピクロスは「哲学で満足し、幸福である」(E.S.273)。なぜなら彼にあっては感覚的世界現象をそのまま客観的現象とみなすがゆえに、哲学は現象世界を包含し、完結すると考えるからである。
三、「デモクリトスは現実の反省形式として必然性を適用し……すべてのものを必然性に帰している」。逆に、エピクロスによれば、「あるものは偶然的に生じ、他のものはわれわれの恣意に依存している」（E.S.274）と見なされ、偶然性や恣意の存在、つまり人間の自由の余地が認められていいるのである。以上三点が両者の差異であるとマルクスは指摘する。

(3) 抽象的・個別的自己意識の意義と限界

マルクスは、エピクロスが「原子の偏り」（前節の「自由の余地」）を認めたことを「全エピクロス哲学をつらぬいている」（E.S.282）と評価する。マルクスはこれを人間の「自立性」と一旦は評価するのであるが、エピクロスの「抽象的個別」をもってしては「定有における自由」を実現することはできない。「普遍性だけがこのことをなしうる」（E.S.282）。こうマルクスは批判する。

(4) 抽象的・普遍と抽象的・個別の「揚棄」としての具体的・普遍

ここでは、詳しい論証過程は前掲拙論に譲り、結論のみを示す。エピクロスの追究した原子の運動の矛盾は、エピクロスが「定立」として想定した「反撥」運動によっては揚棄されず、たしかに、天体、メテオーレにおいて揚棄されるのであるが、その時、「抽象的・個別意識」は「具体的な個別性、普遍性」つまり、具体的・普遍の立場に移っているのである。したがって、冒頭部分で引用したプロメテウスの告白にみる「自己意識」についていえば、「学位論文」のマルクスは具体的・普遍的「自己意識」の立場に立っていたのだと結論することができる。

(5) 出版の自由と具体的・普遍的自己意識

「学位論文」直後の「ライン新聞」期においては、マルクスは個別的な思惟する「自己意識」からジャーナリスト(ライン新聞編集長)として文字通り、「意思として現象的世界に向きなおる」(E.S.328)。そして、ヘーゲルの概念、具体的・普遍的「自己意識」から現実を「批判」し、この「哲学の実践」の過程で具体的・普遍の具現体を「貧民」に見出す。

一、「ライン新聞」時代にマルクスが直面した最初の問題は「検閲制度」、つまり「出版の自由」であった。これに対するマルクスの批判の立場は、具体的・普遍、「定在における自由」であるが、マルクスはこれを次のように表現する。

「特殊が全体と関連しているときだけ、すなわち、それが全体と分離していないときにだけ、特殊を精神的であり、自由であるとみなす」(S.72)。このばあいに、マルクスは「特殊」を「全体」に「関連」する具体的な媒介物を「出版」と考えたのである。この立場からすれば、検閲制度が厳しく批判されるのは当然である。本来「類」にかかわる出版を一「個」人に過ぎない検閲官に支配させる検閲制度を「不謙譲の極みである」(S.16)と批判する。

二、次に、「第六回ライン州議会の議事の出版の自由と州議会議事の公表とについての討論」（第一論文）に移ろう。マルクスは、討論を各身分の利害に起因する偏狭な主張、それに基づく論戦であると批判する。ただし、出版の自由の反対者には、「ある病的な激情、熱情」があり、それが彼らに、「出版にたいして仮想でない現実的な立場をとらせている」（S.32）。これに対して自由な出版の擁護者の方は、出版の自由を護るという限りで、全体（普遍）の立場であるが、「出版の自由」は「彼らにとっては『異国産の』植物であり、それにたいする彼らの関係は『好事家』の関係にすぎない」（S.33）と批判する。つまり、たとえ全体（普遍）を支持しても、個別性・感覚性が欠如している場合にはマルクスはこれを支持しないのである。これは、「学位論文」の抽象的・普遍的・自己意識に対する批判と軌を一にする。これに対して、全体（普遍）を捨象した「特殊」ではあっても、個別性・感覚性を内含している場合には一定の評価を与えているのである。いうまでもなく、これはエピクロスの抽象的・個別・的自己意識に対する評価（称賛）と対応している。しかし、いずれの場合においても、個別的・感性的でかつ普遍的な、つまり具体的・普遍を体現する存在はこの段階においては発見されていないのである。この矛盾の解決は次節をまたねばならない。

（6）具体的・普遍の現存としての「貧民」

ここでは、紙幅の関係で結論部分のみを述べる。マルクスは「定在における自由」である具体的普遍をヘーゲルから継承した。「定在における自由」とは、ヘーゲルによれば、「他者のうちにありながらも、曇りない姿で自分自身のもとにとどまっているもの」(松村一人訳『小論理学』下、岩波文庫、一九六五年、一二九頁）と表現される。この事態が自由なものとしての精神の最高にして最も現実な在り方であったのである。マルクスは、これを、「特殊が全体と関連しているときだけ、すなわち、それが全体と分離していないときだけ特殊を精神的であり、自由であるとみなす」(S.72)といいかえて、この具体的普遍の具現体を現実の人間（集団）のなかに探ろうとしたのであった。この立場からみれば、貧民の慣習的権利に対する要求は、貧民にとっては「空腹と無宿への純粋な正当防衛」(S.143）であり、まさに生存を賭けた、その意味ですぐれて個別的、感性的なものである。同時にその要求は、特殊貧民だけでなく、「法律上の権利となるものを先取りしている」(S.116）のであり、所有の在り方の根源を問うものであった。その意味で「全体」と密接に関連する要求でもあった。そうであれば、この貧民こそ「学位論文」のなかでは名辞としてのみ提示されていた個別的・感性的普遍、具体的・普遍の具現体とみなすことができる。つまり、「ライン新聞」期のマルクスの「批判」を主とする「哲学の実践」によって具体的・普遍はヘーゲルの「概念」の殻から抜け出して此岸の現存体として現れたのである。もちろん、この場合、貧民自体が対自的にこの具体的・普遍の立場に立っているのではない。「自然的欲求をみたそうとする衝動をかんじている」(S.119）に過ぎない。いわば具体的・普遍の立場を即自的に現わしている媒介体なのである。この段階における認識の主体はマルクスの自己意識の哲学である。対自化のためには、哲学との結合が必要である。また、全体、普遍の立場を表しているとされるゲルマンの所有形態にしても、「理性的なものでありうるのは、ただ、その権利が法律とならんで、法律の外に存在し、しかもその慣習がやがて法律上の権利となるべきものを先取りしている場合だけである」（S.116）という条件が付されている。これまた対自的な捉えかえし、彫琢が必要であることはいうまでもない。（本書、第二章を参照）したがって、マルクスが発見した貧民は、正確には、具体的・普遍の具現体＝現存体、というよりはその可能態＝萌芽形態というべきであろう。（引用は、Karl Marx Friedrich Engels Werke、MEW 第一巻、カッコ内に頁を記す。E.S. は補巻、邦訳は　大月版『全集』第一巻、第四〇巻を使用。）

以上に要点を述べた、「貧民」が革命の主体「プロレタリアート」概念に練り上げられ、その後、プロレタリア独裁、一党独裁となり、批判を許さぬ疎外態に転じた。そして社会主義崩壊の主要因となった。これが私の見解である。ただし、「全てがマルクスの責任というわけではない。」と述べた。問題は、「歴史的必然」のテーゼと結びつけられたことである。

このテーゼに反対したのがグラムシであった。若き時代に書いた、「資本論に反する革命」に彼の考えがよく表れている。ロシア革命は、当時のマルクス主義者の多くが考えたように、まず、経済的変化が起こって、その結果国家権力が変わるのではなく、人間の意思（ヘゲモニー）の結集に依って生じたのである。この意味で「資本論に反する革命」であった。また、グラムシは「ヘゲモニーの関係は全て必然的に教育的関係である」という。つまり、ヘゲモニーは教育といいかえることができるのである。私が社会変革のために教育の意義に着目したのはグラムシのヘゲモニー概念に学んだからである。この点については本書第二章で、グラムシの「知識人論」に即して詳述したので参照されたい。

叙上の点が日本の教育学ではどのように論じられたか。寡聞にして知らない。「はじめに」で述べた鈴木秀勇教授の「コメニウス」研究は稀なる例外である。多くの教示を与えられたが、教授の関心は思想史の視点からのコメニウス研究であって私の意図する教育学体系化からの研究ではない。私の視点から参考になると思われる諸研究を若干記してみよう。

一、「はじめに」で触れた宮原誠一教授の「教育再分肢説」は興味深い。これは教育の本質は、もともと自存的に、固有な領域として存在するのではなく、社会の諸分野の価値が再分肢されたもの、機能的な分野なのだという説である。この考え方は、廣松渉氏の「物象化論」と関係するのではないかと院生時代に関心を抱いたが、現在のところそれ以上に煮詰めていない。また、それについての研究も寡聞にして聞いていない。今後の私の課題としたい。

二、院生時代に、勝田守一教授の「教育価値説」にも関心を寄せた。これは、宮原説と逆に、教育は社会の様々な分野に解消されるのではなく（「経済＝基底還元説」批判）固有の領域・機能があるという説である。一は、教育の「目的」、二は、教育の「方法」である。「目的」は「全面的に発達した」人間の形成であり、「方法」は自発性を基本とするものである。これら二つは教育固有の分野であって、これを研究するのが教育学なのだ。これが勝田教授の「教育価値説」である。大学院時代に二つの学説に接し関心を抱きながら、深く究めることなく現在に至っている。教育学の体系化を目指すために一見矛盾するかのように見える両説の再検討が必要である。

三、第三章で論及した上原専禄氏の社会学部の構想である。当時「上原構想」といわれ一橋大学では話題を呼んだ。学園祭（前期、小平祭）でシンポジウムを開きこの構想について討論を行った。教員たちも参加して熱心に議論したが、統一した結論は出なかった。

私が特に関心を持つのは、社会学部の三部「構成」である。歴史部門、社会部門と並び教育部門が置かれていたのである。人類文化の継承の歴史部門、社会の総体認識の社会部門はわかる。それに対して、教育部門は「未来社会の構築」と謳われた。しかも、教員養成カリキュラムもそこに置かれていた。教育現象を社会科学的に捉えるということは理解できる。その点は「はじめに」で述べたように、高島先生が講義で強調したところである。

しかし、教員養成はどう解釈したらよいのか。教員免許のために必要な単位を取るというだけなら理解はできる。私は必要な単位を取得して「英語」「社会科」の教員資格を得た。しかし、それでよいのか、疑問は残った。前述の三部門との関連がよくわからなかったからである。免許を取るだけなら、「未来社会の構築」を掲げる社会学部に置く必要があるのだろうか。この疑問は東京学芸大学に在職時代に一定程度は具体化された。因みに東京学芸大では医学部以外の学部、学科が創設可能なカリキュラムが揃えられていることがわかった。そこで私は考えた。たとえば、東大の経済学部の「経済学」と学芸大の「経済学」はどう違うのか。叙上の疑問はこのようにいいかえることができる。同じでいいのか。何人かの同僚に聞いてみたが、満足は得られなかった。そんなことを問題にすること自体が理解できなかったのかもしれない。端的にいえば、学芸大学（師範教育）のレーゾンデートルとはなにかということである。社会学部で教員養成を行うことは、この問いと通底しているように思われたのである。戦後、東北大学に合併され、その後分離された宮城教育大まででかけて学長に質問した。納得のいく説明は得られなかった。なんということか。いまに至るもその問題は未解決である。上原氏が一橋大学時代に国民教育研究所の議長を務め、全国の教員たちに教育を語り続けたことの「意味」をいまも考えている。「上原構想」の実践（具体化）の一環ではないか。これも今後の課題である。

以上、私が社会学部在学中から考えてきたこと、いまなお疑問に思っている点も併せて記した。これら未解決の問題の解明によって、「前哨」を超えて「本丸」に迫るための道が拓かれるのではないか。長年の課題に再挑戦しなければならない。この覚悟を新たにした。

エピローグ

作家は〝処女作〟に帰る、といわれる。私の〝処女作〟は、『疎外と教育』（新評論、一九八〇年）である。これに関連してエピローグを綴ってみよう。

一、本書では「疎外」の多くをマルクスから引用した。そのため「マルクス主義教育論」ではないかと思われるかもしれない。それは誤解である。かつて社会主義国家の崩壊以前、「マルクス主義教育学」が流行した。主としてマルクスの著作から「教育」関連の章句を拾い、「教育学」と称した。一方、旧社会主義諸国の教育の紹介も「マルクス主義教育学」を名乗った。一定の意義があったことは否定しない。しかし、教育学者ではないマルクスの文献から、「教育」の章句を抽出することで「教育学」が成り立つのか。素朴な疑問を抱いた。端的に、方法論の欠如である。私はこう考えた。前掲拙著を参考にして管見を述べよう。マルクスの思想から、その教育観を汲み取るためには、まず「教育」という語句から離れ、近代の超克という彼の生涯の執念を見据え、その課題解決のために生涯を賭けて〝求めたもの〟のなかに彼の教育観を探り、再構成するという回り途が必要とされる。その「求めたもの」のなかにマルクス独自の「教育学」方法論が見出せると考えて前掲書を書いた。力不足で、検証は『経済学・哲学草稿』の前で終わった。私の非力にもよるが、途中でグラムシへの関心も生じたため、マルクスを相対化しようと考えたのであった。考察は未完に終わったが、「マルクス主義教育学」に欠如していた、国家、市民社会論研究によって教育学の方法論も見えてきた。グラムシ・マルクスの思想を相互媒介的に研究することによって教育研究の新しい道が拓かれた。

二、マルクスの教育観はどのようなものであったか。当時の考察で言えば、「互いに教育しあう自由人の結合体」――『ライン新聞』期に記されたこの短い章句のなかにこの期のマルクスの人間（個人）＝社会・教育についての考え方が簡潔に表現されている。具体的にみれば、「個々人の目的を普遍的な目的に」「粗野な衝動を倫理的性向に」「自然的な独立性を精神的自由に」変える（教育する）ことである。これによって、「個々人が全体の生活のなかで自分の生活をたのしみ、全体が個々人の心情を自己の心情としてたのしむ」ことが可能になるのであり、その結果、「自由人の結合体」が創造される。端的に、個と全体を教育によって統合する。これがマルクスの生涯を貫く執念である。勿論この時期のマルクスは彼独自の構想を生み出していない。「結合体」（共同体）はヘーゲルの理性的国家（『法の哲学』）と二重写しであった。事実、『ライン新聞』時代のマルクスは、ヘーゲルから継承した「具体的普遍」の現存を「国家」に託し、「出版の自由」の論陣を張ったのである。しかし、論戦の過程で、貧民に対する官吏の態度から国家への疑問を深めた。現実の国家はもはや自由人の共同体ではないことを悟ったのである。逆に貧民の生きる力のなかに「現実性」を見出した。その後、ヘーゲル国家論を批判してプロレタリアートによる新しい共同体（共産主義）へと展開したことはよく知られる。ただし、前出の「共同体」観は

「理念」としては生涯維持されたと考える。マルクスが独自の人間―社会観を形成したのはその内容であり、実現の方法である。ただし、マルクスは初期から「教育」を重視していた点に留意を促したい。

三、マルクスの新しい社会形成の主体はプロレタリアートである。それは先述の「貧民」を彫琢した概念である。その意義は、一言でいえば、「現実的・理性的な存在」である。背景には、ドイツ的「惨めさ」（「俗物どもの動物界」と断罪する）とドイツのインテリに対する「絶望」（彼らにとってドイツの現状は「異国産の植物」だと批判する）があった。このようなドイツ的惨状ではフランスのような「政治的解放」は不可能だ。そこからプロレタリアートによる「人間的解放」が提唱された。それは「特殊な身分でありながら、普遍的な要求をもつもの」、つまり「普遍と特殊を統一した存在」である。「人間的解放」というラディカルな理論は、このプロレタリアートによって一挙に実現し、完成するのである。マルクスはいう。「哲学がプロレタリアートのうちにその物質的武器を見出すように、プロレタリアートは哲学のうちにその精神的武器を見出す」時にのみ、両者が結合されたときにはじめて人間の解放が可能である。その時、マルクスの共同体は「類的存在」となる。ここでは、公民（国家圏）と市民（市民圏）の分裂（疎外）は克服される。その共同体の形成はプロレタリアートによるのである。留意したいのは、ドイツの現状と知識人の「惨めさ」の洞察によってマルクスは「政治的」（市民）革命ではなくプロレタリアートの一挙的変革―「人間的解放」（社会主義革命）を提唱したことである。その後、この社会主義革命はロシアで実現し、抑圧された人々の希望の星になって世界に広がったことは周知のところである。しかし、「政治的解放」を超えて一挙に「人間的解放」を目指したために、前者の解放に必要な個々人の自立・自律など市民社会が長年の間に培った「ブルジョア」（市民）的価値が育まれることなく、集中した政治権力＝前衛党の独裁が正当化され革命の進行過程で、解放のための権力は大衆の抑圧体と化した。被抑圧者の希望の星は「収容所列島」に変じた。個は全体の独裁的支配の犠牲になった。「市民社会」は「国家」に「吸収」されてしまった。「ベルリンの壁の崩壊」によってこの事実は白日の下に晒された。

四、グラムシはどうか。青年時代は「工場評議会運動」に見られるように、レーニンに学んでロシア革命をイタリアに実現しようとした。かれもまた、「人間的解放」を目指したのであった。しかし、その挫折、投獄の後に、一〇年余の獄中で思索し、失敗の原因を総括した（『獄中ノート』）。そこで提唱されたのが「知的・道徳的改革」によって「国家の市民社会への再吸収」と呼ばれる新しい社会変革の方法である。それは、プロレタリアートによる短期間の一挙的革命（「機動戦」）ではなく、長期間にわたる日常的改革（「陣地戦」）である。マルクスの用語でいえば、「政治的解放」を重視して徐々に「人間的解放」に繋げていく変革の方法である。その中心は「知識人」である。ただし、大衆と区別される「層としての」知識人ではない。そうではなく、時間、場所によって両者は相互に互換可能な関係態である。「全てのひとは知識人である」という彼のテーゼはこの点をよく表現している。この意味の「知識人」論を基にして、全てのひとが知識人になることによって、「政治的解放」を通して「人間的解放」を実現しようとしたのである。その集約点をグラムシは「ソチエタ・レゴラータ」（倫理国家）と呼ぶ。その内容は、先に見た「互いに教育しあう自由人の共同体」という初期マルクスの理念の現代的表現である。グラムシも、教育を「ヘゲモニー」と呼び社会、人間の変革は「ヘゲモニー」（知的・道徳的改革）によることを強調する。

つまり、教育を重視した青年マルクスの教育共同体の理念は、プロレタリアートのラディカルな社会変革、それによって実現した共同体（社会主義国家）の崩壊を経て、グラムシがファシズムの獄中で構想した「ソチエタ・レゴラータ」という教育共同体として甦った。本書の結論のみを抽出すればこうなる。これを現代日本で如何に実現するか。それは三章で考察したところである。本書の留意点を「エピローグ」として述べた次第である。

本書の出版のためには多くの先学のご教示を受けたことはその都度記した。ここでは、「遺作」とも言うべき本書を世に出して頂いた社会評論社代表取締役松田健二氏に心から御礼申し上げる。終わりに、私事で恐縮であるが家族の支えがなによりの励みである。妻敏子、娘明子に感謝し、二人の幸せを祈って筆を擱く。

二〇一三年、春浅き日。

黒沢惟昭

て」『現代公民館論』東洋館出版社、1965年
碓井正久『社会教育』東大出版会、1971年
西研『ヘーゲル・大人のなり方』NHK ブックス、1995年
元木健・小川剛『生涯学習と社会教育の革新』亜紀書房、1991年
黒沢惟昭・佐久間孝正編著『増補改訂版　苦悩する先進国の生涯学習』社会評論社、2002年
小林文人編『公民館の発見』国土社、1998年
碓井正久『社会教育』第一法規出版、1970年
辻功・岸本二次郎編『社会教育の方法』第一法規出版、1969年
金子郁容『ボランティア　もう一つの情報社会』岩波文庫、1992
鷲田清一『誰のための仕事、労働 VS 余暇を超える』岩波書店、1996年
電通総研『民間非営利組織　NPO とはなにか社会サービスの新しいあり方』日本経済新聞社、1996年
内村克人『経済学は誰のためにあるのか—市場原理至上主義批判』岩波書店、1997年
喜多村和之『大学は生まれ変われるか　国際化する大学評価のなかで』中公新書、2002年
『創立１０周年』財団法人大学コンソーシアム京都、2004年11月
拙稿「原発事故に思う—学び考えたこと—」社会主義協会『科学的社会主義』2011年12月号
山秋信『原発をつくらせない人びと—祝島から未来へ』岩波新書、2012年
関満博『東日本大震災と地域産業　2011.10.1-2012.8.31　立ち上がる「まち」の現場から』Ⅱ　新評論、2012年
関満博『地域を豊かにする働き方　被災地復興から見えてきたこと』ちくまプリマー新書、2012年
楠本雅弘『進化する集落営農　新しい「社会的協同経営体」と農協の役割』農村漁村文化協会、2012年
拙稿「具体的・普遍的「自己意識」の展開・再考—マルクス「学位論文」と「ライン新聞」期の接合—」『理想』1994年　NO653、理想社

追記

マルクス、エンゲルスおよびグラムシの引用については第二章末尾に注記したので参照を請いたい。

第三章

徳永功『個の自立と地域の民主主義をめざして　徳永功の社会教育』エイデル研究所、2011年
福尾武彦編『都市化と社会教育』東洋館出版社、1969年
日本社会教育学会「年報」『ボランティア・ネットワーキング—生涯学習と市民社会—』東洋館出版社、2002年
日本社会教育学会「年報」『NPOと社会教育』東洋館出版社、2007年
財団法人ハウジング　アンド　コミュニティ財団　林泰義・小野啓子『NPO教書　創発する市民のビジネス革命』風土社、1997年
提言『小金井市における生涯学習の推進について』小金井市教育委員会、1998年
農文協編『復興の大義　被災者の尊厳を踏みにじる新自由主義的復興論批判』農山漁村文化協会、2011年
大塚久雄『共同体の基礎理論』岩波文庫、2000年
内山節『共同体の基礎理論　自然と人間の基層』農文協出版、2011年
拙稿「自分史のなかに『市民社会』を考える(五)『ポリスーゾーオンポリティコン』の教え」『葦牙ジャーナル』97号2011年12月
河上倫逸ほか編訳『市民社会の概念史』以文社、1990年
山口定『市民社会論　歴史的遺産と新展開』有斐閣、2004年
拙稿「自分史のなかに『市民社会』を考える(一)高島善哉の教え」『葦牙ジャーナル』90号、2010年10月
高島善哉著作集　第八巻、こぶし書房、1997年
拙稿「自分史のなかに『市民社会』を考える(二)増田四郎の教え」『葦牙ジャーナル』92号、2011年12月
田畑稔ほか編『アソシエーシオン革命へ』社会評論社、2003年
上原専禄「世界・日本の動向と国民教育—地域における国民教育をすすめるために—」国民教育研究所編『国民教育の創造をめざして　民研20年のあゆみ』労働旬報社、1977年
三木旦「上原専禄」金谷明ほか編『20世紀の歴史家たち』(1)日本編上　刀水書房、1997年
吉田悟郎『世界史の方法』青木書店、1983年
開沼博『「フクシマ」論　原子力ムラはなぜ生まれたのか』青土社、2011年
寺中作雄『社会教育法解説　公民館の建設』国土社、1995年
小川利夫「歴史的イメージとしての公民館　いわゆる寺中構想につい

岩淵慶一『増補　マルクスの疎外論　その適切な理解のために』時潮社、2012年高橋順一・小林昌人編集解説『廣松渉コレクション』第三巻　情況出版、1995年
原田正純『やま炭鉱の灯は消えても　三池炭じん爆発によるCO中毒の33年』日本評論社、1997年
『解放乃焱―うけつぎ、語りつたえるもの―』大牟田地区高等学校「同和」教育研究協議会、1995年
細見周『熊取六人組　反原発を貫く研究者たち』岩波書店、2013年

第二章

高島善哉『経済社会学の根本問題』日本評論社、1941年
高島善哉『社会科学入門』岩波新書、1956年
上岡修『高島善哉　研究者への軌跡　孤独ではあるが孤立ではない』新評論、2010年
グレイム・ギル　内田健二訳『スターリズム』岩波書店、2004年
平田清明『市民社会と社会主義』岩波書店、1969年
今井弘道「『市民社会と社会主義』から『市民社会主義』へ」『情況』1995年、５月号　情況出版社
姜玉楚「初期グラムシの一考察」「歴史学研究」1993年10月号
青柳宏幸『マルクスの教育思想』白澤社、2010年
八木・山田ほか編著『復権する市民社会論　新しいソシエタル・パラダイム』日本評論社、1998年
伊東光晴『現代経済学を問う　２現代経済学の変貌』岩波書店、1997年
関啓子『コーカサスと中央アジアの人間形成』明石書店、2012
アーチー・ブラウン下斗米伸夫監訳『共産主義の興亡』中央公論新社、2012年
吉田熊次・渡辺誠『ファシスト・イタリアの教育改革』国民精神文化研究所、1983年
G. Gentile、La riforma dell ‘educazione、1975　Sansoni、西村嘉彦『教育革新論』刀江書院、1940年
竹村英輔「イタリア・ファシズム国家『ファシズム期の国家と社会』７「運動と抵抗」中、東京大学社会科学研究所、東大出版会、1979年
拙著『国家・市民社会と教育の位相―疎外・物象化・ヘゲモニーを磁場にして』御茶の水書房、2000年

J.ミル　杉原四郎・重田晃一訳『マルクス・経済学ノート』未来社、1962年
K.マルクス・エンゲルス　廣松渉編訳　小林昌人補訳新編輯版『ドイツイデオロギー』岩波文庫、2002年
良知力・廣松渉編『ヘーゲル左派論叢第一巻　ドイツイデオロギー内部論争』御茶の水書房、1980年
G.ルカーチ　城塚登・古田光訳『歴史と階級意識』白水社、1991年
H.マルクーゼ　良知力・池田優三訳【新装版】『初期マルクス研究「経済学＝哲学手稿」における疎外論』未来社、2000年
『現代マルクス＝レーニン主義事典』上巻、社会思想社、1980年
廣松渉『物象化論の構図』岩波現代文庫、2001年
岩佐茂編著『マルクスの構想力―疎外論の射程―』社会評論社、2010年
拙著『現代に生きるグラムシ・市民的ヘゲモニーの思想と現実』大月書店、2007年
廣松渉『マルクス主義の地平』勁草書房、1969年
廣松渉『世界の共同主観的存在構造』勁草書房、1973年
廣松渉『事的世界への前哨』勁草書房、1973年
花崎航皋平『マルクスにおける科学と哲学』社会思想社、1987年
山中隆次訳（編者　解説柴田隆行）『マルクスパリ手稿　経済学・哲学・社会主義』御茶の水書房、2005年
森田桐郎『ジェームス・ミル評註―市民的ゲゼルシャフトの批判的経済学的認識の形成―』『マルクス・コンメンタール』現代の理論社、1972年
山之内靖『受苦者のまなざし　初期マルクス再興』青土社、2004年
梅本克己『唯物論と現代』岩波新書、1971年
平田清明「『自由の王国』と『必然の王国』」『思想』1972年7月号、岩波書店
L.フォイエルバッハ『将来の哲学の根本問題』岩波文庫、1970年
植村邦彦「〈研究動向〉唯物論と自然主義をめぐって―二〇〇四年のマルクス―」社会思想史研究会 NO29、2005年
拙著『人間の疎外と市民社会のヘゲモニー　―生涯学習原理論の研究』大月書店、2005年
拙著『グラムシと現代市民社会の教育学―生涯学習論の解体と再生』大月書店、近刊

主要参考文献

序章

高島善哉監修『社会科学小辞典』春秋社、1980年
鈴木秀勇「コメニウス教授学の方法―その社会的規定のために―」一橋大学研究年報『社会学研究３』1960年
鈴木秀勇訳　コメニュウス『大教授学』１．２明治図書、1960年
鈴木秀勇『コメニュウス「大教授学」入門』上下　明治図書、1982年
拙著『疎外と教育』新評論、1980年
拙著『社会教育論序説』八千代出版、1981年
拙著『増補　市民社会と生涯学習　自分史のなかに「教育」を読む』明石書店、2002年
熊谷博子『むかし原発　いま炭鉱「三池」から日本を掘る』中央公論社、2012年
『新教育社会学事典』東洋館出版社、1986年
『教育思想事典』勁草書房、2000年

第一章

拙著『生涯学習論の磁場　現代市民社会教育学の構想』社会評論社、2011年
F.パッペンハイム　粟田賢三訳『近代人の疎外』岩波新書、1960年
高島善哉「社会科学と人間―とくにパッペンハイムの著作にふれつつ―」一橋学会論集『一橋論叢』日本評論社、1961年７月号
K.マルクス　城塚登訳『経済学・哲学草稿』岩波文庫、1964年
K.マルクス　向坂逸郎訳『資本論』岩波文庫(一)～(一二)、1961年
K.マルクス『賃労働と資本』岩波文庫、K.マルクス　高木幸二郎訳『経済学批判要綱』一～五分冊、大月書店、1959～1965年
内田義彦『資本論の世界』岩波新書、1966年
今村仁司『現代思想の基礎理論』講談社学術文庫、1992年
マルクス・カテゴリー事典編集委員会編『マルクス・カテゴリー事典』青木書店、1998年
平田清明『経済学と歴史認識』岩波書店、1971年
望月清司『マルクス歴史理論の研究』岩波書店、1973年
ヘーゲル樫山堅四郎訳『精神現象学』岩波書店、1970年
M.ヘス山中隆次／畑孝一訳『初期社会主義論集』未来社、1970年

索　引

黒沢惟昭（くろさわ・のぶあき）

1938年長野市に生まれる。一橋大学社会学部、東京大学大学院で社会思想、教育学を学ぶ。神奈川大学、東京学芸大学などで教授を歴任。東大、京大、新潟大、山形大、信州大の非常勤講師を歴任。中国東北師範大学名誉教授。一橋大学社会学博士。
日本社会教育学会名誉会員。公益財団法人 川崎市生涯学習財団 評議員。
主要著書
『現代に生きるグラムシ―市民的ヘゲモニーの思想と現実』（大月書店、2007年）『アントニオ・グラムシの思想的境位―生産者社会の夢・市民社会の現実』（社会評論社、2008年）『生涯学習とアソシエーション―三池、そしてグラムシに学ぶ』（社会評論社、2009年）『生涯学習論の磁場―現代市民社会と教育学の構想』（社会評論社、2011年）ほか。

人間の疎外と教育――教育学体系論への前哨

2013年９月25日　初版第１刷発行

著　者：黒沢惟昭
装　幀：桑谷速人
発行人：松田健二
発行所：株式会社 社会評論社
東京都文京区本郷2-3-10　☎03(3814)3861　FAX 03(3818)2808
http://www.shahyo.com/
組　版：スマイル企画
印刷・製本：ミツワ